図解 なるほど！ これでわかった

よくわかる これからの物流改善

津久井英喜 編著

同文舘出版

私たちを物流研究に導いてくださった
阿保栄司先生に本書を捧げます

まえがき

この本は、「これまでの物流改善」に限界を感じておられる方々のために書いたもので、「守りの物流改善」から「攻めの物流改善」への転換を促し、その方法を具体的に紹介しています。

いま、私たちに求められている**物流改善のミッション**を確認するならば、

一、コストの削減
二、新サービスの創出
三、ＣＯ^{2}排出量の削減
四、物流進化の促進

であり、そのいずれをも犠牲にしない**同時達成**です。

すなわち、コストの削減のために他の二、三、四を犠牲にしたり、ＣＯ^{2}排出量の削減のために他の一、二、四を犠牲にしたりすることがあってはならないということです。

グローバル化の進展、環境問題への対応、少子高齢化、燃料費など諸経費の上昇、世界同時不況等々と、物流を取り巻く環境がかつてなく厳しくなっている折、物流はさらにいっそうの「コストの削減」、競争力強化のための「新サービスの創出」、改正省エネ法に対応するための「ＣＯ^{2}排出量の削減」、物流・ロジスティクスからＳＣＭへの「物流進化の促進」が求められていて、物流改善に対する期待はかつてなく大きなものになっています。

このような期待に応えるには、自社の物流活動の中でのムダを省き欠点を取り除いていく「これま

での物流改善」に限界を感じるのも無理のないことで、正直なところ、あなたの会社にいまでもまだそんなに多くのムダや致命的な欠点があるとは思われません。

また、仮にそのムダや欠点を取り除いたとしても、先に述べたような大きな期待に応えることはできるはずもありません。

このような、きわめて厳しい条件のもとで改善を成功させるために、これまで顧みられなかった**新しい考え方**を採り入れたアプローチが必要です。

そして、このアプローチに採り入れている新しい考え方というのが、

・物流共同化などの**物流コラボレーション**を実践すること
・40年余りにわたる物流共同化の**成功事例・失敗事例**から学ぶこと
・システムが本来もっている**創発の力**を積極的に活用すること

です。

本書の執筆にあたった近藤と藤原は、大手メーカーに入社して40年近くも物流に従事してきたという経験をもち、津久井は近藤とともに四半世紀にわたって「物流共同化による物流改善」の実践と研究に従事してきました。

この間の経験を通して私たちは、物流共同化を主軸にすえた「攻めの物流改善」こそが、「エコノミーに関わる問題」と「エコロジーに関わる問題」とを同時に解決できるアプローチであることを確信しています。

*　　*　　*

本書は私の編集企画に基づいて、藤原が2、3、6章を、近藤が4章を、残りの1、5章とコラムを私が分担執筆し、そのうえで読み合わせをし、しばしば企画段階にまでさかのぼって手直しをして完成に到ったものです。

執筆にあたっては、ちょうど階段を1段ずつ登っていけるようにていねいに書くことを心がけています。

したがって、ほんのわずかの空き時間を利用して1項ずつ読み進んでいただければ、無理なく理解いただけて、自信をもって物流改善への第一歩を踏み出すことができるはずです。

本書は既刊の、河西健次・津久井英喜編著『よくわかるこれからの物流』の姉妹編として刊行したものですが、単独でお読みいただけるように配慮しています。しかし、併せてお読みいただければ物流・ロジスティクスの全体像に対する理解がいっそう深まることをお約束いたします。

＊　＊　＊

最後に、本書執筆の経緯について若干ご説明いたします。

編著者である私は、プラネット物流株式会社設立以来の同志である近藤らとともに、２００７年から1年間をかけて同社の「20年史編纂プロジェクト」に参加してきました。

また、この間並行して、日本物流学会が日本ロジスティクスシステム協会からの資金的助成を受けて行った「物流共同化実態調査研究プロジェクト」の主査を仰せつかりました。

この二つの機会がなかったならば本書の誕生はなく、この場を借りて関係者の皆様方に心からお礼を申し上げます。

最後に本書の執筆を勧めてくださった阿保栄司先生、出版の機会を与えてくださった同文舘出版株式会社の中島治久氏、本書の内容に何度となく適切なご助言をいただいた同社の古市達彦氏に、心から厚くお礼を申し上げます。

２０１０年10月

執筆者を代表して　津久井英喜

図解

よくわかるこれからの

物流改善 もくじ

まえがき

❶章　物流改善の新しい役割

1 物流改善の新しい意味を問う 012
2 コスト削減への期待に応える 014
3 本命は顧客サービスの創出 016
4 対応を迫られている環境問題 018
5 物流システムの進化を促進する 020
6 物流におけるコラボレーション 022
7 物流共同化は「攻めの物流改善」の母 024
8 システムが持つ創発力を活かす 026
9 問われる物流プロフェッショナルの力 028
10 じっくりと急所を攻める 030
コラム：仕事の格付け 032

❷章　「攻めの物流改善」の歩み

11「攻めの物流改善」の先覚者たち ―― 034

12 卸商組合と運輸業者が手を組んで ―― 036

13 大都市問屋街の共同集配送 ―― 038

14 地方都市においても物流共同化が ―― 040

15 百貨店では宅配と納品を束ねる ―― 042

16 中小零細事業者が生き残る道 ―― 044

17 納品統合化という「攻めの物流改善」 ―― 046

18 インフラ形成という物流革新に挑む ―― 048

19 エコノミーとエコロジーの両立に挑む ―― 050

20 最大難問である「物量の波動」に挑む ―― 052

コラム：物流は情報発信基地 ―― 054

❸章　先駆的実践事例の研究

21　小口化の進行に共同化で対抗　056

22　清酒の経験を菓子に活かす　058

23　老舗がつくり出したＷｉｎ－Ｗｉｎの関係　060

24　酒類卸５社で規模のメリット追求　062

25　モデル事業の認定を突破口にして　064

26　新しい物流サービスの開発が鍵　066

27　小売市場がスーパーへの転進をはかる　068

28　中小スーパーの活性化に挑む　070

29　商流と物流がスクラムを組んで　072

30　地方の中小卸売業が生き残りをかける　074

31　協同組合という甘えを排除して　076

32　「迅速な対応、慎重な拡大」で勝つ　078

33　良品廉価・安定供給を支える　080

34　システムは共同で、競争は店頭で　082

35　小異を残して大同につく　084

36　皆が困っていることを仕事にする　086

37　売り手よし、買い手よし、世間よし　088

38　新たな環境変化を迎え撃つ戦略は　090

39 元祖・感動物流が生む底力 —— 092

40 全国初の大手菓子５社の共同配送 —— 094

41 21 世紀は物流共同化の時代 —— 096

42 冷凍車を使わないで生鮮物輸送 —— 098

43 物流ビジネスはシステムで勝負 —— 100

44 大きな会社に負けない戦略 —— 102

45 誇りある物流プロ集団を目指して —— 104

46 リスクを他に振らない経営 —— 106

47 物流プロフェッショナルの条件 —— 108

48 命を支える医薬品物流 —— 110

49 １００％の絶対品質を追求する —— 112

50 物流の社会的地位を高める —— 114

コラム：仕事は面白くやるもの —— 116

❹章　「攻めの物流改善」を支える技術

51 「攻めの物流改善」を支える技術の体系 ―― 118
52 改善成果の配分 ―― 120
53 環境負荷情報の報告 ―― 122
54 荷主企業の環境負荷情報の報告 ―― 124
55 物流事業者の環境負荷情報の報告 ―― 126
56 包装に関わる技術 ―― 128
57 外装段ボールの表示 ―― 130
58 使用済み包材の管理・処分 ―― 132
59 包装モジュール化 ―― 134
60 輸送に関わる技術 ―― 136
61 提携輸送（結合輸送）―― 138
62 クロスドッキング方式 ―― 140
63 ミルクラン方式 ―― 142
64 ダイヤグラム配送 ―― 144
65 一括納品（一括物流）―― 146
66 パレット等の等価交換 ―― 148
67 保管・荷役に関わる技術 ―― 150

68 在庫管理 ―― 152

69 ロット管理 ―― 154

70 ロケーション管理 ―― 156

71 ピッキング ―― 158

72 情報に関わる技術 ―― 160

73 ＥＤＩデータ統一 ―― 162

74 データ送受信ルール ―― 164

75 ＩＴＦコード ―― 166

76 庫内無線ＬＡＮ ―― 168

コラム：物流プロパガンダ ―― **170**

❺章　「攻めの物流改善」の進め方

77 「守りの物流改善」から「攻めの物流改善」へ ―― 172

78 小さな一歩からの出発 ―― 174

79 委員会方式の形態 ―― 176

80 委員会方式の進め方 ―― 178

81 運営会社方式の形態 ―― 180

82 運営会社方式の進め方 ―― 182

コラム：物流報告書 ―― **184**

❻章　「攻めの物流改善」を支える公的支援

83「総合物流施策大綱」と「攻めの物流改善」 ―― **186**

84 物流効率化セミナー等の開催事業 ―― **188**

85 物流効率化アドバイザーの活用 ―― **190**

86 補助金の活用 ―― **192**

87 高度化融資制度の活用 ―― **194**

88「流通業務の総合化及び効率化に関する法律」 ―― **196**

89「流通業務市街地の整備に関する法律」 ―― **198**

90 グリーン物流パートナーシップ推進事業に関する支援 ―― **200**

コラム：物流懇話会 ―― **202**

カバーデザイン◎藤瀬和敏
立体イラスト◎野崎一人
コラムイラスト◎つのださとし
本文デザイン・DTP◎ムーブ（新田由起子、武藤孝子）

1章

物流改善の新しい役割

Section 1

山積する課題にどう取り組むか

物流改善の新しい意味を問う

物流の仕事は、利害関係者の事情に振り回されることが多く、問題を顕在化し共通認識とするだけでも容易ではない。

●「物流」も「改善」も誤解されてきた

「物流改善」というコトバほど、誤解されてきたコトバも少ないと思います。それも無理からぬことで、物流の意味も改善の意味も正しく理解されているわけではないからです。

もしあなたが、「物流」とは「モノの流れ」のこと、「改善」とは「ムダを取り除いて、経費を削減する」ことと理解しているとしたら、本書はまさにあなたに「うってつけの本」となるはずです。というのも、わが国の物流革新が進まない原因が、この誤解から生まれているからです。

物流を「モノの流れ」と考えているのは、輸送→物流→ロジスティクス→SCM（サプライチェーン・マネジメント）と進化してきた物流の歩みをご存じないからで、急がば回れ、本書と並行して「良心的に書かれた物流書」をお読みになることをお勧めします。

また、改善は、①「好ましくない結果」を引き起こしている原因を突き止めて、②それを正しくしていくことで期待している結果を求める活動のことです。

しかしこれはそう簡単ではありません。まず第一に、「好ましくない結果」とは誰にとってのことなのか？　同じ現象でも、立場が違えば評価が一致しないものです。同じ立場であっても、現在のことなのか1年先のことなのか5年先のことなのか？

仮に「好ましい結果」について利害関係者で共通認識ができたとしても、その「真の原因」を突き止めることはそう簡単ではないからです。

●物流は一筋縄ではいかない問題

いま、ある荷主企業で、輸送費が競合他社よりも多くかかっているらしいと判断したとします。競合他社より輸送費が高いことを「好ましくない結果」とするならば、「輸送費の削減」は改善課題となるでしょう。

しかし、この会社がサービスのよさを売り物に、さらに売上高を伸ばすことが求められているとしたら、売上の拡大につながる「新しいサービスの創

物流も物流改善も誤解されていないか

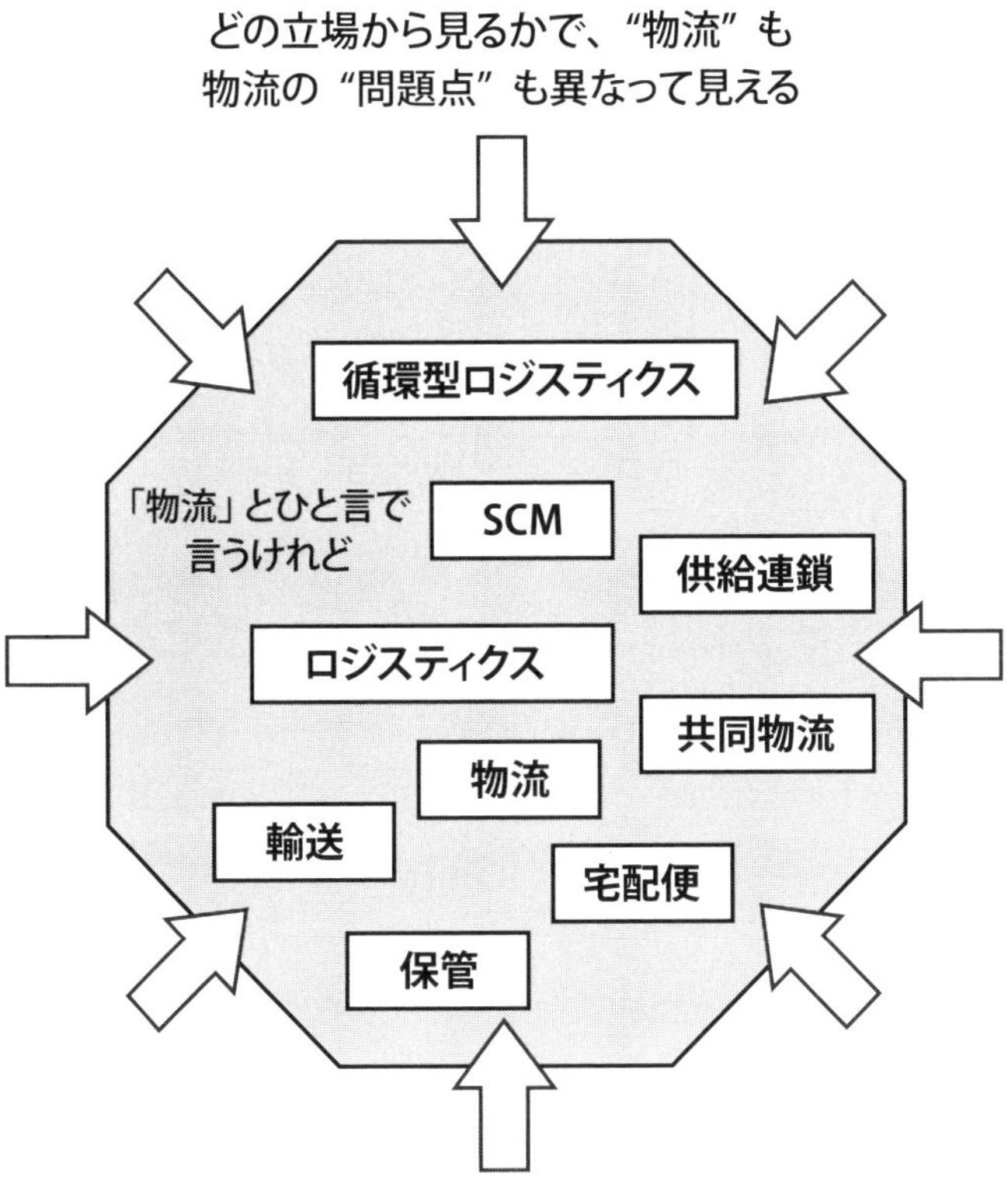

出」が改善課題でなければなりません。

経営がいま、物流に何を求めているかを確認しないで物流改善に取り組んでいるとしたら、それは改善どころか改悪にもなりかねません。

また、仮に改善の目的が明確に示されたとしても、原因は改善チームの手の届かないところにあったり、改善すべき原因がどこにあるのかさえわからないケースも珍しくありません。

原因が一つであることはまれなことで、一般的には複数の原因が複雑に絡み合って、「好ましくない結果」を引き起こしているのです。

始末が悪いことに、状況は時々刻々と変化していきますから、文字どおり「一筋縄ではいかない」代物です。

それでも、私たちは物流改善に挑み、改善を継続していかねばなりません。本書は、その具体的なアプローチに迫ります。

Section 2

これまでのムダ探しに限界

コスト削減への期待に応える

物流の中のムダ探しに終始する「守りの物流改善」を続けていてはならない。ムダ探しやムダ取りでは会社は元気にならない。

●「物流はムダの宝庫」という誤解

企業が存在し続けるためには、「適正な利益を継続的に確保する」ことが欠かせません。その利益は、**「入るを量って、出ずるを制す」**こと、すなわち「売上を伸ばし、コストを削減する」ことから生まれます。販売にも生産にも物流にも、適正な利潤を継続して確保する任務が課せられています。

物流にとって「入るを量る」とは、会社の収入を増やすためにサービスをつくり出すことであり、「出ずるを制す」とは、会社の支出を減らすためのサービスをつくり出すことです。

ここで間違えてはならないのは、物流改善とは物流にかかる支出（＝物流費）を減らすことでは必ずしもないということです。物流費を減らすことを含んではいるが、「それだけではない」ということが重要なポイントです。

「物流はムダの宝庫と聞いている。ウチの物流にもまだムダがあるに違いない」といった根拠のない周囲の憶測に負けて、物流改善の矛先が物流の世界の外に向かわず、物流の内のムダ探しをしている物流マンが多いのです。

しかし、このようなトップや周囲の見方、認識は、いずれも皮相的で誤ったもので、物流当事者を徒労に追いやるばかりなのです。

●組織をまたがる問題に挑戦する

かつて、「物流コスト第三の利潤源論」と呼ばれる理論がありました。1970年に出版された西澤脩著『流通費～知られざる〝第三の利潤源〟～』がきっかけとなって生まれたものです。

この本は、当時はあまり知られていなかった「物流の重要性」を世に広く知らしめて、それまで手がつけられなかった物流費にメスを入れることで、物流に潜んでいたムダの排除に大きな役割を果たしました。

あれからすでに40年が経過し、物流は大きな発展・進化をとげました。すでに自部門だけで解決できる問題を卒業して、いまや**「関連部門にまたがる問題」**や**「社外取引先との関係で生じ**

物流改善によるコスト削減には部門をまたがるケースも

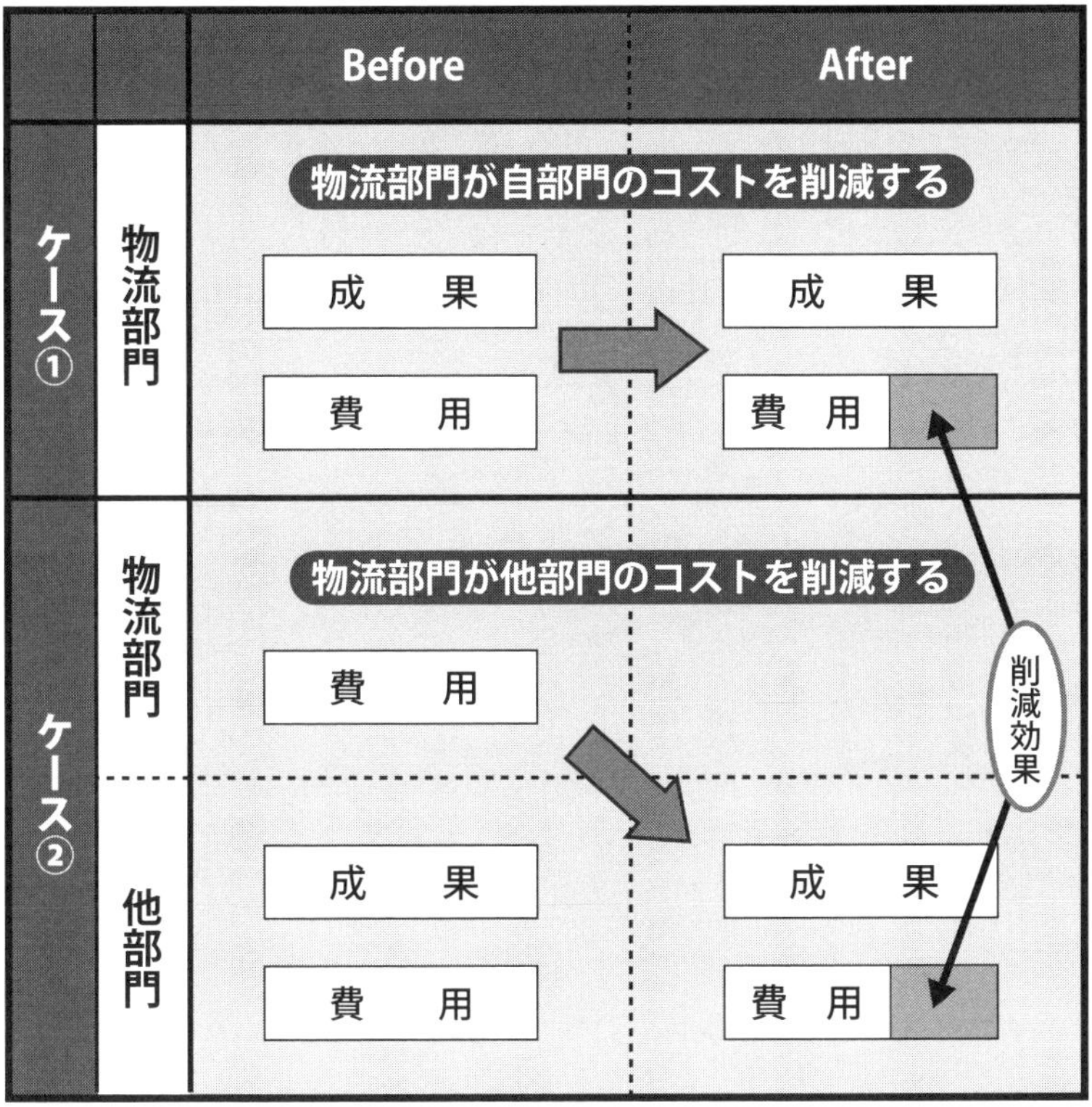

ている問題」に取り組んでいます。

前者がロジスティクスの問題として取り組むべきもの、後者がSCMの問題として取り組むべきものです。

どちらも組織間での利害調整を伴い、時間もかかる「厄介な問題」ですが、それだけに、解決できれば大きな成果を生み出してくれるものです。

だからといって手間隙を惜しみ、立場の優越性を武器にして強引な改善を行うと、一時的には効果を生んだかに見えても、時間の経過とともに無理が続かなくなって、新たな混乱を引き起こすことにもなりかねません。

関係者が納得できる「理にかなった解決」ではなく、弱い立場に無理を押し付けて決着を図るような組織間の関係を「力による決着構造」といいます。この構造を容認してきたこれまでの物流改善に対して、これを打ち破って進めるのが**「攻めの物流改善」**です。

サービスをコスト削減の犠牲にはできない

本命は顧客サービスの創出

物流先進企業は、「コストの削減」と「新サービスの創出」の両方を、「攻めの物流改善」によって解決している。

●物流が創出した新しい顧客サービス

建設現場への資材の搬入は、現場に資材を置いておくスペースが限られていることから、「ちょうどこの時間に（on time）」とか、「必ずこの時間に間に合うように（in time）」といった**搬入時間の厳しい条件**が付きものです。

予定資材が時間どおりに搬入できないと、現場に配置した大勢の職人の手が遊ぶことになり、最も恐れている工期遅れやコスト増につながります。

生産現場の組立ラインにおいても、「必要な部品を、必要なときに、必要な量だけ」届けることができれば、余分な在庫を持たないですみ、物流が大きな価値を創出することになります。これが、生産ラインでのかんばんと連動して納品する**ＪＩＴ納品**で、現場の合理化を徹底的に追求する**トヨタ生産方式**の根幹をなすものです。

このトヨタ生産方式の考え方が一般に浸透するにつれて、ＪＩＴ納品は生産財物流の標準的な条件となりました。いまでは一部の消費財についてもＪＩＴ納品が行われるようになり、典型的な例にコンビニへの納品があります。

コンビニでは、１００㎡ほどの店舗に２８００～３５００アイテムを陳列しており、在庫を保管するバックヤードを持たないことから、ＪＩＴ納品が標準的なサービスとなっています。

●コストのためにサービスを犠牲にしない

ＪＩＴ納品は、物流が創出した新しいサービスでしたが、必然的に配送の**多頻度小口化**をもたらし、輸送だけで見る限りでは生産性を大きく低下させることになります。

このような事態を重く見て、以前、当時の経済同友会幹事で経団連・日経連の常任理事でもあった諸井虔・秩父セメント会長が、「ＪＩＴ納品は効率の徹底的追求という面はあるが、その一方で、指定された時間に間に合うようにトラックは早めに着かせ、どこかで待機している。社会的には不合理だ。これからの経営者は、社会に対する迷

「トレード・オフの世界」から「両立の世界」へ

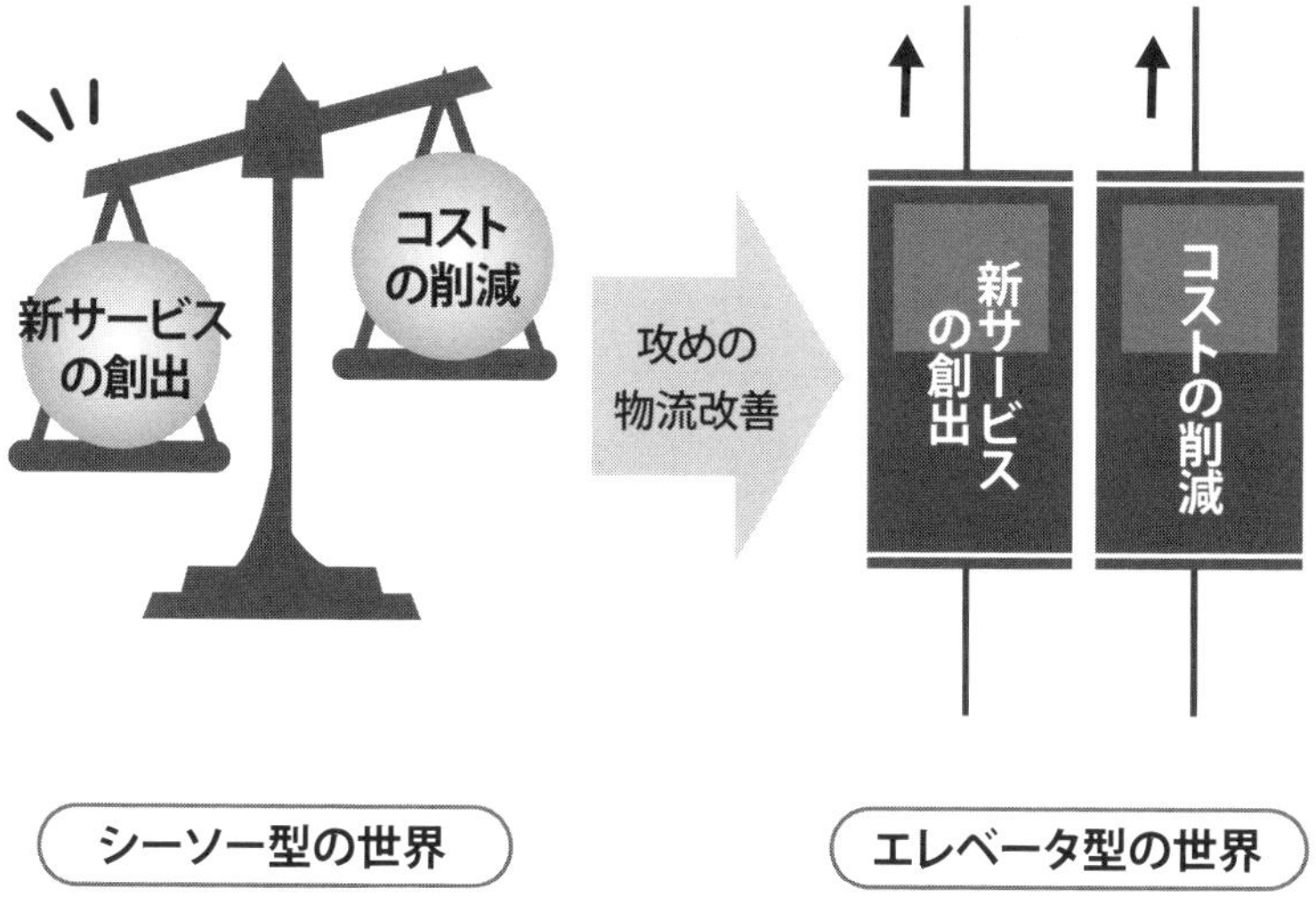

惑も考えないといけない」と発言されたことがありました。

「物流事業者の献身的な奉仕によるコスト削減は考え直す時期にきている」「一企業の効率一辺倒から、トータルとしての効率システムに考えを変えていかねばならない」とする同氏の主張は誠にもっともな批判です。

これは１９９０年の発言でしたが、営業用トラックの積載率はこの年の58・９％から直近の２００６年の49・７％まで一貫して低下し続けています。

しかし、ＪＩＴ納品や多頻度小口配送は、物流が努力して創出した高レベルの物流サービスであって、いまさらこれを放棄し後退するわけにはいきません。トレード・オフの関係にある「コストの削減」と「新サービスの創出」の二つを、同時に解決しようとするのが、本書で説くところの**「攻めの物流改善」**です。

避けて通れない「改正省エネ法」の遵守

対応を迫られている環境問題

温室効果ガス削減について挑戦的な目標を掲げているわが国にあって、物流もこれに基づき大きく舵を切ることに。

●低炭素社会における物流の始まり

人類の歴史は、およそ10万年と言われています。そのうち、直近の数千年を除いて、人類は**自然と共生**して暮らしてきました。この共生が目に見えて崩れるようになったのはここ２００～３００年のことで、鉄などの精錬のために森林が大規模に伐採され、蒸気機関の発明によって大気が著しく汚染されるようになりました。

「人口増加と環境汚染がこのまま続けば１００年以内に地球上の成長は限界に達する」と警鐘を鳴らしたローマクラブの**『成長の限界』**（１９７２年）をきっかけに、「人類はいかにしたら存続できるか」が**人類共通の課題**として認識されるようになりました。

こうした流れの中で、94年には**「気候変動枠組み条約」**が発効され、97年には条約の締結国１５５か国が京都に集まり、「先進国は地球温暖化を防ぐために温室効果ガスを基準年（主として90年）比で２００８～12年までの間に削減。その量は国ごとに数値目標を定める」ことが決められました。

この集まりが日本が議長国を務めた第三回条約締結国会議（ＣＯＰ３、通称「京都会議」）で、ここで決めた内容が**「京都議定書」**と呼ばれているものです。以来、わが国は**温室効果ガス削減**について国際的に指導的な役割を果たそうと努力をしているところです。

●経済性の追求と環境問題への対応

エネルギー資源を全面的に輸入に依存してきたわが国は、第二次石油危機（１９７３年）を契機に「省エネ法」（79年）を制定し、エネルギー利用の徹底的な合理化を進めてきました。

エネルギーを大量に使用する工場・事業所を対象にした「省エネ法」は２００６年4月に改正され、運輸部門もその対象となるようになりました。

一定規模以上の運輸事業者（貨物、旅客）と荷主企業が対象で、該当事業者は年に一度「省エネ計画」を国へ提出し、翌年に計画実施状況を報告することが義務づけられました。削減状況

「守りの物流改善」では環境問題に対応できない

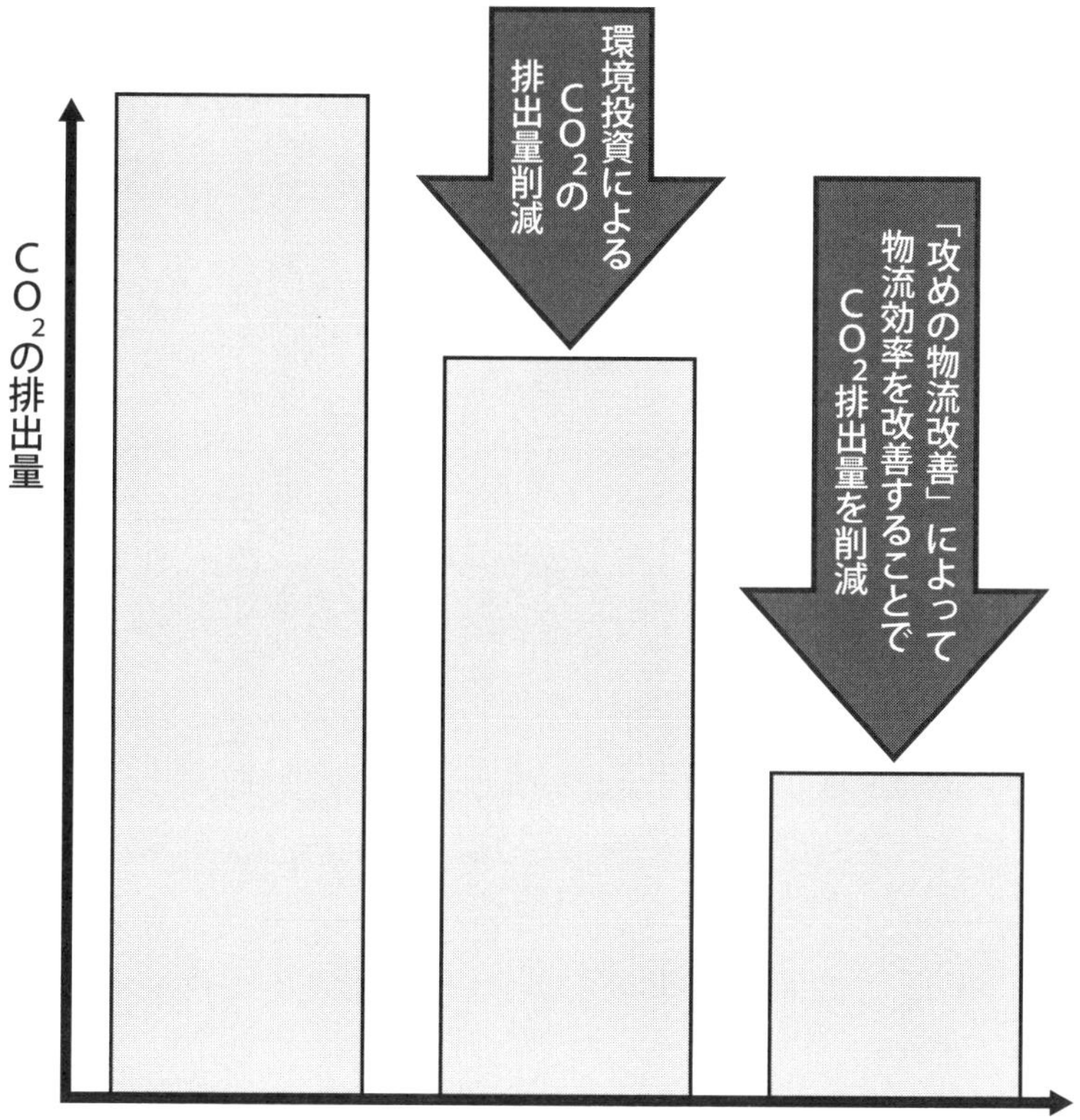

が悪い場合は、勧告→公表→命令→罰金と、段階的に厳しい法的措置を受けることになります。

「京都議定書目標達成計画」における**省CO_2型物流体系の形成**では、荷主と物流事業者の協働による省CO_2化の推進、物流効率化の推進（モーダルシフト＝環境負荷の少ない輸送手段への転換、トラック輸送の効率化等）が挙げられています。

物流は輸送を機軸とした活動であるだけに、この「改正省エネ法」の遵守は荷主企業・物流事業者を問わず避けては通れない重要課題です。

しかし、**「改正省エネ法」の遵守**のためにコストの削減、新サービスの創出を犠牲にすることは許されません。

あくまでもこれらを同時に達成することがこれからの物流改善の譲れない条件であり、これを実現するのが本書でご紹介する**「攻めの物流改善」**です。

Section 5

物流の進化に逆らってはならない

物流システムの進化を促進する

物流からロジスティクスへ、そしてSCMへと進化を続け、さらに循環型ロジスティクスを目指す物流の進化を促進させる。

●物流は長い時間をかけ進化してきた

江戸時代に創業し、急激に成長した三井呉服店（現在の三越）は、明治維新によって幕府・大名などの顧客が没落すると経営危機に陥り、１９０４（明治37）年、「デパートメントストア宣言」を行い経営改革を断行しました。

開国によって高まった西欧化の機会を捉え、呉服一辺倒から洋服・靴・鞄・傘などへと品揃えを拡大し「百貨の店」に変身。暮らしに必要なあらゆる商品を全国から調達するようになりました。そこには今日の百貨店が行っている調達の活動があり、販売の活動があったことは想像に難くありません。

それにもかかわらず、わが国に「物流の概念」が導入されたのは１９５０年代後半だとされ、それ以前の活動と区別していることについては重大な意味があります。

物流の概念は、56年に日本生産性本部（現・社会経済生産性本部）が派遣した「流通技術専門視察団」が物的流通（Physical Distribution）としてアメリカから持ち帰ったものです。

それ以前とそれ以後との決定的な違いは、得意先までのモノの動きに関わるすべての活動を一つのシステム（system）として捉えて、マネジメントの対象とした点にあります。

●物流の進化を止めてはならない

物的流通という概念について最初に書かれた論文は、ジョン・F・クローウェルの「農産物の流通における産業的な任務」（１９０１年）とされています。この小さな萌芽が、コンピュータの出現、数理的手法の確立、トータルコスト分析手法の発見などの助けを受けて、50年代になって物的流通という概念の確立に到ったのでした。

70年代に入ると物流と縮められて、経済成長を支える欠かせない技術としてその重要性が広く認められるようになりました。さらに80年代に入ると、「部門内での最適化」を求めてきた物流が、「全社最適化」を志向するロジスティクスへと進化しました。

物流は進化している

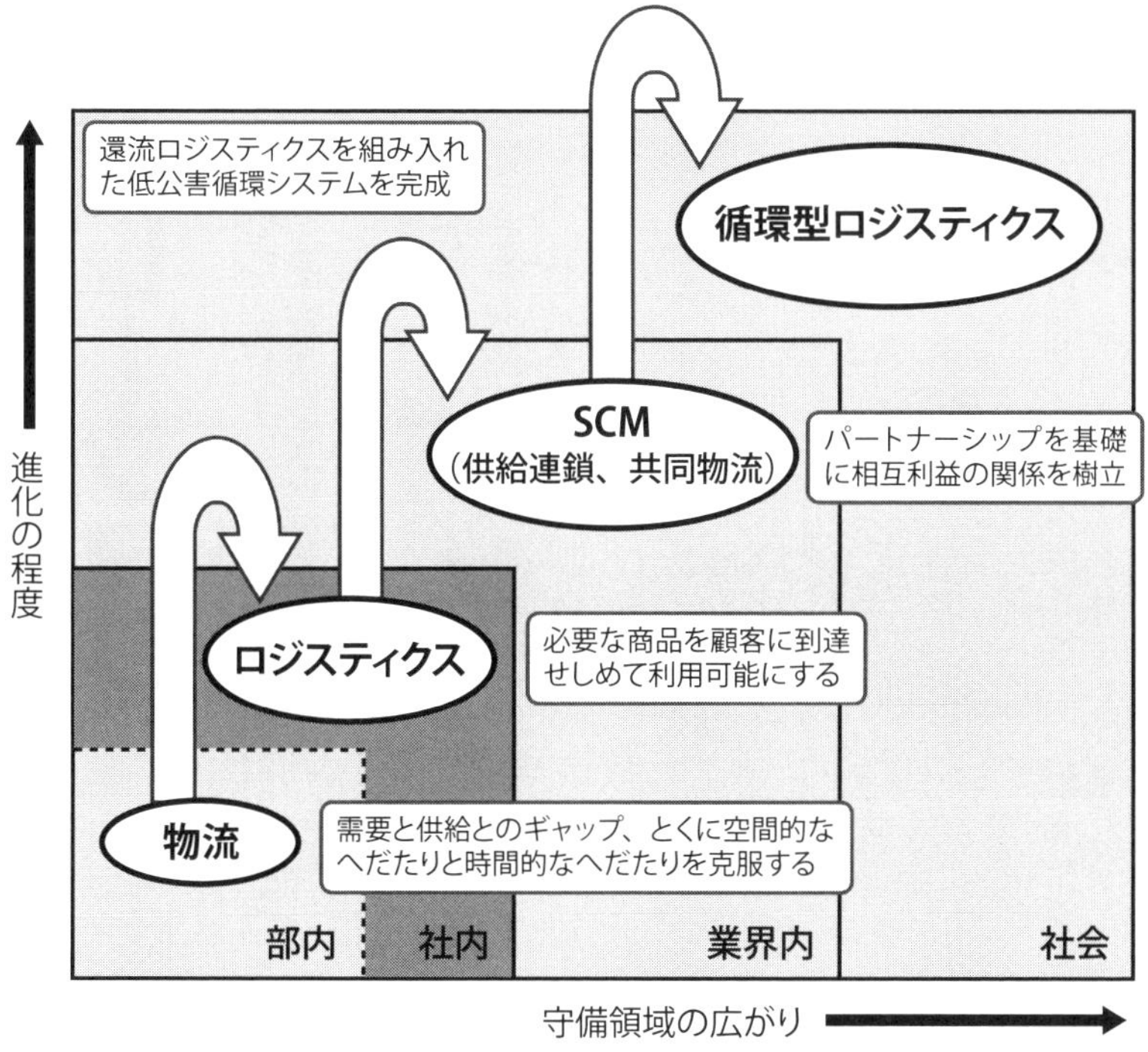

還流ロジスティクスを組み入れた低公害循環システムを完成
循環型ロジスティクス
SCM（供給連鎖、共同物流）
パートナーシップを基礎に相互利益の関係を樹立
ロジスティクス
必要な商品を顧客に到達せしめて利用可能にする
物流
需要と供給とのギャップ、とくに空間的なへだたりと時間的なへだたりを克服する
進化の程度
部内
社内
業界内
社会
守備領域の広がり

『成功する共同物流システム』（阿保栄司著、生産性出版刊）による

この進化に伴って、アメリカにおいては85年に米国物的流通管理協議会が米国ロジスティクス管理協議会に、わが国においては91年に日本物的流通協会が日本ロジスティクス協会に組織の名称を変更しました（同協会はその後、日本物流管理協議会と合併し、現在の日本ロジスティクス・システム協会になっています）。

さらに90年代後半に入ると、これまでは社内の供給のつながりに限ってきたマネジメントの対象を社外にまで拡大して、コラボレーションのパートナーとともに「市場へのチャネル強化」を図っていこうとするＳＣＭへ進化を遂げることになります。

「攻めの物流改善」は、これまでに述べてきたコスト、サービス、環境に関する課題を解決するとともに、この物流進化の促進を助けるものでなければなりません。

Section 6

「単独の取組み」ではもはや限界に

物流におけるコラボレーション

資源の投入が絶対的に不足している物流ではコラボレーション（協働）が必要で、これなしの「攻めの物流改善」は考えられない。

●イノベーションを生み出すために

「攻めの物流改善」を支えている第一の柱は、**物流コラボレーション**です。コラボレーション（collaboration）とは「協働（力を合わせて働く）」の意味で、コンペティーション（競争、competition）とは対極をなす概念です。

すでにわが国には、40年の歴史をもつ物流共同化があり、荷物を持ち寄ることで輸送の効率を上げてきました。

メーカー物流であれば、卸店までの配送に限定して互いに力を合わせることで、メーカーは共同配送による積載効率を、卸店は一括納品による作業効率を飛躍的に改善できます。

物流が止まれば経済が止まることは国も社会も企業も充分に認識していますが、物流に対する資源の投入は後回しにされてきました。それが今日の閉ざされた物流の状況をつくり、これを打破するためには相当思い切った手を打たねばなりません。

その一つが、業界レベルの流通システムの中で、輸送に限らず**協働できる領域を可能な限り拡大**して、各企業が持てる資源を持ち寄ることで、単独では不可能だったことを可能にすることです。従来の物流共同化と区別して、あえて物流コラボレーションという表現をしている理由です。

●物流コラボレーションの二つの狙い

物流の現状を打破するための突破口は**流動ロットの拡大**にあります。

流動ロットとは、流動1件当りの貨物重量のことで、１９９０年からの15年間で２・43トンから１・27トンへとほぼ半分になっています（『数字でみる物流２００８』日本物流団体連合会）。この間、輸送における「規模の経済効果」は著しく低下していることになりますから、荷主企業にとってはコストの上昇、物流事業者にとっては収益の圧迫をもたらしてきたことになります。したがって、この小ロット化傾向に歯止めをかけて、流動ロットの拡大へとギア・チェンジすることです。これが、第一の狙いです。

物流コラボレーションのもつ力

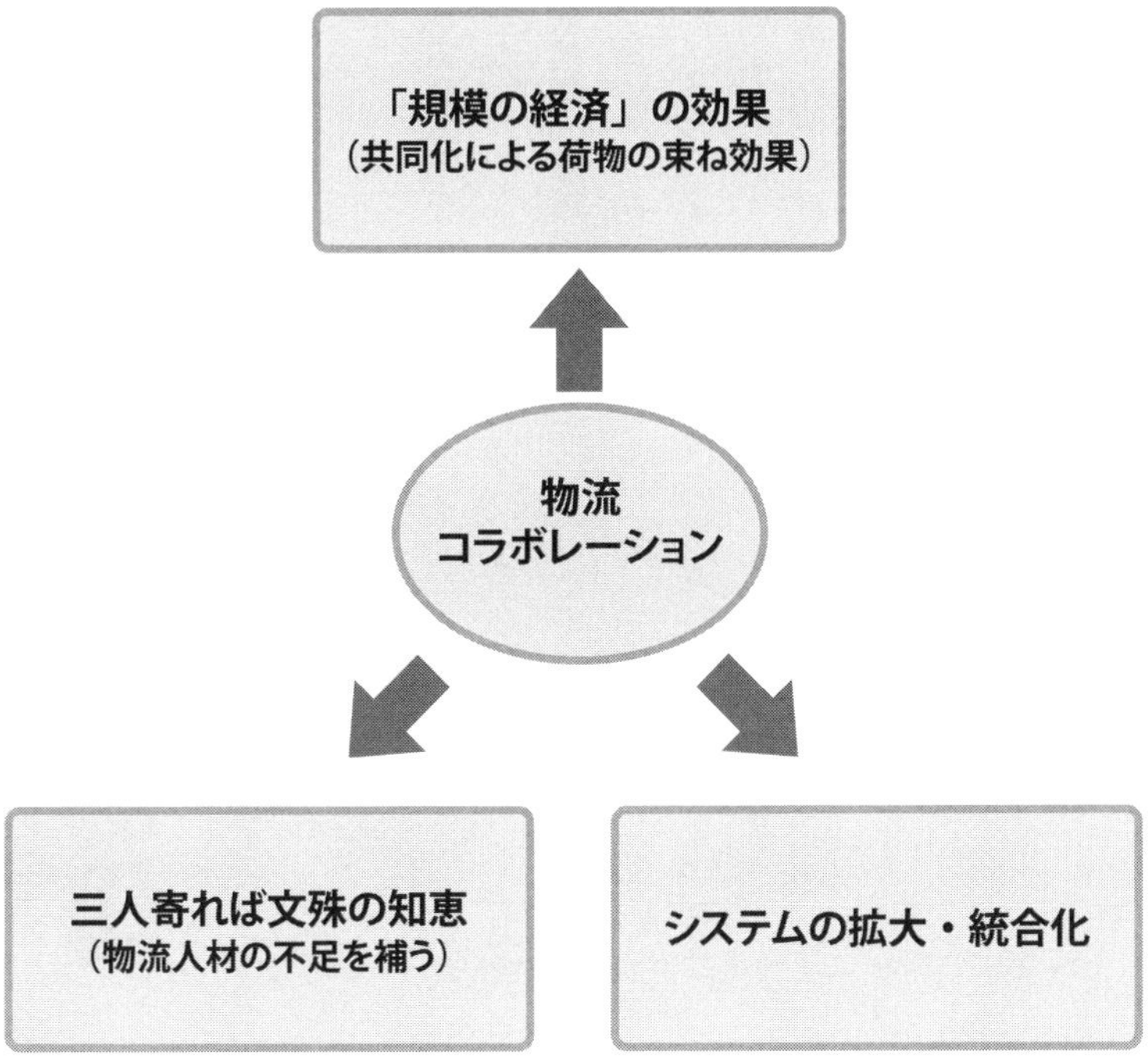

このギア・チェンジには、優秀な**人材の投入**が不可欠です。わが国では**物流の社会的地位**がまだまだ低く、大学などで物流を学べる体制は整っていません。したがって企業は、職場でのＯＪＴを通じて物流プロを育成する方法に頼らざるを得ず、人材の確保にも限界がありました。

その結果、荷主企業にとって最も基本である「物流管理」すら満足にできてはおらず、物流事業者にとって最も重要な「サービスの開発」が手つかずの状況です。

これまでお座なりにしてきた大きな課題に取り組むためには、オペレーションの領域はもちろんのこと、物流管理、サービスの開発、顧客の開拓など多くの領域にわたって各社の人的資源を持ち寄ることが物流コラボレーションの第二の狙いとなります。

Section 7

40年分の成功と失敗から学ぶ

物流共同化は「攻めの物流改善」の母

40年の歴史があるわが国の物流共同化。この貴重な実践から多くを学び、物流コラボレーションへ進化させていかなければならない。

●物流共同化の基本モデル

「攻めの物流改善」を支える第二の柱は、**物流共同化の経験**の蓄積です。

たとえば、N県のS湖周辺は、精密機械メーカーの集積地として知られてきました。ここで生産された機械部品の物流は、納入先の生産ラインのかんばんに連動したＪＩＴ納品ですから、トラックの積載率はおのずと小さくならざるを得ません。

小ロットのＪＩＴ納品でも納入先が至近距離にある場合には問題にならないのですが、これが遠距離となると物流に負担が大きくのしかかってきます。

しかし、地方の中小規模の部品メーカーでは物流の管理まで手がまわらず、事の重大さに気づいていません。

ところが、ここで熱心に合理化に取り組んできた経営者が、「U市にある同じ工場に部品を納めている同業者がここだけでも5社もある」ことを知り、具体的に調べ始めたところ、自社を含む6社のうちの2社が運送事業者に納品を委託し、残りの4社が自社で運んでいることがわかりました。

これまで6社がバラバラで運んでいた荷物をまとめて、もし1台のトラックで運ぶことにすれば、各部品メーカーにとっては**物流コストの削減**になり、また、納入先にとってはＪＩＴ納品のサービスを維持しつつ**一括納品による作業効率の改善**がはかられることになります。そのうえ、高速自動車道を走る車の走行量を減少させることで、懸案のCO_2排出量の削減という大きな効果も上げることができて、まさに一石三鳥となります。

●「仲間と一緒に」活路を見い出す

かつてこの辺りには、大手メーカーを中心に２０００余りの下請け部品メーカーが取り囲む「モノづくり城下町」が形成されていました。それが近年、グローバル化の進展とともに、大手メーカーが生産の軸足を海外へ移すと、主要な納入先を失った下請部品メーカーの多くは県外へと取引を広げるようになりました。

グローバル化が発端になり共同化の必要性が高まる

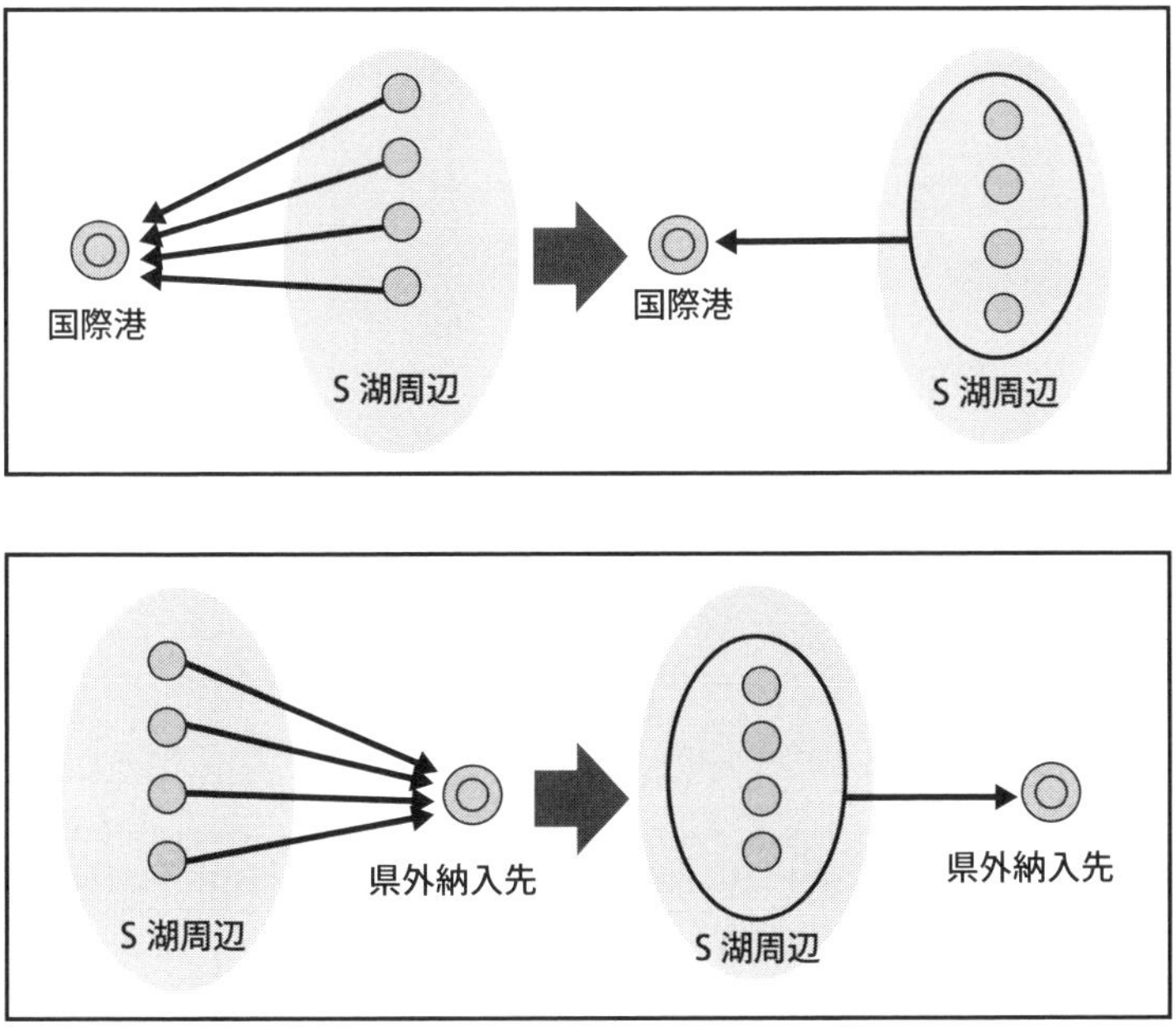

いまでは、売上の大半を県外企業に依存しながら、物流費を把握していないばかりに遠距離のＪＩＴ納品の問題が顕在化せず、問題の重要さに気付いていません。このような**取引の構造の変化**は、この地方に限らず全国の「モノづくり城下町」で起きています。

物流費を考慮せずに県外取引先をこのまま拡大し継続していくと、確実に体力を削がれていき、経営に重大な事態を招くことになりかねません。

ポイントは発想を変えて、具体的には**発地で方面別・納品先別に荷物をまとめて**輸送の共同化を行うシステムを構築することです。このシステムに参加する部品メーカーの数が増えるほど、コストもCO_2排出量も削減効果が出てきます。

この地に入ってくる原材料の輸送とも結合できれば、経済的、環境的な効果はますます大きくなるはずです。

Section 8

真のシステムは「文殊の知恵」を生む

システムが持つ創発力を活かす

物流は「システムである」と言われる。しかし、私たちは「システムであるための条件」を確認してきただろうか。

●システムとなるための三つの条件

「攻めの物流改善」を支える第三の柱は**システムが持つ創発力の活用**です。

システムというコトバは他のコトバと相性がよいために、たくさんの贋物を生み出しているので、まず「どんな条件を満たしていればシステムと言えるのか」を確認しておきましょう。

いま、A、B、Cという要素があったとき、A、B、Cの3者が、**①共通した目的のために、②相互に関係を取り合って、③力を一つに合わせる**ことができているときに、「構成素A、B、Cによってシステムが生み出された」ということになります。

逆に、A、B、Cがグループを成していたとしても、ここに挙げた三つの条件の一つが欠けていても、そこには「システムは生まれていない」ことになります。

もう少し具体的な例で、一つのグループを成している発荷主・着荷主・物流事業者を考えてみましょう。

いまこの3者が、「共通した目的のために、相互に関係を取り合って、力を一つに合わせる」ことができていれば、「発荷主・着荷主・物流事業者を構成素にするシステム」が生み出されたと言えます。

●物流システムは創発力を備えている

それでは、発荷主・着荷主・物流事業者の3者が、共通した目的のために、相互に関係を取り合って、力を一つに合わせて「システムが生まれる」と、どんなよいことがあるのでしょうか？

そこには、おのおの単独では不可能だったことを可能にする特別の力、**「創発力」**が湧いてくるのです。

システムが生まれると、3者が個々に持っている力A、B、Cの総和（A+B+C）以上の力（A+B+C+α）を創出することになるのです。

ところが、物流システムとは名ばかりで、システムとしての条件を欠いていれば、プラスαを得られるどころか、**「足の引っ張り合い」**で、その力は（A+B+C－α）となります。

お互いの関係を最大限に活用してこそ生まれる「システム」

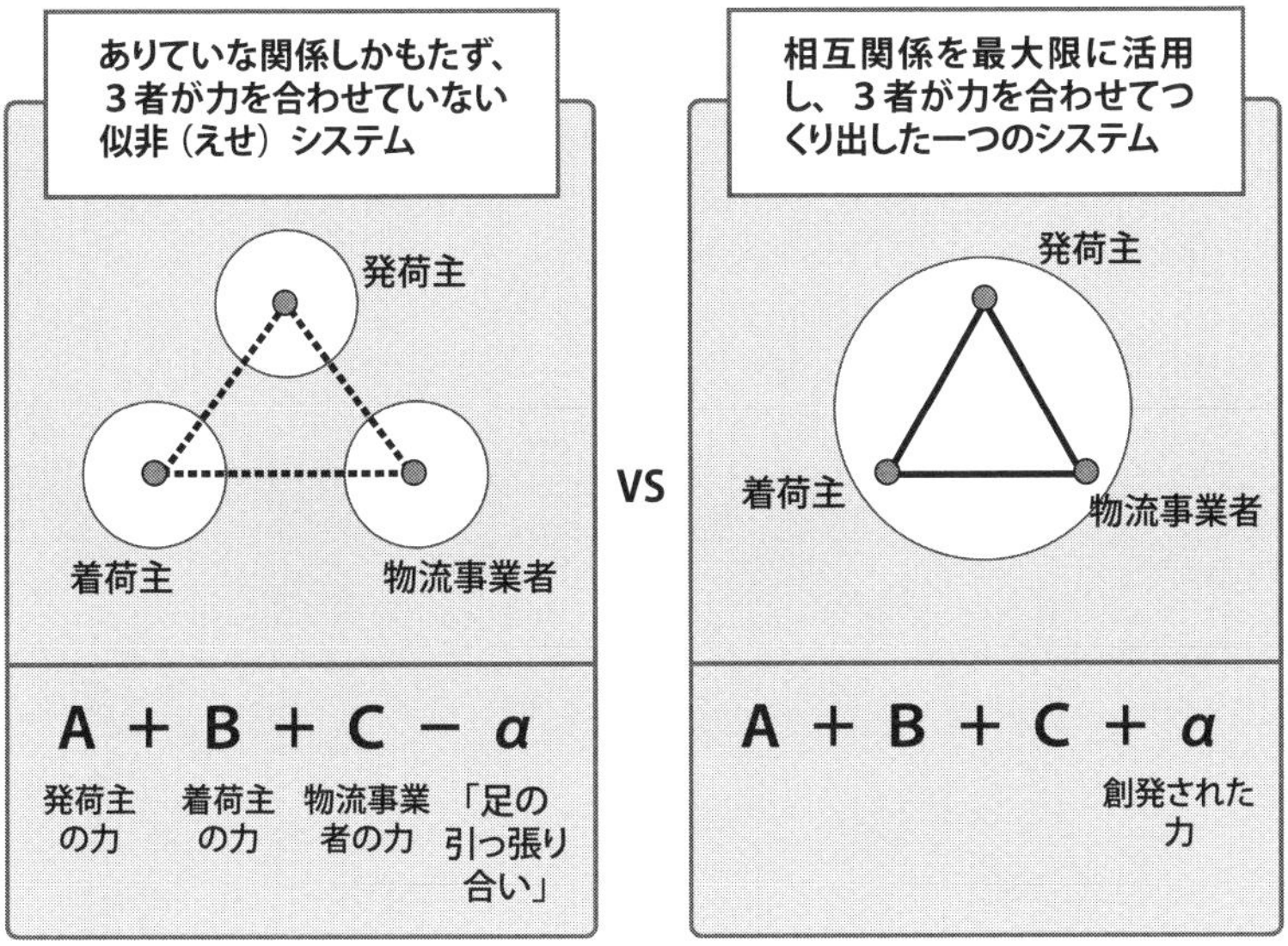

では、私たちはこれまで、「共通した目的のために、相互に関係を取り合って、力を一つに合わせて」きたでしょうか？

仮に、着荷主が発荷主に対して、あるいは、荷主企業（発荷主、着荷主）が弱い立場にある物流事業者に対して、元請が下請に対して、理に適わぬことを強いたりしていれば、そこにあるのは**創発力を期待できない似非（えせ）システム**ということになります。

物流書によれば、物流の要素活動には輸送・保管・荷役・包装・流通加工・情報の六つがあります。

この六つの活動が、「共通した目的のために、相互に関係を取り合って、力を一つに合わせる」ことで、これらの全体が物流システムとなり、そこから生まれる創発力を活用することが可能となるのです。

Section 9

人こそ何にも勝る経営資源

問われる物流プロフェッショナルの力

「攻めの物流改善」では、新しい能力を備えた物流プロフェッショナルの活躍が期待されており、人材の育成・投入が急務となっている。

●「攻めの物流改善」を支える強い味方

これからの物流改善の使命は、①**コストの削減**、②**新サービスの創出**、③**環境問題への対応**、④**物流進化の推進**の4項目であるべきです。誰もがムダだと考えているところを改める程度の、これまでの「守りの物流改善」では、ここに挙げたような使命はとても果たせないことは明らかでしょう。

そのための柱として、①**物流コラボレーションの実践**、②**物流共同化の実践事例からの学習**、③**システムが持つ創発力の活用**という「強力な助っ人」を紹介してきました。

しかし、この「助っ人」を使いこなすには、これまでにはない新しい**物流プロフェッショナル**に登場してもらわねばなりません。「攻めの物流改善」の成否は、彼らの双肩にかかっています。

この点でも、国も社会も企業も物流への人材の投入、人材の育成を後回しにしてきました。このツケは決して小さくありません。

●物流プロフェッショナルに求められる力

では、新しい物流プロフェッショナルに要求されている能力とは何でしょうか。

第一に、**トータル・アプローチができる能力**です。

簡単に言えば、全体と部分とを一緒に考える能力です。物流システムを構成素に分解して、部分を独立させて分析したり決してしないことです。

同じ物流システムを見ていても、国・行政の立場から見たマクロな側面、企業の立場から見たミクロな側面とでは、見える物流の姿が異なります。

企業間でも、発荷主の立場、着荷主の立場、物流事業者の立場と違った視点から見れば、同じ物流システムの異なった側面を見ていることになります。同じ企業の中にあっても、立場が違えばまた違った側面を見ることになります。

それぞれの立場で捉えたそれぞれの

「攻め」に転じるプロフェショナルの力

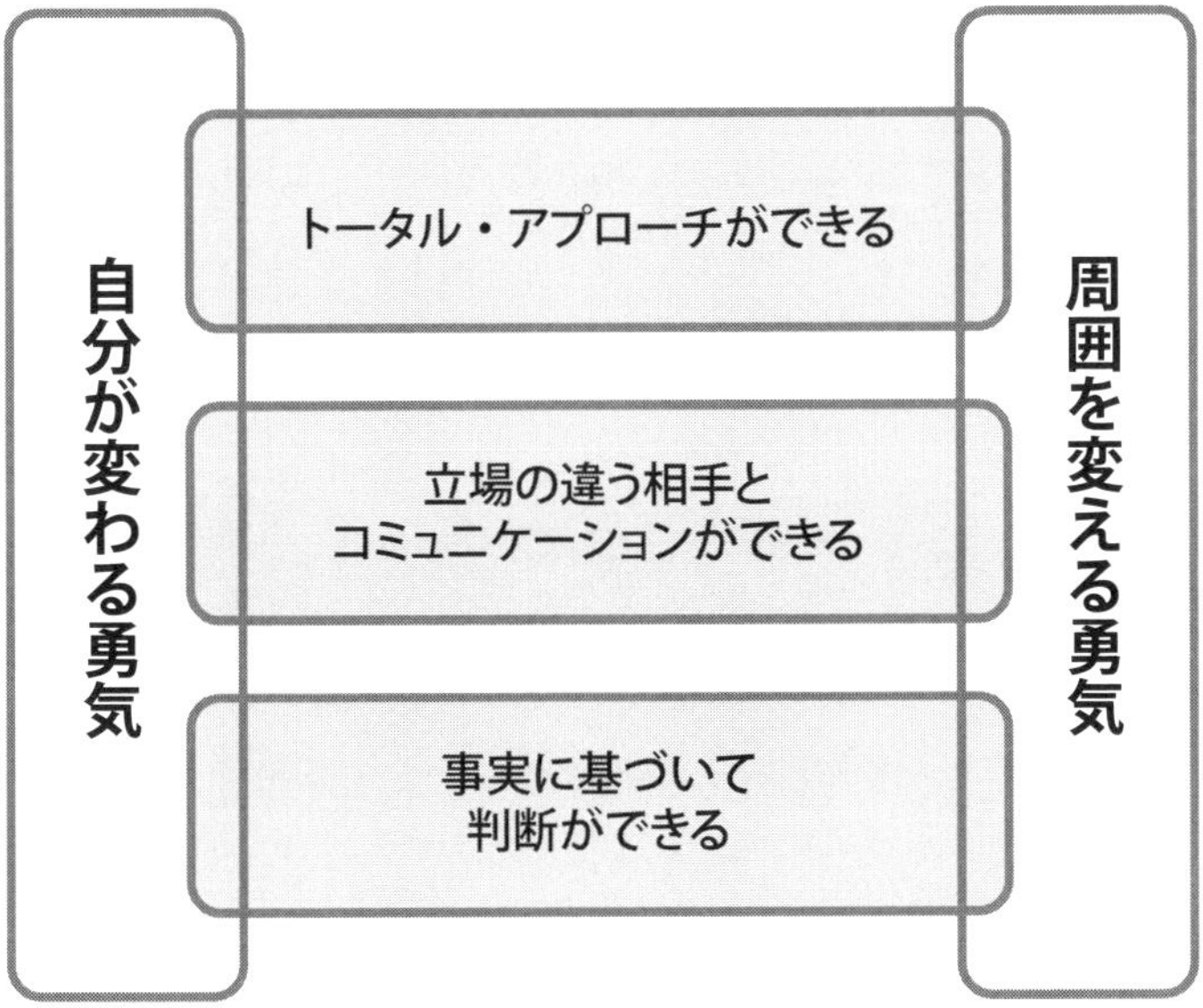
自分が変わる勇気
トータル・アプローチができる
立場の違う相手とコミュニケーションができる
事実に基づいて判断ができる
周囲を変える勇気

側面を、それぞれの立場で分析し改善して、それらを合体させたとしても、**問題の根っこにある真の原因**を取り除かない限りは、問題は少しも改善されません。

それぞれの立場にこだわることなく、捉えた問題をすべて出し合って、「物流システムの病巣を見つけ出し、取り除くにはどうしたらよいか」を、チームとして考えていけるかどうかが問われているのです。

第二に、**立場の異なる相手とコミュニケーションができる能力**です。

利害を異にする組織・企業とのコミュニケーションを避けていては問題解決の道は開かれません。

そして第三に、自己の立場に固執せず**事実を事実として捉え、事実に基づいて意思決定ができる能力**です。

Section 10

中央突破の王道を行く

じっくりと急所を攻める

改善が難航するのは、関係者の間で「改善すべき悪い点」や「その原因」について共通認識が取れておらず、協力が得られないから。

●物流改善を甘く見てはなりません

「なぜ物流改善をするのか？」と訊かれたら、あなたは「現在の物流システムに満足できないから」と答えるはずです。しかし、満足できないのはあなただけで、案外「大いに満足」している人や、「少なくとも不満はない」と答える人が多くして、評価は必ずしも一致していないものです。

システムに関係している組織や人の利害は、必ずしも一致するものではなく、時には対立することさえ珍しくありません。改善にあたっては、まず、現在のシステムに対する関係者の評価をすり合わせて、立場によるまちまちな評価をまとめることから始めなくてはなりません。「どういう状態にしたいのか」という点で、関係者の認識が「ある一定の幅」に入っていなくてはなりません。

次に、「システムのどこを、どう直したらよいか」を突き止めることになりますが、これが物流改善の核となる一番むずかしい仕事となります。

物流改善は、時計のような機械システムの修理と違って、ある種の生きた社会システムが相手だからです。社内外に広く分散している多くの要因が複雑に絡み合って、現在のシステムの結果をもたらしているからです。

ここまでの過程を軽んじると、後で関係者の協力が得にくくなり、必要以上の苦労を背負い込むことになります。

●姑息な策に溺れず中央突破の王道を

ここまでくれば大きな山を越えたことになり、後はやるべきことを時間をかけて粛々とやるだけです。決して急がず、「すぐに効果を上げよう」などと焦ってはなりません。

現在の物流システムは生きていて日々走っているのですから、改善は走っている列車の重要部品をわずかな停車時間を利用して取り替えるようなリスクを伴う作業でもあるからです。

「攻めの物流改善」が対象としているような「大きな改善」であれば、母親が子供の擦り傷にヨードチンキを塗

「攻めの物流改善」の力

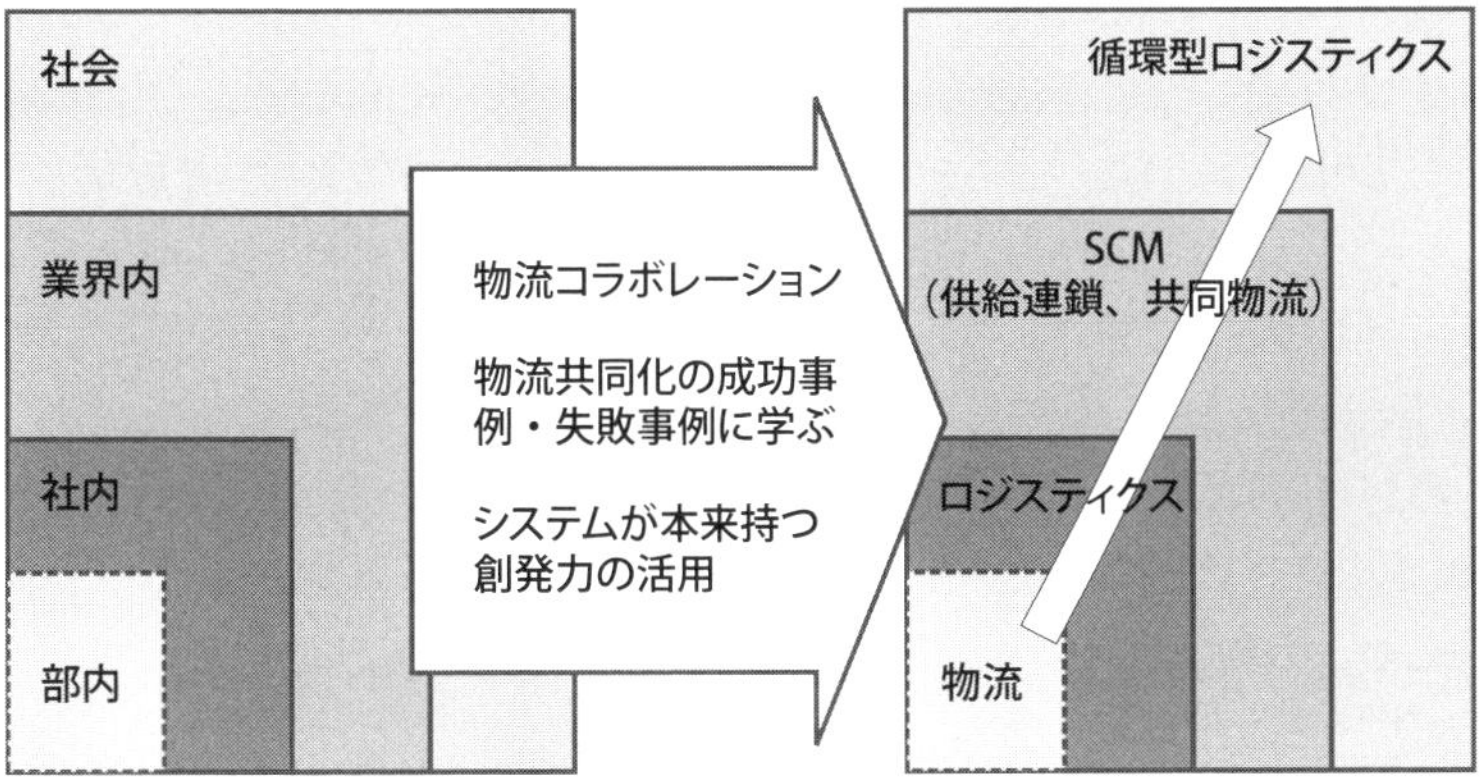

る行為とは違って、チーム・バチスタが挑戦する大手術のようなものです。

改善チームは、改善を通じて物流を学んでいきます。そればかりではありません。「モノの動き」は「カネの動き」同様、否、それ以上に経営の実態を正直に表していることを知らねばなりません。モノの動きを通して会社の動きがよくわかることから、物流を通じて「生きた経営」を学んでいくことにもなります（コラム①を参照）。

物流を学び、経営を学ぶことが「チームの力」を強くし、ひいては「企業の力」を強くしていくことにもつながっていきます。

物流や物流改善を「簡単だ」と説く物流書を見かけることがありますが、くどいようですが、決して侮ってはいけません。本書で取り上げている事例でも、3～10年と長い時間をかけて今日の成功に至っているのです。

Column 1

仕事の格付け

「物流は苦労ばかりで、つまらない仕事だ」と、ため息をついていた人がいました。「縁の下の仕事で、割が合わない」と、愚痴っていた人がいました。「陽が当たらないから、人が集まらない」と、嘆いている人もいました。

たしかにそういった面がないとは言えませんが、このような見方、考え方は大切な側面を見落としています。

昔、私が日用消費財メーカーに勤めていた頃、「入社して最初の職場は工場倉庫だったが、仕事の基本はそこで身につけた」という話を常務から伺ったことがあります。「“モノの動き”は正直だから、会社の動きがよくわかった」とも、おっしゃっていました。

これもずいぶん昔のことになりますが、経理部で働いていた後輩に、「人が使ったカネの後始末をしていて何が面白いのか？」と、いま思えば大変失礼なことを訊ねたことがありました。後に役員にまでなったこの後輩は、「伝票を見ていると、会社の動きが手に取るようにわかるんです」と、そのとき教えてくれました。

そう言えば、当時の社長は若い頃に大手商社で働いていたことがあったそうで、物流についてよくご存じでした。

会社がどのように動いているかは“モノの動き”か“カネの動き”を見ていれば大よその見当がつきます。そう考えると、物流をやっていながら「生きた経営を学ぶ」機会をみすみす見逃している人のなんと多いことか！

物流いかんで利益が大きく左右される事業は少なくありません。商品の売値に対して容積なり重量なりが極端に大きい事業、たとえば素材関連などがそうです。ビール業界、スーパー業界、コンビニ業界のように物流本部、ロジスティクス本部、物流管理本部などといった大きな組織を構えている業界もあります。商社業界、自動車業界、電機業界、建設業界、パソコン業界、食品業界、アパレル業界、化粧品業界等々と、物流が重要な役割を担っている業界を挙げていったらきりがありません。

物流が役員への登竜門になっている企業さえあります。

総じて言えば、「物流という仕事が重要である」という認識は浸透していて、その社会的地位は徐々に上がりつつあると言っていいでしょう。　（津久井）

2章

「攻めの物流改善」の歩み

Section 11

物流共同化に40年の歴史あり

「攻めの物流改善」の先覚者たち

物流共同化については体系化されていないが、本書では「攻めの物流改善」の一つに位置づけて、先覚者たちの知恵の体系化に挑む。

●物流共同化は時代とともに進化してきた

わが国における物流共同化は１９６６年、東京都靴卸協同組合が関本運送の協力を得て行った「靴の共同配送」と、南王運送による「百貨店への納品代行」に始まり、すでに40年余りの歴史を歩んできました。

しかしこの間、何度か世間の脚光を浴びたことはあったとはいえ、一般的に普及することにはなりませんでした。

ところが最近になって環境問題への対応が強く求められ、「経済的な課題」と「環境問題の対応」とを同時に解決できる手段として注目が高まってきました。物流共同化の40年余の歴史を大づかみに把握することにしましょう。

①急速な経済成長に伴って発生した社会問題の解決に行政が動いた時代

70年代の後半くらいまでは、高度経済成長によって物資の流通が活発になり、在庫量の増大、配送量の増大に伴って物流力不足が危惧された時代でした。

大都会に限らず、地方都市においても問屋街や市街地で車の往来が急増し、交通渋滞や駐停車難が**大きな社会問題**となりました。

このことによって輸送効率が低下し、荷主企業も物流事業者も物流コストの上昇に悩まされました。

こういった問題の解決のために、行政は協同組合形式による共同化を推奨するなどして、各地でいろいろな試みがなされました。

②企業が物流戦略として物流共同化に取り組んだ時代

70年代後半から90年代にかけては、流通コストの負担能力の低い業界を中心にして物流共同化による**物流コストの削減**、**物流サービスの向上**に挑む企業が現れてきました。

その推進役も荷主企業自らが行うケース、物流事業者が主導するケースとさまざまで、業種も日用雑貨・紙文具・菓子・冷凍食品・製糖・化粧品・カメラなど、また業態ではコンビニや

「物流共同化」40年の歩み

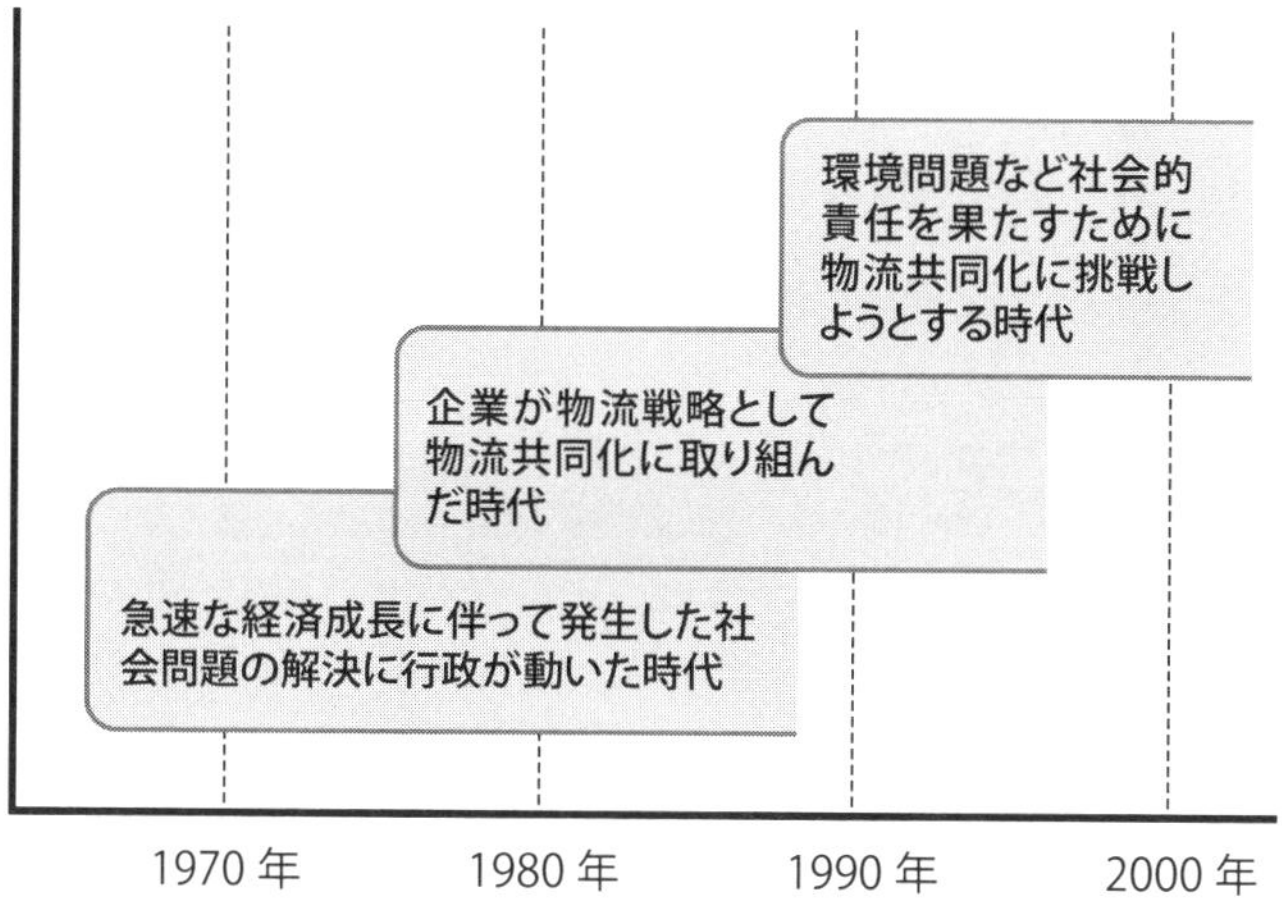
環境問題など社会的責任を果たすために物流共同化に挑戦しようとする時代
企業が物流戦略として物流共同化に取り組んだ時代
急速な経済成長に伴って発生した社会問題の解決に行政が動いた時代
1970年
1980年
1990年
2000年

スーパー等と、実にさまざまな広がりを見せるようになりました。

③環境問題など社会的責任を果たすために物流共同化に挑戦する時代

21世紀に入ってからの大きな特徴は、従来の大量生産・大量消費をベースとした社会的仕組みを見直し、循環型社会への転換を視野に入れた挑戦の世紀であるということです。

荷主企業であれ物流事業者であれ、物流活動における**「改正省エネ法」の遵守**は、コストの削減、サービスの改善と並んで最重点課題となりました。

「京都議定書目標達成計画」における**省CO_2型物流体系の形成**では、荷主と物流事業者の協働による省CO_2化の推進、物流効率化の推進（モーダルシフト、トラック輸送の効率化等）が挙げられ、新しい視点から期待がかけられることになりました。

Section 12

わが国初の「攻めの物流改善」の試み

卸商組合と運輸業者が手を組んで

全国の問屋街が、集配トラックによる交通渋滞に悩んでいた高度経済成長期。荷主と物流事業者が協力して問題を解決した歴史的な事例とは。

●高度経済成長期における流通問題

経済を支える重要な働きを担っている物流は、経済の発展に合わせるようにロジスティクスへ、さらにはＳＣＭへと発展・進化を遂げてきました。

第一次石油危機（１９７３年）が起きるまでの間は、ＧＮＰの伸び率が年平均10％にも達し、貨物輸送量もそれに比例して増加していった時代でした。

需要が供給を常に上回り、「規模の経済」を追求した**大量生産・大量販売の時代**でしたから、大型施設の建設や機械化による省力化など**物流能力の拡充**で対応してきました。

その一方で、「問屋無用論」が論議され、物量の増大に伴い中間流通のあり方にも関心が集まりました。中小商業はしだいに地盤沈下の危機に直面する状況になり、その保護政策が並存していた時代でもありました。

東京・大阪・京都などといった大都市には、昔から商品別に卸商が密集している問屋街がありました。こういった伝統的な問屋街は、人力による大八車が活躍していた時代に形成されたままで、道路幅が狭く、物流量の増大に伴って集配のトラックが増えてくると、交通渋滞を引き起こしました。

交通渋滞で問屋街の機能がマヒしてしまうだけでなく、周辺の交通にまで影響が及んで支障をきたしていました。

●地元警察の申入れに靴卸組合が動く

東京の下町・浅草には関東一円をマーケットとする靴の問屋街があって、ここでも出入りする集配トラックの急増による交通渋滞が周辺の交通に深刻な影響を与えていました。

しかし、ここで商いをしていた誰もがこの状況を肌で感じていながらも、「自分たちが解決すべき問題」とは認識していませんでした。

この事態を重く見た**地元の警察**は、**東京都靴卸協同組合**に対して「改善策の検討」を申し入れました。

そこではじめて組合は、この状況の解決が自らの問題であると認識して取りかかるのですが、なかなかよい案が

東京都靴卸協同組合員の物流共同化

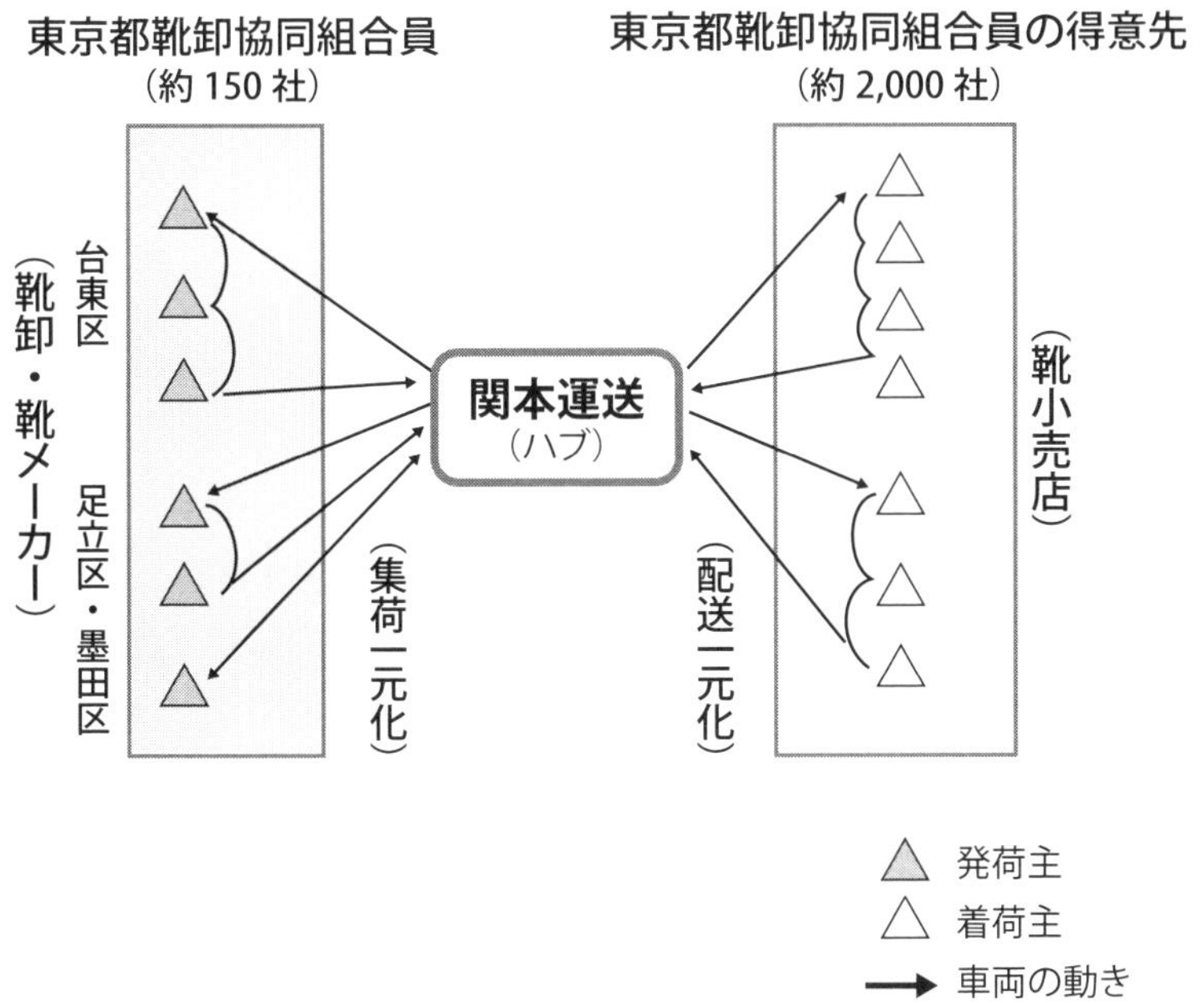

思いつきません。

結局、「ここに出入りしている運送会社を１社に絞って、組合加入のすべての卸店がそこに配送を頼むしかない」という結論に達しました。

問題は、引き受けてくれる業者を探すことで、当時、問屋街に出入りしていて、経営者とも交流のあった**関本運送**に相談をもちかけてみました。

幸い同社は「リスクはあるが将来の経営安定策にもなる」と判断して、この試みに協力することになりました。

かくして１９６６年、荷主と運輸業者とがパートナーとなって取り組んだ改善策が、交通渋滞という大きな社会問題をも解決することになりました。

これには、発荷主として台東区・足立区・墨田区の靴の卸業者と靴製造業者約１５０社が参加して、東京および近郊の靴卸業者・靴小売業者約２０００社への**共同配送**が実現しました。

Section 13

昔もいまも悩みのタネ

大都市問屋街の共同集配送

ビジネスでは競争をしていても、「ビジネス環境の改善」では協力すべき。このことこそ、「攻めの物流改善」の鉄則。

●すべては解決すべき問題の認識から

前項で取り上げたケースのように、そこでビジネスをしている誰もが「仕事がしにくくなっている状況」を肌で感じていながらも、そこに「自分たちが解決すべき問題」があるとはなかなか認識できないものです。

その原因としては、誰もが「毎日の仕事の忙しさ」を挙げるに違いありません。しかし、仕事がしにくくなっている状況を改善することは収益に直結する重要な活動で、多忙を理由に先延ばししてよいはずはありません。

むしろ真の原因は、「自分たちはこの環境の中で仕事をすることが条件付けられているのだ」と、思い込んでいるところにあります。

前項のケースでは、地元警察の「改善策検討の申入れ」が、その誤りを気付かせてくれたのでした。組合は、この申入れを受けて、はじめて「この状況を解決するのは、他ならぬ自分たちの仕事だ」と認識できたのでした。

解決策が見つからないのではなく、何が問題かがわからないケースは意外に多い。問題が明確になれば、後はその解決策を探すだけで、関係者が知恵を出し合えば何とかなるものです。自分たちだけではよい知恵が出なければ、外部に知恵を求めることもできます。

●梅田繊維街が新大阪繊維シティーへ

ＪＲ大阪駅前には昔から繊維問屋が集積していて、当時（１９６０年代後半）約６００軒からなる梅田繊維街を形成していました。

狭い地区に密集しているために1店舗は平均15㎡ほどと狭く、商品を展示するスペースしか割けませんでした。開梱・梱包などの作業は店舗の前で行うほかなく通路の交通を著しく妨げて、とくに車が店舗の前に駐車しているときなどは、他の車の通行はもとより人の往来すらままならない状態でした。

そのような状況ですから、集配送の停滞はおびただしく、積み残しや運賃の割増し料にも悩まされていました。

こうしたことが自家運送に拍車をか

新大阪繊維シティーの共同集配送

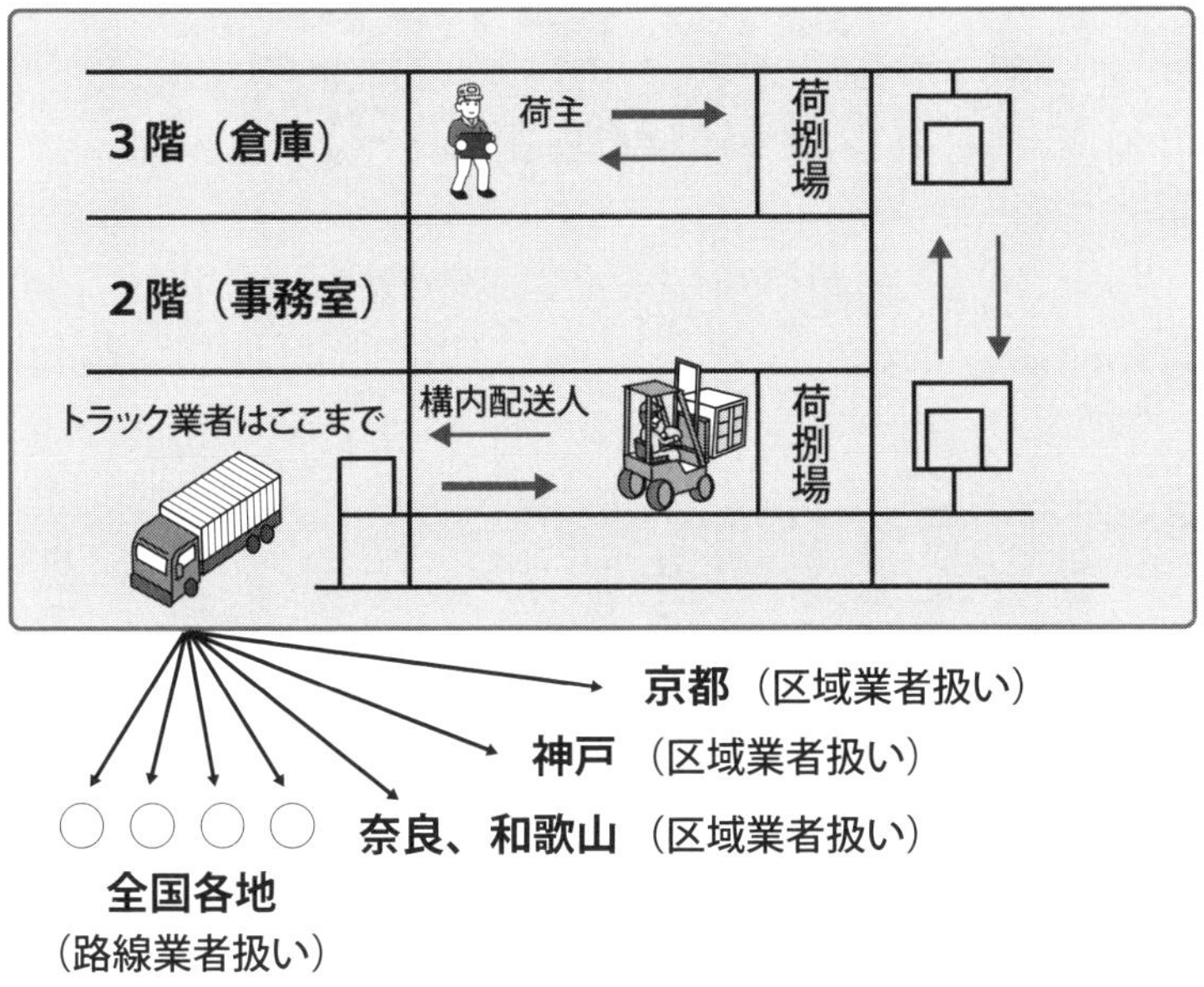

けたものの、車の維持費・人件費などが増加してかえって厳しい経営上の問題になり、解決にはなりませんでした。

関係者で協議を重ねた結果、「新しい場所に共同ビルを建設し、集団移転する他に方策はない」との結論に達して、321社で協同組合を結成するに到りました。

1969年、公的支援を受けて淀川区に3棟からなる**新大阪繊維シティー**が完成し、移転を果たしました。3階の倉庫で荷捌きされた商品が構内配送人の手で地階の配送センターに運ばれ、方面別・業者別に仕分けられて出荷されるようになりました。

運送事業者18社が**新大阪センイシティー輸送協力会**を結成し、料金体系の一本化を図りました。配送効率向上も実現し、当時としては時代の先端を行くシステムとして大変な評判になりました。

Section 14

全国の都市で同じ問題が起きていた

地方都市においても物流共同化が

独力では解決できない問題を他企業と協力して解決したのは荷主企業だけではない。福井県では運送会社13社が協力して、問題に取り組んだ。

●熾烈に競う運送業者13社が協力

高度経済成長期の基幹産業の一つに繊維産業がありました。福井県の繊維産業もその一つで、原糸生産の紡績、合織工場から一次製品生産の大小の織物工場、精練染色の織物加工工場が入り乱れて散在していました。

商流を担っているのは地場の商社で、運送業者は約１００社の地場商社を相手に熾烈な価格競争を繰り返し、深刻な経営悪化に悩んでいました。

需要増大に伴い、合理的な流通や輸送の迅速化が要求されていましたが、独力では対応不可能と判断した業者13社は１９７４年、**福井県繊維輸送事業協同組合を結成**しました。

自己資金で福井市江端に福井配送センターを建設して、全国にある原糸・織物を中心としたメーカー・商社等約50社を届け先とした**貨物の共同受注・共同集約配送**を始めました。

共同輸送の実施は**実車率の向上と適正運賃の収受**を図り、顧客に対しても輸送・荷捌き・保管で**安定した物流サービスを提供**すると同時に、運送業者の**収益の向上**に寄与しました。

この時代には、浜松などでも同じような試みが行われました。

●中小の荷主企業が高度化資金を活用

これとは逆に、荷主企業が協力して新しい卸売センターを設立し、そこに集積することで、新しい道を開いたのが仙台市にある雑貨卸業者たちでした。

ここでも、東京・大阪に似た状況が起きていて、昔ながらの狭い道路に車両が溢れて交通渋滞を引き起こし、土地が狭隘であるために在庫の増加に倉庫が対応できずに、日常の経営活動に支障をきたしていました。

その結果、配送費の増大、人件費の上昇などが経営を圧迫し、業界全体で取り組むべき緊急課題として物流合理化が浮上してきました。

市内に点在していた卸売業者の間からも条件のよい場所に集団移転して経営の安定を図りたいという強い要望が出たことから、65年に構成組合員２８

福井県繊維輸送事業協同組合の共同集配送

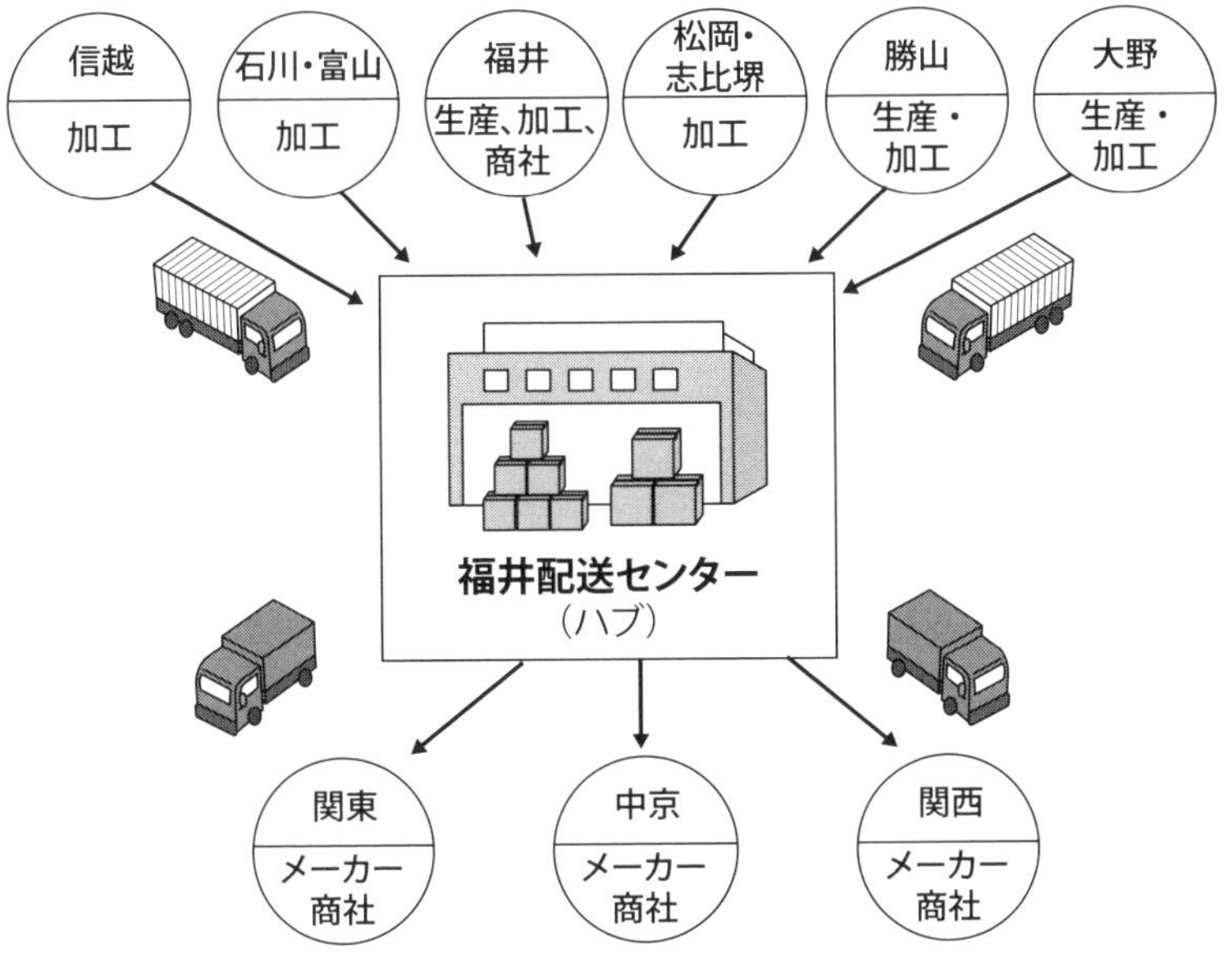

5社によって**協同組合仙台卸売センターを設立**しました。

組合員が取り扱っていた商品は、加工食品・繊維製品・文具・紙・履物一般・日用雑貨・建築資材・機械・金属・電気器具・自転車・雑貨・その他と、非常に多岐にわたっていました。

70年、仙台駅の東部にある仙台バイパスという、輸送の幹線に沿った現在地に**中小企業高度化資金**を導入して卸売団地を建設しました。

そして共同配送センターを窓口として、東北6県を主体にし北海道・関東、さらに全国にもまたがる配送を各運送業者に委託する**共同配送システム**が誕生しました。

この時代には、東北地方だけでも八戸・秋田などで同じような共同配送システムが立ち上がり、全国的に注目されるところとなりました。

Section 15

「束ねる」ことが価値を生む

百貨店では宅配と納品を束ねる

「攻めの物流改善」を考えるうえで「基本中の基本」となる事例。共通しているのが、「皆が困っていることはビジネスになる」という鉄則。

●「店から出て行く商品」を束ねる

百貨店にとっては、中元・歳暮品に限らず、商品の宅配は欠かせないサービスで、今日のように宅配便市場が形成される以前は各百貨店がおのおの特定の運送会社と契約してこのサービスを維持していました。

「企業→企業」の輸送と違い、「企業→個人」の宅配は、どこの百貨店でも効率が悪くて悩みのタネでした。そこで考えついたのが、配送地域が重複している宅配について「共同配送会社」を設立して、各百貨店がそこに委託しようというアイデアでした。

たとえば山形では、当時、大沼デパート・丸久松坂屋デパート・十字屋・清水デパートの四つの百貨店がありましたが、4店でデパートサービス共栄という会社をつくり、共同配送センターに商品を集約し、宅配は第一貨物自動車に一括依頼しました。

それまでは各百貨店で平均4～5台の専属自家用車を使用していたのが4台ですむようになったのですから、驚くほど効果が上がったことになります。

すでに紹介してきた事例同様、**企業の枠を超えて荷物を束ねる**ことで「攻めの物流改善」を成功させています。

●「店に入ってくる商品」を束ねる

百貨店が扱う商品は数万点にもおよび、納入業者・納入車両の数もおびただしいものになります。その多くが交通事情の悪い都心の一等地にあるため、納入車両のアクセスも容易でなく、百貨店側には物流のためのスペースを充分に確保できない事情もあります。

高額な商品が多く、納入ロットが小さい点が、スーパーにおける物流とは大きく異なる点です。

したがって、入ってくる商品の物流を制することが最重点課題となっていますが、この課題に最初に取り組んだのが東京の南王運送（当時）で、**納品代行**という新しいビジネスモデルを開発しました。1966年のことで、東京都靴卸協同組合の事例とともに、物流共同化の先駆けとなったものです。

商品を束ねることで「攻めの物流改善」を実現した二つの事例

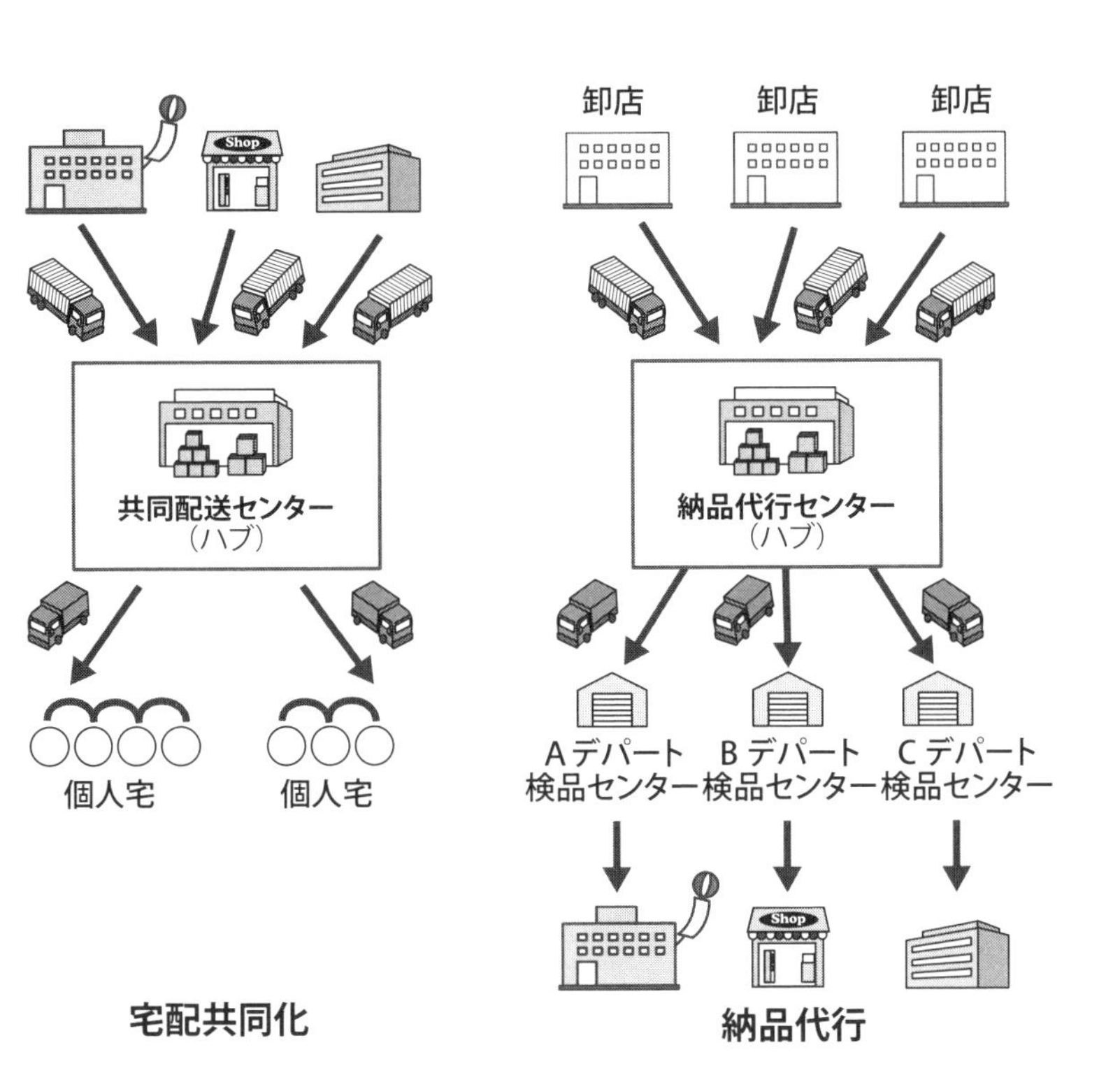

東京・日本橋堀留の繊維問屋街を中心とした繊維及び雑貨卸売商社約３００社の商品の納品代行でした。

納品先は、伊勢丹・高島屋・西武・東急・大丸・松屋・松坂屋・三越・ニューナラヤ・そごう・阪急・京王・京成・東武・小田急百貨店（いずれも当時）の、近県も含めた各百貨店の検品センター25か所に及びました。

さらに検品センターでは、百貨店に代わって検品まで一括代行しています。

従来は、３００社あった商社ごとに納品していたものが、納品代行という物流共同化によって車両台数が大幅に削減され、交通混雑だけでなく検品センターへの搬入の混雑も大幅に解消されました。

このモデルは応用範囲が広く、後にご紹介するスーパーへの**納品の統合化**もこのモデルの応用ということになります。

Section 16

運送事業者が協同組合をつくって

中小零細事業者が生き残る道

経営資源に恵まれた大手事業者と異なり、中小零細事業者は、互いに力と知恵を出し合い、外部からの支援も集めて闘う以外に「道」はない。

●運輸の末端を支える中小零細事業者

「輸送が止まれば、すべてが止まる」。これはオランダ・ロジスティクス協会のスローガンですが、産業を支えている物流の根っこの部分で活躍しているのが輸送です。

その輸送を担う運輸業界ですが、特積みトラック（積合せ貨物を輸送する）の87・5％が、地場トラックの99・9％が中小企業者です。車両保有台数で見ると、１００台以上の地場トラック事業者はわずかに1・4％しかなく、きわめて**零細性**が強い運輸業者が日本の物流を支えています。

しかも**多層取引**が恒常化していて、大手荷主の荷物の中には、①荷主の物流子会社→②元請運送会社→③下請運送会社→④孫請運送会社→⑤ひ孫請運送会社と、５階層に及ぶ例まであります。力のある大手運送事業者は効率の悪い貨物を敬遠し、実運送を弱小事業者に下請けさせる傾向があります。

営業用トラックの積載率は過去30年間、一貫して低下し続けています。

中小零細な事業者にとって、輸送の改善は、いつの時代においても「生き残りを賭けた」最重要課題でした。

●中小事業者による共同集配送の事例

１９７１年、東京都内の中小運送会社の社長７名が物流共同化を検討する目的で「七日会」を結成。翌72年、９社で**首都圏システム輸送協同組合**を結成し、一般雑貨の共同積合せ輸送の申請を行い、翌年に認可されました。

当初は4母店形式でスタートしましたが、さらなる効率化を求めて、文京区にある東京後楽園駐車場の一部を借用して中央ターミナルを設置しました。

都内23区を網羅する会員企業21社は集荷した貨物を中央ターミナルに持ち込み、ここで仕分けした後、自分の配送担当区域分を持ち帰るというシステムを開発しました。このようにして不特定多数の発荷主・着荷主を対象とする小口貨物の完全な**共同集配送システム**が始まりました。

同じ頃、商都・大阪においても、東

中小運送事業者の協力による新大阪貨物流通センター

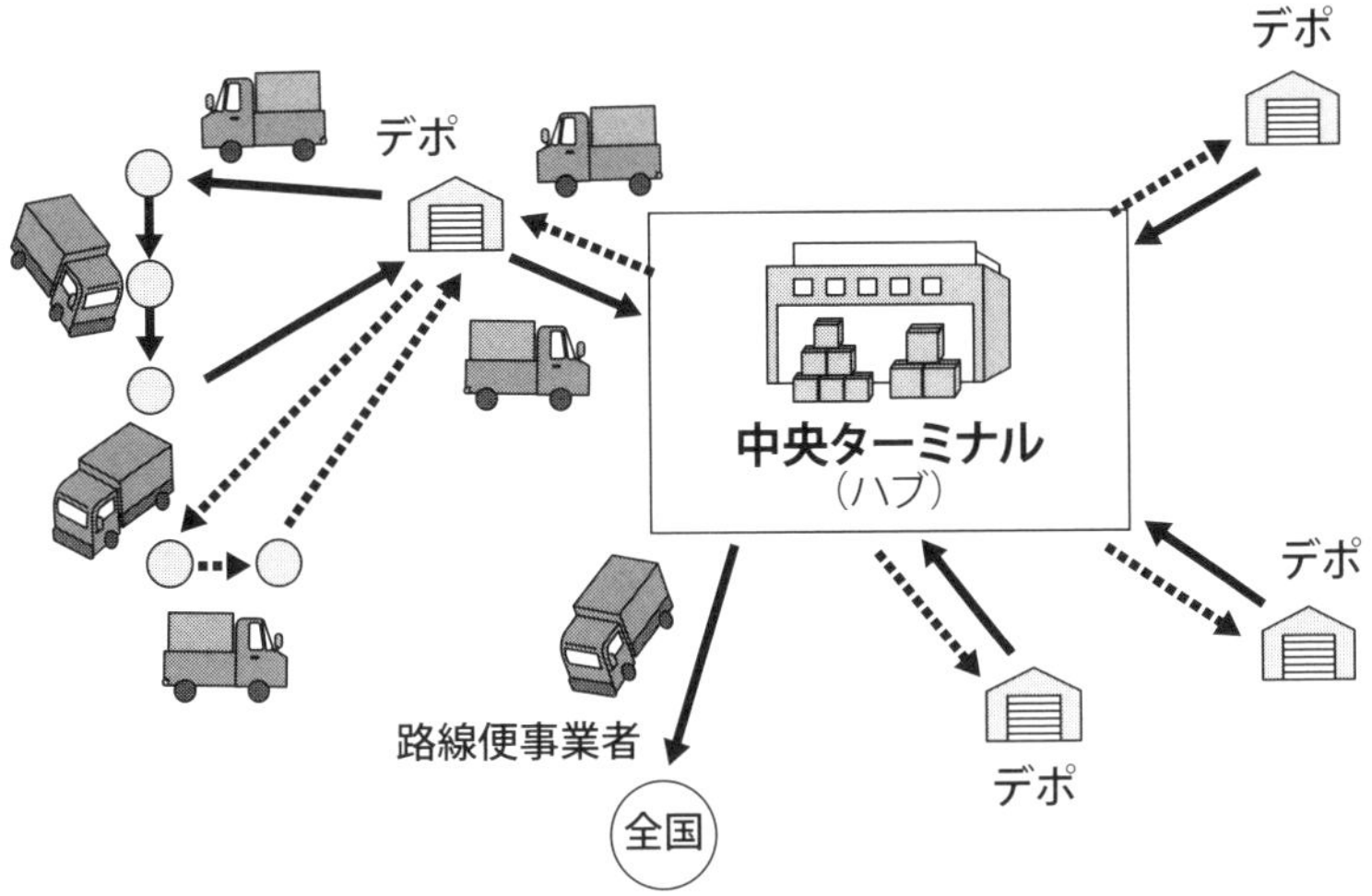

京とまったく同じように末端輸送が大きな問題となっていました。そしてここにも、「これは中小運送事業者が自ら対処せざるを得ない問題であり、この問題を解決してこそ中小運送事業者も生き残れる展望が開ける」と考えた集団がいました。

彼らも**協同組合新大阪貨物流通センター**を設立して76年、摂津市鳥飼地区に中央ターミナルを建設して営業を開始しました。

大阪府下の組合員23社の持つ既存施設50か所のデポを集配拠点にして、各組合員の車両で貨物をターミナルに持ち込み、ここで自動仕分け装置を使って仕分けした後に、自分の配送担当区域分を持ち帰り、翌日の午前中に配送を完了させるという**小口末端輸送システム**です。配送エリアは近畿一円が中心ですが、全国貨物については当時の路線便事業者20社が協力しました。

Section 17

納品代行から一括納品・統合納品へ

納品統合化という「攻めの物流改善」

小売業の業態化につれて求められるようになった新しい物流サービス。その代表例が、卸売業・ベンダーたちによる物流共同化だった。

●取引関係はそのまま納品窓口を集約

以前の買い物は、野菜は八百屋で、米は米屋で、味噌は味噌屋でといった具合に、何軒もの店を訪ね歩かねばなりませんでした。そして、八百屋・米屋・味噌屋に商品を納入するのが、それぞれを専門に卸している問屋でした。

ところが、さまざまな商品を廉価で販売するスーパーが登場すると、商品ごとのベンダーの納入車が多数、スーパーに殺到することになりました。

このことは、納品に伴う作業を混乱させただけでなく、交通渋滞など周辺の環境を著しく損なうという社会問題まで引き起こすことになりました。店舗の大型化・多店舗化は、この問題に拍車をかけました。同じような問題は都市部の一等地に店を構える百貨店でも同じでしたが、こちらは納品代行によって問題を解決しました。

一部のスーパーが最初に考えたことは、ベンダーの中から条件に適ったベンダーを選んで、取引関係はそのままにしておいて、物流機能だけをそのベンダーに集約する**窓口問屋制**でした。

１９７０年代に入ると、スーパーはさらに一歩進めて自社専用の物流センターを設置し、各ベンダーの商品を取りまとめて、店舗ごと、棚割りごとに仕分けをしたうえで、各店舗に**一括納品**するようにしました。

センターの運営経費の一部をベンダーに負担させている、いわゆるセンターフィー問題が解決しないままに、この方式は定着しつつあります。

●店頭に完全にリンクした統合納品

小売業の業態化のもう一つの例にコンビニがあり、74年にセブン-イレブンが第一号店を出して以来、多くのコンビニチェーンが誕生し、フランチャイズ化によって急速に成長し、百貨店をしのぐまでになりました。

１００㎡（約30坪）ほどの店舗には２８００～３５００品目の商品がごく少量ずつ陳列されていますが、在庫を保管するバックヤードを持たず、納品車の駐車場所も確保されていません。

納品の統合化の例（セブン - イレブンの場合）

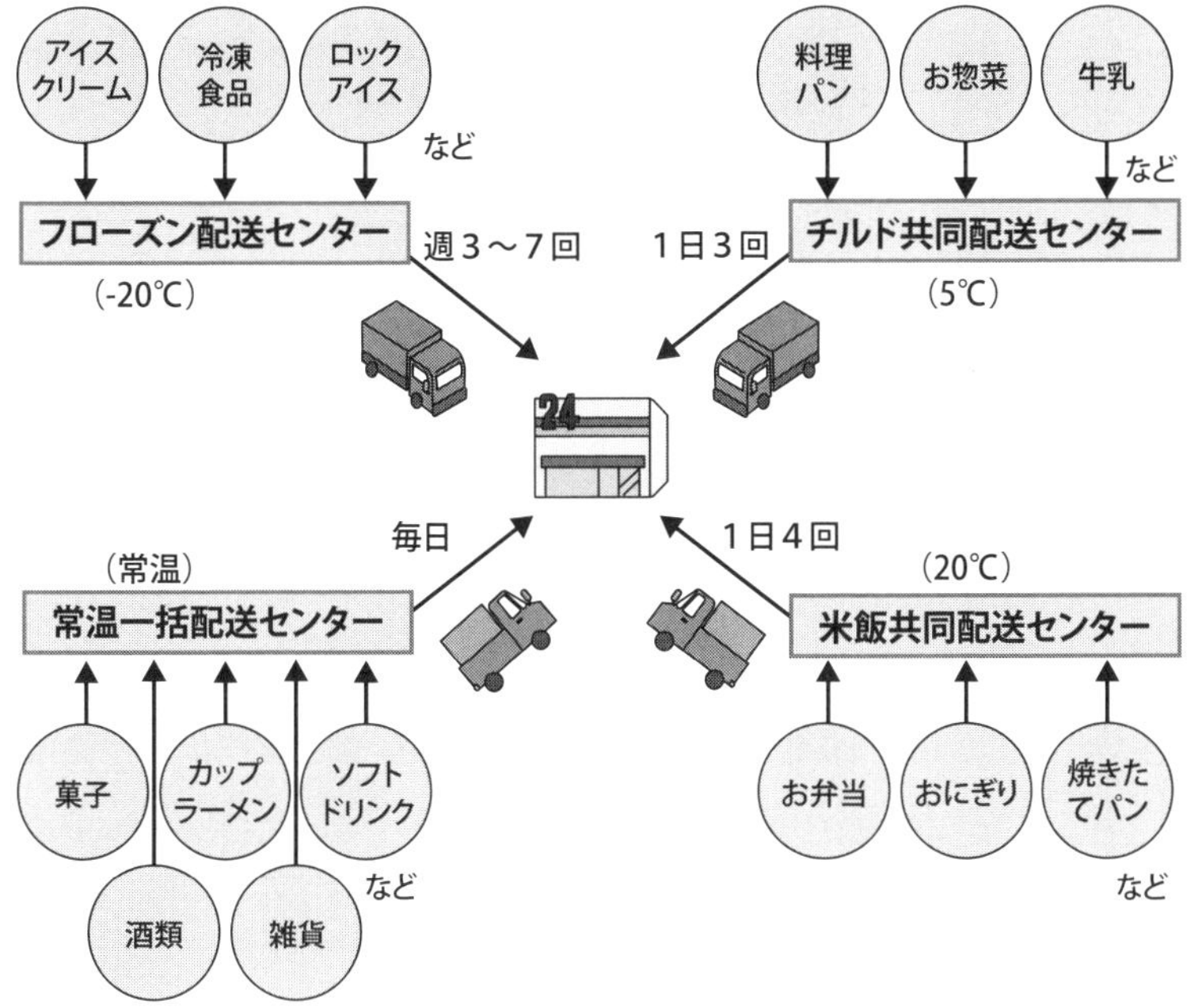

在庫を切らさないためには、必要最少量を発注して、確実・迅速に納品できるシステムが不可欠となります。

以下はセブン - イレブンの事例です。扱い商品は、チルド品（５℃）、米飯（20℃）、フローズン（零下20℃）、加工食品・雑貨（常温）で、それぞれ物流の条件が異なります。

ベンダーは、共同出資して商品の物流特性ごとに**共同配送会社**を設立し、配送センターを設置しています。

各ベンダーは受けた注文の商品を配送センターに持ち込み、ここで店舗別に仕分けられて、**定時定ルートによる共同配送**が行われています。

駐車スペースのない店舗前での荷降し作業は迅速さが要求され、店舗間の距離が長いと配送効率が悪くなります。そこで、ある地域に集中して出店する地域内集中出店（ドミナント）戦略の採用等、数々の工夫が施されています。

Section 18

荷主企業の物流戦略的な取組みへ

インフラ形成という物流革新に挑む

経済成長が鈍化してくると、個別企業の戦略的な色彩を濃厚にした共同化が出現。競合メーカー同士による物流の連携も行われた。

●流通業界の構造変化が鮮明に

１９７３年の第一次石油危機を契機として戦後初の実質マイナス成長を経験した日本経済は、以降90年前後のバブル経済崩壊のころまで安定成長期に入りました。

流通業界では、チェーン・マネジメントの発達により、**小売業のチェーン化**が進行していきました。

豊かな時代の到来は消費者の価値観の多様化を進め、これを背景に小売業では**業種から業態への転換**が進み、コンビニエンスストア（ＣＶＳ）、ホームセンター（ＨＣ）、ドラッグストア（ＤＳ）、ディスカウントストア（ＤＳ）など多様な業態店が開発されて、各地に展開されるようになったのもこの時代でした。

高度成長期後半から見られた伝統的な小売業の減少傾向は、この時期にさらに顕著になり、**流通業界の構造変化**が鮮明になっていきました。

その影響は中間卸売業者に反映して、広域に展開する小売りチェーンとの取引継続や物流投資負担に対応するための提携合併が進み、広域にまたがる流通再編成が進んでいきました。

●呉越同舟で業界のインフラ形成を

この期の「攻めの物流改善」には、「熾烈な販売競争を展開しているトヨタと日産自動車との間で完成車の共同輸送を行う」、「業種が異なっているキリンビール・味の素・ライオンの3社が中距離トラックを相互に融通し合う」といった個別の企業間で協力し合い、トラックの稼働率の改善および物流コストの削減をねらっているものが多く見られるようになりました。

これまでの「攻めの物流改善」が地域ぐるみ、組合ぐるみで共通して抱えている問題を解決してきたのとは異なって、**個別企業の物流戦略的な色彩**がきわめて濃厚になってきました。

なかでも、89年8月に設立された**プラネット物流**は、日用雑貨メーカー10社と業界ＶＡＮ運営会社・プラネットの出資によって設立された共同物流の

企業レベルの物流共同化から業界レベルの物流共同化へ

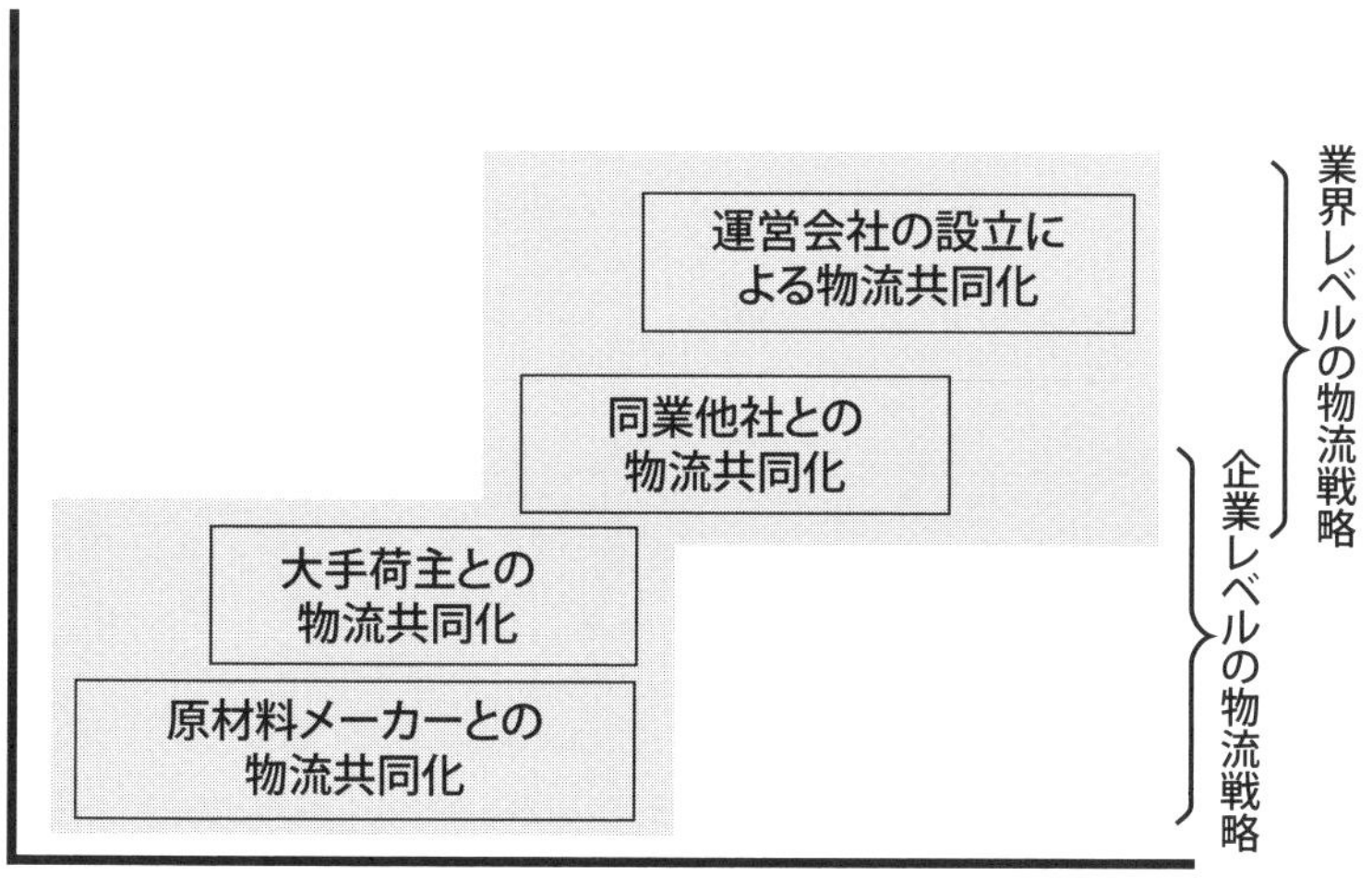

運営会社で、事業規模でも戦略的な色彩でも際立っていました。

　同社は《経営理念》に**「競争は店頭で、システムは共同で」**を掲げ、《事業目的》を、「卸店に対しては、卸物流の機能強化支援とメーカーとの連動による流通機能強化の支援」、「メーカーに対しては、物流コストの抑制と業界の標準化・システム化の推進」、「物流業者に対しては、メーカーと一体となっての業界の合理化・体質健全化の支援」と明確に定めて、**業界の物流インフラ形成**を志向しました。

　呉越同舟の事業は、とかく関係者の思惑の違いで結束が崩れやすいものですが、同社は①共存共栄の原則、②エゴ排除の原則、③公平の原則、④合理化促進の原則、⑤守秘の原則、⑥資源相互活用の原則の六つを《運営の原則》として掲げ、これを遵守して全国展開を図ってきました。

Section 19

地球環境問題への本格的な取組みが始まる

エコノミーとエコロジーの両立に挑む

「低炭素社会への移行」は物流にとって大きな課題。物流コストの削減と環境問題への対応を同時に実現するには、「守りの物流改善」では限界。

●制度品化粧品業界の挑戦

化粧品業界は、消費者嗜好の多様性や化粧品独特のファッション性の維持などから毎年多くの新製品を市場導入し、同時にその製品寿命が短いという他に見られない特徴をもっています。

化粧品はメーカーが販売員を派遣する制度品、一般品、訪問販売品に大別されますが、この傾向は制度品に顕著です。

制度品メーカー各社は自社系列販社と取引契約小売店によって市場を創造してきただけに、各社で物流設備の整備にしのぎを削り、拠点の整備や自動化・省力化に力を注いできました。

しかし、多品種少量化が激化してくると、流通コストの負担能力がある化粧品メーカーといえども見直しを迫られました。

しかし、これまで自社物流の整備に力を注いできただけに具体的な行動に移すきっかけがつかめないでいました。

この流れを変えたのが全国化粧品小売協同組合連合で、1996年、「メーカー配送の一本化と受発注システムの一元化推進」の要望をメーカーに出しました。

これを受けて翌年、業界をリードしてきた資生堂とカネボウが整備途中だった北海道で共同配送に踏み切りました。ちょうど各社が「地球環境問題への対応が緊急の課題である」と意識し出した折でもありました。

機が熟して、同年12月、カネボウ・コーセー・資生堂・アルビオン・花王・マックスファクターの6社は**コスメ物流フォーラム21**を設置して、共同化の実施に向けた具体的な検討を開始することになりました。

●狙うのは顧客満足度の向上と環境問題への対応

この取組みが「顧客満足度の向上」、「環境問題への対応」を積極的に進めようとしている点に、これまでになかった大きな特徴があります。

活動の目的…①地球環境保護への貢献、②化粧品小売店等の流通効率化、

コスメ物流フォーラム21の仕組みの1例

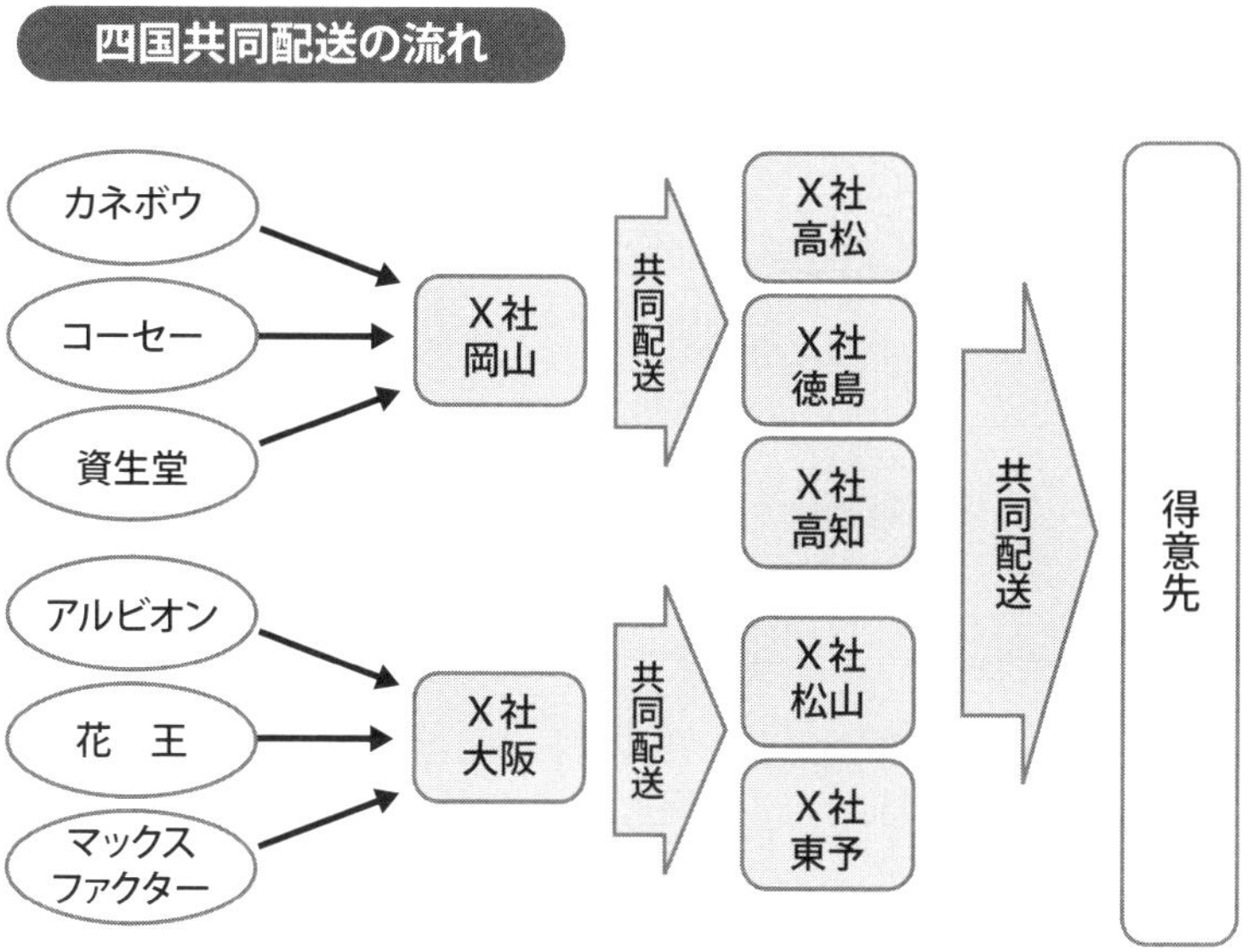

③消費者利益の確保

運営の原則…①フォーラムへの参加・脱退は自由、②交換情報は物流関連情報に限る、③自由競争を阻害する情報は交換しない、④各社内で物流担当者以外に他社情報を開示しない

情報システム…①ＶＡＮを活用した仕組みを採用し、共同発注専用端末を開発・導入、②業界ＥＤＩ標準化

共同配送の実績

①北海道。97年に開始。資生堂、カネボウ、アルビオン、花王、コーセーの5社参加

②沖縄。99年に開始。カネボウ、コーセー、資生堂、花王、マックスファクターの5社参加

③四国。２００６年に開始。カネボウ、コーセー、資生堂、アルビオン、花王、マックスファクターの6社参加

④九州、08年に開始。資生堂、コーセー、カネボウの3社参加

Section 20

荷物を待つだけの物流からの脱却

最大難問である「物量の波動」に挑む

物流は「物量の波動」に常に悩まされてきた。この難問を解決するには、仕事を待つのではなく、自らの手で新しい仕事をつくるしかない。

●自立的にできる仕事を増やす

モノが売れるからモノがつくられ、その結果、モノを動かす輸送の仕事が生まれます。輸送という仕事は、宅配便・引越便などの例外を除いて、生産・販売の構造に従属的に組み込まれ、運送事業者が自立的に動ける余地は帰り荷の確保くらいしかありません。

運輸事業者がこの構造の中にしばられている限りは、景気の後退は運ぶモノの減少を意味し、事業者はたちどころに打撃を受けることになります。

運ぶモノの減少は、とりわけ運輸事業者の大部分を占めている中小・零細規模の業者にとっては死活問題です。

このまま景気の波に翻弄され続けて消耗戦を続けていては、運輸業界の将来さえ危うくなりかねません。

では、運輸事業者が景気の波動の影響を最小限に抑えるためにはどうしたらよいか？　生産・販売の構造にしばられない仕事を増やしていくことです。

大手運輸業が、消費者に直接働きかけることができる宅配便や引越便を手がけているのは、そのためです。

なかでも宅配便では、運ぶ荷物を積極的に開発することまでしています。

これまでの輸送の仕事にとらわれることなく、「攻めの物流改善」で問題に挑戦した事例を次に紹介します。

●「攻めの物流改善」、ここに極まれり

運輸事業者は**「帰り荷の確保」**には最大限の努力を払っていますが、なかなか思うようにいかず頭を悩ませてきました。

かつて大阪・東大阪市にY社という運輸会社がありました。

大手家電量販店の配送を担当し、主に西日本でトラックを走らせていましたが、九州方面への輸送を終えた帰路は空車になります。Y社の2代目社長は、荷物を降した先の地域が「野菜の産地」であることに着目しました。

そこで、社長自ら生産者の顔写真入りのPOP見本をつくって農家を訪ね、「大阪の消費者に責任をもって売りますので、私に売ってください」と

自らの手で仕事をつくり出したＹ社の仕組み

説得して回りました。これまでの「運ぶだけの仕事」を、自らの手で「販売する仕事」と結び付けようという「攻めの物流改善」です。

見習うべきは、自分だけが勝ち組になろうなどとは考えずに、同じ問題で苦しむ多くの仲間を誘い込んだこと。仕事が減少して困っている同業者たちにも呼びかけて、同社が契約したスーパー・コンビニの駐車場での野菜直売を一緒に行っていました。

土・日、休日には、この日が暇になる軽トラック業者の応援を得て、大規模な「軽トラ市」も開催しました。

仕入先も、一時は北海道から沖縄まで農業生産法人をはじめとする２００組織に広がり、各地区からの輸送は長距離輸送会社に委託していました。

残念ながらこの挑戦は成功には至りませんでしたが、われわれはこの挑戦に学ばなければなりません。

Column 2

物流は情報発信基地

セミナーの講師を務めていると、「物流には人をくれない、金をくれない」と嘆いている人に出会ったり、「トップに物流の重要さをわかってもらうにはどうしたらよいか？」と尋ねられたりすることがよくあります。

そんなときには決まって、「あなたをセミナーに出席させているくらいだから、あなたの会社が物流に理解を持っていないはずはありません」、「あなたに勉強させて、物流部門からの情報提供を期待しているはずです」と答えています。

私自身、全社の動向を「掌握できる」経営管理部門から物流部門に異動してきた人間です。それによって、「モノの動きは正直だから、仕事を通して会社の動きがよくわかった」とおっしゃっていた常務の言葉を、はじめて実感できました。

そして、“モノの動き”を「掌握できる」物流部門だからこそ、「そこで得た情報を発信しなければならない任務がある」と気が付いたのでした。

もちろん、「掌握できる」と「掌握している」とは大違いで、多くの企業が「掌握できることにすら気付いていない」ことにこそ問題があります。

物流部門にはコスト削減の任務ばかりが大きくのしかかっていて、いつも大きなプレッシャーとなっています。

けれども、“モノの動き”は「仕入れの仕方」、「つくり方」、「売り方」いかんで決まってくるもので、それらの不都合に手をつけずに「物流だけで何とかせよ」と言われても無理なのです。

経理部門が“カネの動き”を「掌握して」、その情報を全社に発信しているのと同じように、物流部門も“モノの動き”を「掌握して」、全社に情報発信することです。

物流改善はそれからの話です。

本丸を攻めずして小さなムダばかりを改善したところで、経営に寄与するところはそんなに大きくなるはずもありません。

（津久井）

3章

先駆的実践事例の研究

Section 21

井阪運輸株式会社・兵庫県（その1）

小口化の進行に共同化で対抗

石油危機に端を発したわが国の清酒市場の縮小。それを機に、清酒メーカーと運送会社が共同して国内の物流を切り拓いてきた歴史がある。

●石油危機を境に清酒市場が収縮

戦後の経済復興に伴って、清酒の消費量もまたうなぎ登りに増大し、阪神で生産された清酒が大量に大消費地・東京へも鉄道で輸送されていました。

１９５８年になると、冨士運輸（尼崎市）が清酒をトラックで東京へ輸送するようになり、トラック便による「箱根越え第一号」となりました。鉄道便で3～4日を要したものがドア・ツー・ドアで18時間に短縮され、他の物資輸送に大きな影響を与えました。

しかし、73年の石油危機は清酒の成長を直撃。日本経済はこの年を境に赤字財政体質となったことで、赤字国債の発行や増税が行われるようになりました。清酒2級酒と焼酎は増税対象からはずされたものの、上級酒は5回にわたって酒税引上げが実施されました。

清酒業界では、当初は増税分を価格転嫁し、増税のたびに駆込み需要を見込んだ生産増などで一定の活力を維持していましたが、特1級酒の割高感から**消費者の清酒離れ**が進んでいきました。焼酎ブームがこれに拍車をかけ、級別制廃止による輸入障壁の引下げによって安価なウイスキーやワインの輸入も急増していきました。

●清酒メーカーとの共同配送検討会で

このような厳しい状況が続く中で、80年代に入ると、清酒メーカーは**多品種少量出荷**を余儀なくされました。

当時、配送小口化の進行に危機感を強めていた清酒メーカーは同業者による物流研究会を行っていましたが、パレットの共同利用が話題にのぼり、他業界に先駆けて**共同化を容認する雰囲気**が醸成されつつありました。

西宮郷大手の清酒メーカーの運送を長年、請け負ってきた老舗・井阪運輸（西宮市）にとってもピンチであることは同じで、小口化が進めば配送の仕事は路線便に流れて仕事を失いかねません。82年、同社は何とかこれを防ごうと清酒メーカー各社に働きかけて**「共同配送検討会」**を設けました。

こうした双方での検討が煮詰まって

ミルクラン方式による清酒の共同配送

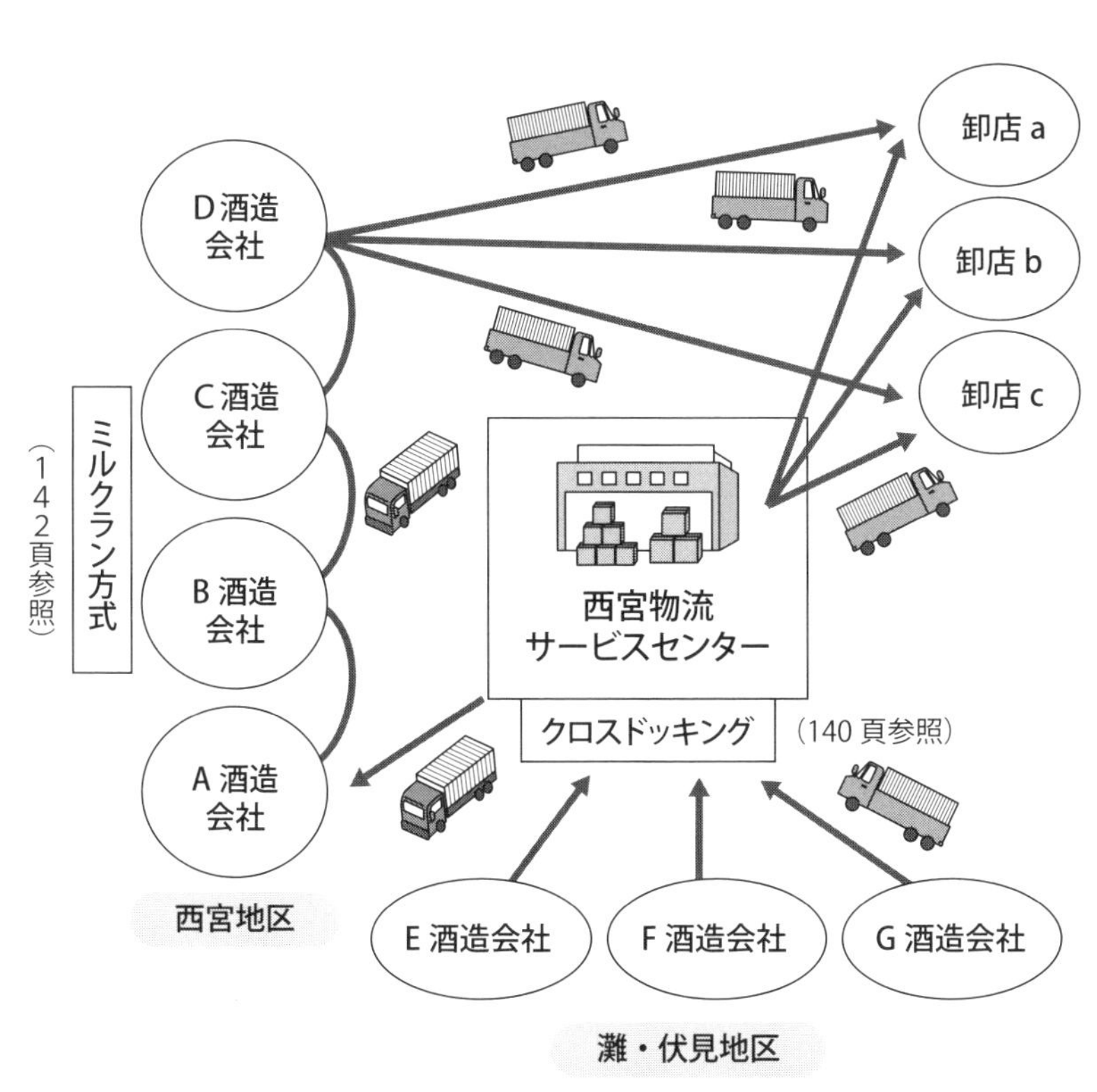

いって、翌83年、西宮地区の清酒メーカー４社と共同配送の実施に踏み切りました。

その後、灘・伏見地区のメーカーも参加するようになって、そのやり方は徐々に進化していきました。

納品先も、最初は兵庫県にある酒類卸が対象でしたが、まず大阪府へ、次いで東海地方へ、そして最後に関東地方へと徐々に拡大していきました。これらの地域では、古くから仕事をしてきた同業者とは摩擦を起こさないよう配慮して、時間をかけての拡大でした。

その結果、現在の参加メーカー（発荷主）は、西宮地区で４社、灘地区で３社、伏見地区で２社の、合計９社となりました。

納品先（着荷主）の酒類卸の数は、兵庫県・大阪府では約１００店、東海地方では約50店、関東地方では約１３０店となりました。

Section 22

井阪運輸株式会社・兵庫県（その2）

清酒の経験を菓子に活かす

兵庫県から始まった清酒の共同配送。この経験から、「同じ悩みを他の業種のメーカーも持っているに違いない」と考え、事業拡大につなげた。

●清酒の共同化から菓子の共同化へ

前項のような対応で、井阪運輸の抱えていた問題が解決したわけではありません。もともと清酒は季節変動が非常に激しく、閑散期ともなると荷扱い量はほとんどありませんでした。

１９８８年、菓子メーカーから「中元商品の一時保管用に倉庫を探してほしい」という話があり、清酒メーカーに「閑散期の倉庫の空スペースの有効活用」を提案。こうして清酒の波動を埋める菓子の保管が実現。清酒メーカーにも喜ばれ、同社もこれによって輸送業務を増やすことができました。

さらに94年の春には、神戸にある洋菓子メーカーから、「関東にあるテーマパークに出品するのだが、物流はどうしたらよいか」と相談を受けました。

同社は、清酒での経験から、「他の菓子メーカーも同じ悩みを持っているに違いない」と考え、数社の菓子メーカーに共同配送をもちかけました。この提案が受け入れられて、その後も参加メーカーが徐々に増え、東京・葛西配送センターまで共同輸送し、関東地区メーカー分と合わせて6社分をテーマパークへ共同配送を行っています。

その後、関西にもテーマパークができることになり、関東のメーカーにも働きかけて共同輸配送を行うようになりました。関東のメーカー分を西宮配送センターまで共同輸送し、関西地区メーカー分と合わせて6社分をテーマパークへ共同配送を行っています。

●高品質のサービスの創出で差別化

共同配送は参加荷主が多くなるほど効果が大きくなります。同社では、より多くのメーカーが参加できる土壌づくりとして、安全性優良事業所の認定（Gマークの取得）、「グリーン経営（環境に優しい経営）」の認証、プライバシーマーク認証制度の認定といった具合に、顧客の信頼獲得に重要な制度の認定・認証を取り、**他社との差別化**を図ってきました。

顧客サービスの向上のためには社員教育が鍵となることから、安全教育、

「攻めの物流改善」のポイント

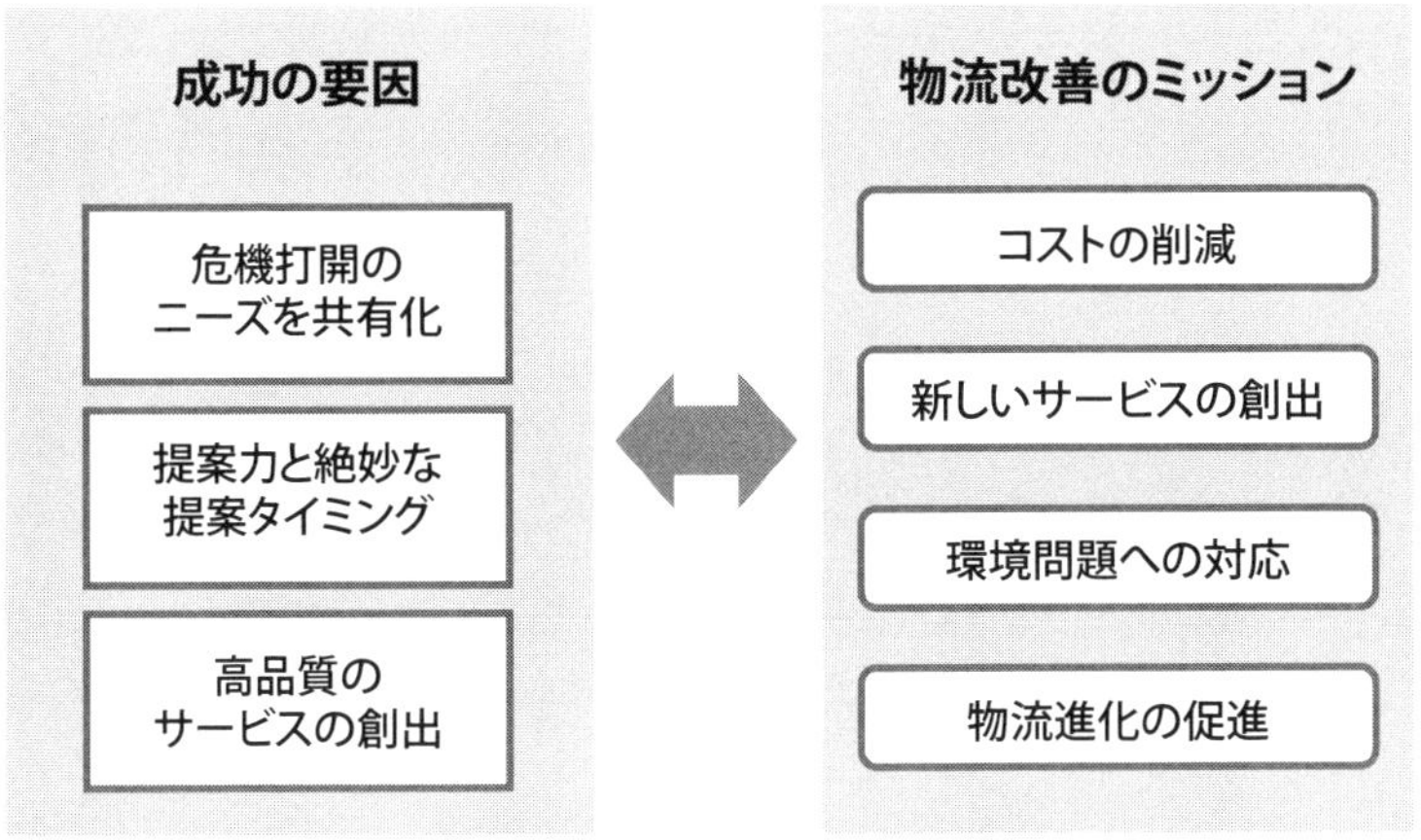
成功の要因
危機打開のニーズを共有化
提案力と絶妙な提案タイミング
高品質のサービスの創出
物流改善のミッション
コストの削減
新しいサービスの創出
環境問題への対応
物流進化の促進

環境教育、秘密保持教育にも力を注ぎ、「井阪運輸なら安心だ」と評価してもらえる企業を目指す努力を続けています。

運行管理においては、２００２年にデジタル・タコグラフを全車両（１５０台）に導入し、安全運転の指導・管理を徹底して行っています。こういったことが燃費の向上、交通事故防止等にもつながって、顧客から厚い信頼を得ています。

物流共同化には情報システムが不可欠ですが、１９９３年にどのような形態の受発注にも対応できる**独自の情報システム**をＩＢＭと共同開発し、これが同社の共同配送を強力に支えています。現在では**自前でシステム開発**ができるようにＳＥを擁していて、このことが事業推進に大きく寄与しています。なお、取引先との情報の交換は、直接行っています。

Section 23

井阪運輸株式会社・兵庫県（その3）

老舗がつくり出したWin-Winの関係

井阪運輸は清酒・洋菓子の共同配送という市場を創出し、このニッチな市場でトップの座を目指して頑張っている。

●システムの持つ創発の力を引き出す

私たちが井阪運輸の事例から学ばなければならないことはたくさんあります。危機打開のための経営戦略として共同化の道を求め出した清酒業界に、絶妙のタイミングで示した同社の提案力です。

なかでも学ぶべきは、創業（1889年、明治22年）以来培ってきた酒米輸送・清酒輸送の実績を背景にして、立場が違うためにとかく利害が対立しがちな荷主の間で**物流改善の目的を共有化**したということです。

この清酒の共同配送システムの開発は、物流改善の目的が共有化できてはじめて実現したと言えるものです。

システム設計に際しては「そのシステムに関わるできるだけ多くの関係者が参加することが望ましい」のです。そうすることで、**「創発が起こりやすくなる」**からです（創発については26頁参照）。

しかし、物流改善で、このように、物流事業者と荷主企業との間のコラボレーション（協働）で成功を見ることはきわめて稀なことです。

●荷主企業とWin-Winの関係をつくる

創発は、経営資源に限りのある清酒メーカーと井阪運輸とに、非常に大きなメリットをもたらしました。

清酒メーカーは、市場の縮小と受注の小ロット化から避けられない**物流コストの上昇を抑制**できたばかりか、着荷主に対して（他メーカーの商品との）「一括納品」という**新しいサービスを提供**することができました。

また、井阪運輸は、積載率の大幅向上による**収益の改善**と、「一括納品」という新しいサービスに対する**荷主からの高い評価**を受けることになりました。

そのうえ、競合する他の物流事業者が容易には参入できないニッチ市場を築いて、そこでのナンバー・ワンのシェアを占めて、不毛な**コスト競争を回避**することができました。

「攻めの物流改善」が生んだWin-Win

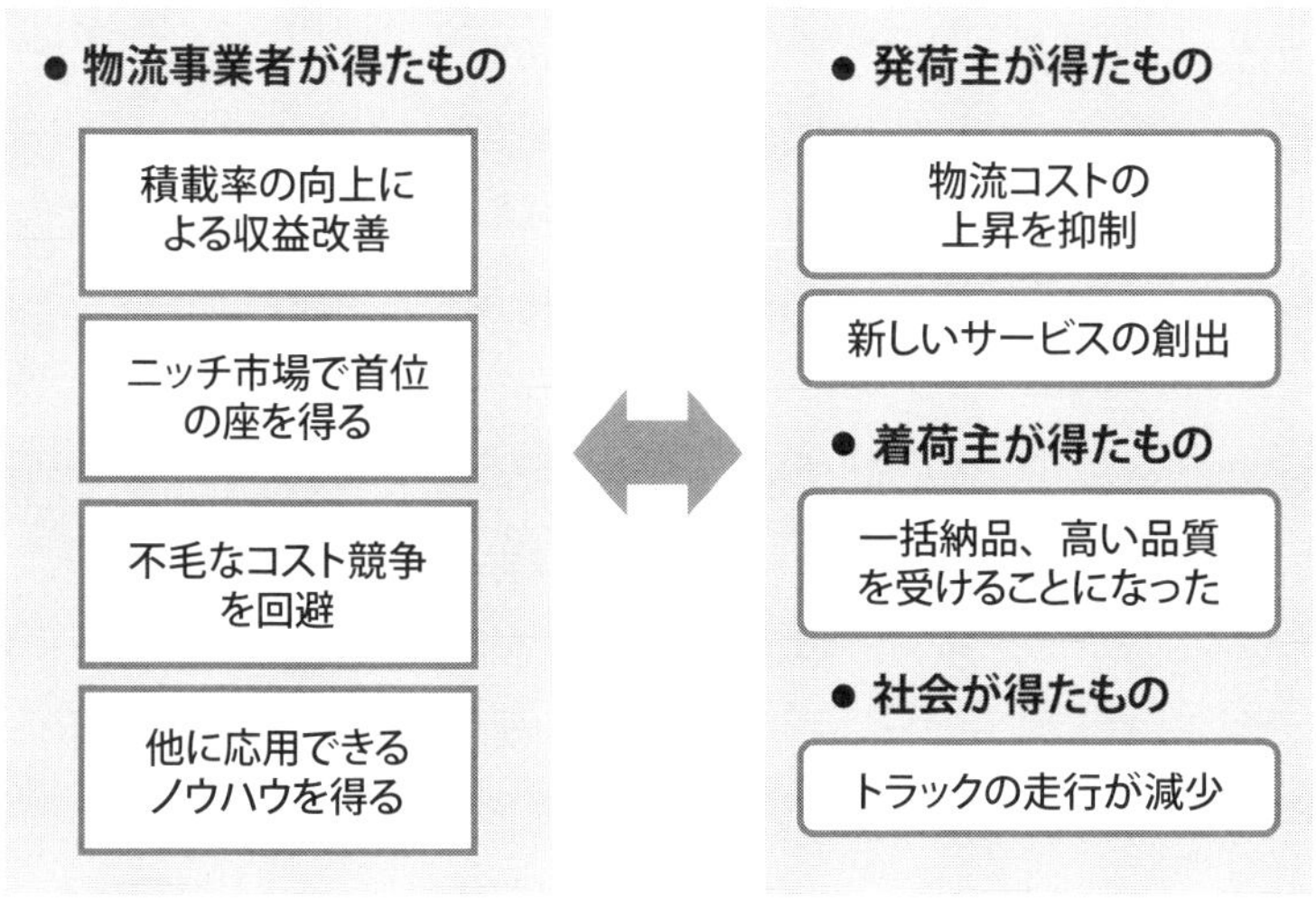
● 物流事業者が得たもの
積載率の向上による収益改善
ニッチ市場で首位の座を得る
不毛なコスト競争を回避
他に応用できるノウハウを得る
● 発荷主が得たもの
物流コストの上昇を抑制
新しいサービスの創出
● 着荷主が得たもの
一括納品、高い品質を受けることになった
● 社会が得たもの
トラックの走行が減少

同社の場合、まず兵庫県を中心とする限定したエリアと、清酒という限定した商品とがつくるニッチな市場をがっちりと捉えたことで、四半世紀にわたって**磐石なポジションを維持**してきました。

まさに、荷主企業と物流事業者との間で、Ｗｉｎ－Ｗｉｎの関係が樹立できたということになります。

さらにまた、**清酒市場で得たノウハウを他の市場に展開**して、事業拡大に成功しました。

企業規模だけでいえば、同社よりも大きな物流事業者はいくらでもありますが、同社は彼らがもち得ない質的な経営資源を活かして、「革新し続ける井阪」として持続可能な企業を目指して頑張り続けていくことでしょう。

株式会社日本さけネット・東京都（その1）

酒類卸5社で規模のメリットを追求

「酒税法」がメーカー・卸・小売りを庇護してきた時代が終焉。地域の中堅酒類卸5社が「仕入れと物流の共同化」で生き残りをかけた。

●完全自由化で「冬の時代」に突入

酒類を扱う業者はメーカー・卸・小売りを問わず、1938年に制定された**酒税法**によって長い間庇護されてきました。しかし、89年以降、酒販免許の規制は段階的に緩和されて、大手小売りは酒販店舗を増やし、幅広い品揃えや長時間営業等の利便性を武器に、既存の一般酒販店から徐々にシェアを奪っていきました。

2003年には、最後の障壁だった「人口基準」も取り除かれ、**酒類販売の完全自由化**が実現。大手小売りが酒販店舗を全店に広げる方針を取ったことで流れは一気に加速されて、酒類卸売業界でも淘汰再編が進んでいます。

酒類卸売業者（以下、酒類卸）の生き残りには大手小売りとの取引拡大が重要ですが、多くの酒類卸は大手小売りが求める広域納品に対応できず、苦戦を強いられています。また、広域納品が可能である酒類卸でも、大手小売りの台頭によって一時的に売上を伸ばすことはあっても、将来的には大手の総合食品卸業者（以下、総合卸）に取引を奪われる危険を抱えています。

大手小売りは、物流合理化策としてさまざまな商品を混載して運ぶ「一括配送」の導入を進めてきましたが、これまで酒類は取扱店舗が限られていたこともあって地場の酒類卸を通じた個別納品が多く、「一括配送」に対応できていません。今後は酒販店舗の増加に伴って、酒類を「一括配送」に組み入れ、仕入れも「一括配送」を手がける総合卸に集約する動きが広がることが充分に予想されます。

●業務用酒類卸が共同物流事業会社を

このような状況の中では酒類卸のジリ貧は避けられず、総合卸の傘下に入って生き残りを図る動きが相次ぐと見られていました。

10年ほど前、東京・横浜の業務用酒類卸5社が生き残りの道を模索しようと定期的に会合をもっていました。

メンバーは、榎本、オリカサ、樋口本店、三河屋本店、ヤマロクの経営者

物流共同化でこう変わった

共同化以前

1. 酒販規制緩和によるスーパー、コンビニ等大手小売りの進出（一般酒販店のシェア減少）
2. 大手小売りの求める広域納品・一括納品への対応が困難である
3. 大手総合食品卸売業の進出（卸業界の競争激化）
4. 中小酒販卸売業が大手総合卸傘下入りを余儀なくされる

→

共同化以降

1. 仕入窓口の一本化によるスケールメリットの実現
2. 共同物流による物流コスト低減（在庫削減、配送効率向上）
3. 共同化による公的支援の利用（グリーン物流パートナーシップモデル事業に認定された）
4. 共同化により、一括配送・広域配送の検討が可能となった

です。いずれも年商50億〜１００億円規模で、この業界では中堅規模ですが、総合卸と比較すれば小規模と言わざるを得ません。

　メーカーから酒類卸には仕入れ量に応じてリベートが支払われ、これが酒類卸の経営を支える大きな柱となっています。５社は、物流共同化によって仕入窓口を一本化し、仕入れと物流でスケールメリットを出すことで、メーカーとの交渉力を拡大していくことに生き残りの道をかけることで意見の一致をみました。

　２００１年12月、共同物流の運営会社として日本さけネットを設立し、資本金３０００万円は先の５社と大阪の幸田が出資しました。

　最初の仕事は情報システムの構築でしたが、これだけにコストをかけられないことから苦難の道を歩むことになりました。

株式会社日本さけネット・東京都（その2）

モデル事業の認定を突破口にして

中堅規模の酒類卸5社の力では自ずと限界が。折も折、「グリーン物流パートナーシップ事業」が始まり、公的支援が一挙に道を拓いてくれた。

●グリーン物流モデル事業認定が突破口に

潤沢に資金があれば、大手のシステムベンダーに一括依頼するところでしたが、分野ごとに個別のベンダーを起用しました。このやり方で倉庫管理システム（WMS）と配車管理システム（TMS）は構築できたものの、販売管理システム（SMS）とはシステム基盤が合わず二転三転しました。

その結果、当初の3年間（2002～04年）は、榎本・ヤマロク2社に限定しての運転とならざるを得ませんでした。

05年春、グリーン物流パートナーシップ会議が始動して、「環境負荷低減に寄与する荷主と物流事業者によるパートナーシップ事業」に補助金が出ることがわかりました。

同社は、「業務用酒販卸5社による共同仕入・共同物流事業の設立の計画と期待効果」をまとめて応募し、モデル事業に認定されることになり、システム設備構築費用に対して半額（1億円）の補助が受けられることになりました。

これによって、難航していたシステム整備はすべて完了し、07年から5社揃っての共同化が本格稼動することになりました。

●共同物流の枠組み

5社で協議して決めた新会社のビジネスモデルの概要は次のとおりです。

【基本方針】

・販売管理ネットワークシステムを統一運用し、情報共有化を図る。
・共同物流の拠点（共同センター）と運営会社を設立する。
・仕入窓口を一本化し、共同仕入れによるスケールメリットを図る。
・5社が10か所に保有していた従来倉庫をすべて廃止し、共同センターに集約・統合することによって、在庫の圧縮、WMS導入による効率化を図る。
・共同配送を推進し、「積載率の向上」「輸送効率の向上」を図る。

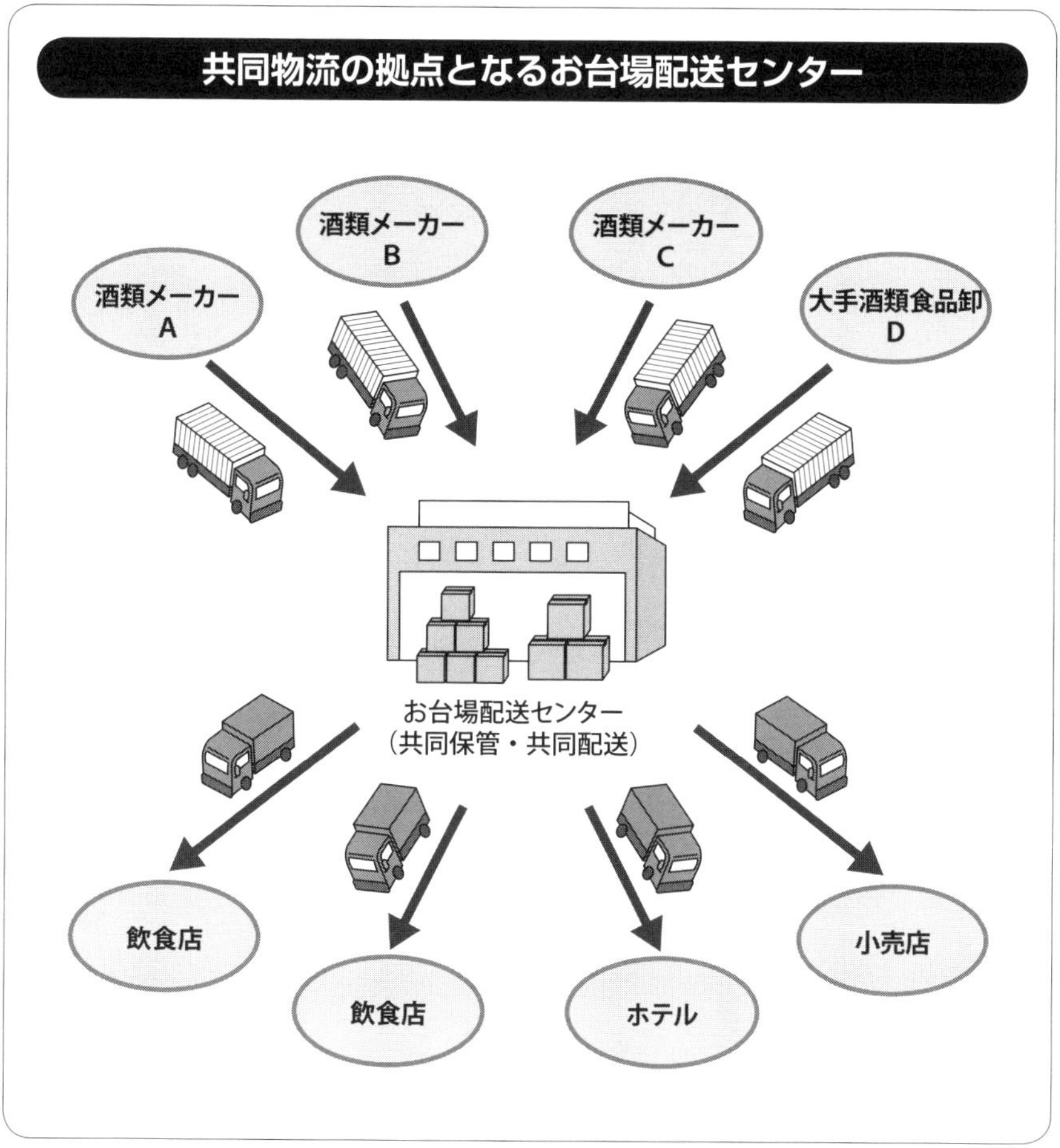

共同物流の拠点となるお台場配送センター

【共同物流の内容】

・物流拠点――04年3月に江東区青海に「お台場配送センター」を設立。

・共同配送――１７０コースを６社（うち3社がメイン）の運送会社に委託し（2トン車１０６台を稼動）、代金引換え、鍵預かりによる無人納品、空き瓶・ビールラックの回収を行う。路線便はいっさい使わず、すべて区域トラックを使用し、誤納入を避けるために、ドライバー教育を1～2か月間かけて行う。

・共同保管――拠点を1か所に統合した結果、総在庫は4日分で対応できるようになる。扱い品目数は1万品目（酒類以外に米、味噌、つまみなども扱っている）。

・センター稼動時間――朝7時から夜7時まで（将来的に夜間配送の需要があれば、３６５日・24時間稼動も検討する）。

Section 26

株式会社日本さけネット・東京都（その3）

新しい物流サービスの開発が鍵

二つの事例を通して、酒類業界の環境変化と、それに対応した物流改善の過去・現在の姿から、今後の「攻めの物流改善」のあり方を考える。

●新業態にどう対応するか

企業が環境の変化の中で生き抜いていくためには、立ちはだかるハードルをいくつも乗り越えていかなければなりません。卸売業の場合であれば、小売業の業態化と地域展開に伴う対応という二つの高いハードルが常に迫ってきます。

パンはパン屋、野菜は八百屋でしか売られていなかった「業種小売りの時代」が去って、現在ではパンも野菜もスーパー、ＧＭＳ、ディスカウント・ストア、コンビニ、デパ地下、産直ネット、通販でも買える「小売業態化の時代」になっています。「何を売るか（業種）」ではなく、「誰に、どのように売るか（業態）」でしか、小売業を分類することができなくなっています。

次々に新しい業態が誕生し、革新を続けている時代ですから、酒類卸にとって「新業態への的確な対応」こそが生き残りの道となっています。

日本さけネットを設立した酒類卸5社は、街の酒屋や量販店だけでなく、ホテル・レストラン・バー・居酒屋・セレモニーホール・航空会社・カラオケ等に酒類を卸しています。

カラオケチェーンという得意先の誕生で「当日朝6時までの注文は、当日中に配送してほしい」といった新サービスが求められていますが、日本さけネットの設立がこれを可能にしました。

●小売業の広域化にどう対応するか

地域に根ざしてきた卸が越えなければならないもう一つのハードルに、小売業の大型化・総合化・チェーン化・全国化といった「規模の拡大」に伴う対応があります。

長年にわたって酒類を卸してきた得意先が近県に姉妹店を出すことになったとしても、その店が同じ商圏内であれば問題ないが、商圏外で対応できないとなれば商機をみすみす失うことになります。最近では、ホテル・レストラン・居酒屋・カラオケ等のチェーン展開は珍しくなく、商圏が限定されていることは「商売の足かせ」にもなり

酒類物流が抱えている問題点

- リードタイムの短縮、JIT 納品がますます増える傾向にあり、効率的な輸配送体制の構築が求められている

- 小売業の大型化に伴う広域化が進展しつつあり、物流もこれに対応することが求められている

- 取扱種類の多さ、容器の種類の多さ等、商品形態が多様であり、保管、ピッキング、出荷作業等に熟練を要する作業員が必要である

かねません。

ここに取り上げた酒類卸５社は関東圏（主に東京・神奈川・千葉・埼玉の４都県）が商圏でしたが、単独では配送効率が悪くならざるを得ません。物流共同化によって効率は格段に向上し、今後、参加卸が増えてくれば効率はますます向上することになります。

しかし、得意先がチェーン化し商圏外に進出しているので、それにも対応していかなければなりません。広域納品を求める大手小売りの要請に対応するためには、卸も全国展開を目指さないわけにはいきません。

今後は広域納品を求める大手小売りの要請に対応するために全国展開を目指していくことになり、お台場のＤＣセンターは、そのための出発点でしかなく、全国展開への準備がここで行われています。当面の大阪進出に今後の成否がかかっているということです。

ＡＫＲ共栄会・大阪府（その1）

小売市場がスーパーへの転進をはかる

小売市場は、小売店が同じ建物の中に集まり、共同レジで代金を精算する中型スーパーに転身したが、チェーン型スーパーには対抗できなかった。

●暮らしを支えてきた小売市場の衰退

わが国にスーパー・マーケットが出現して現在のように普及するまでは、小売市場（いちば）、商店街、個人商店が庶民の暮らしを支えてきました。

この中で、いまではなじみの薄くなった小売市場は、大正時代に生活必需品の物価統制と安定供給を目的に全国の都市部で整備された集合店舗でした。

同一建物内で魚介類・青果・食肉などの生鮮食料品やその他の食品、生活用品を対面方式で販売する独立経営の小規模な商店が集積した業態でした。

小規模な小売店が多数集って大型店化していますが、小売業の産業化による本格的な大規模化の流れの中では、もはや大型店舗とは言えなくなっていました。組織運営が個々の店舗に委ねられていたため、全体としての統一性に欠け、経営管理水準も低く、企業経営システムを駆使して運営されているチェーン型のスーパーに対抗できなかったからです。

１９８０年以降は対面方式をやめてセルフ売場を設け、共同レジで代金を精算する「中小スーパー」に転身を図りましたが、それだけでは流通構造の変化に対応できるものではありませんでした。

●大阪市経済局の指導・支援で事業化

このような事態を重く見た大阪市は、93～95年に「大阪市小売市場ネットワーク委員会」を設置して、小売市場の本格的な調査研究に乗り出しました。

その結果、研究結果に基づいて「共同配送を前提とした共同仕入れ」の実証実験を行うことになり、96年度に大阪市旭区の八つの小売市場が参加する「小売市場連合会」がパイロット事業を開始することに決まりました。

そして翌年からは、市経済局の指導と支援の下で、「旭区小売市場連合会」が中心メンバーとなって**「共同仕入れ・共同配送」の取組み**を始めました。

このときに共同仕入機構として設立されたモデル事業組織が、ＡＫＲ（Asahiku Kouri - Ichiba Rengoukai）

ＡＫＲ共栄会誕生のプロセス

1993～95年：「大阪市小売市場ネットワーク委員会」の小売市場調査研究。「共同配送を前提とした共同仕入れの実証実験」が決定

↓

1996年：大阪市旭区の小売市場連合会のパイロット事業実施が決定

↓

1997年：Asahiku Kouri-ichiba Rengoukai（AKR）が発足。ドライグローサリー 500 品目の共同仕入れ・共同配送を開始（単独店ではなし得ない仕入価格の実現、毎日発注・毎日配送による在庫削減、定番品切れの排除が可能となる）

↓

1998年：旭区以外の小売市場へ参加を呼びかける。All Kouri-ichiba Rengoukai と名称を変更し、AKR 共栄会が誕生した

でした。

同年５月、対象商品をドライグローサリーの５００品目に絞って、指定卸店１社からの仕入れを開始しました。

このパイロット事業によって、**①単独店ではなし得ない仕入価格の実現、②毎日発注・毎日配送による在庫減、③定番品の品切れの排除**が可能となることが判明した。市経済局は、この方法を大手スーパーに圧迫されている小売市場の生き残りの有効手段として高く評価し、旭区以外の小売市場にも参加の呼びかけを行うことにしました。

翌98年、ＡＫＲ共栄会が小売市場の共栄を目指す「緩やかなボランタリー・コンソーシアム」を理念として設立され、小売市場はそこへの加盟によって中堅スーパーへの転身を果たしました。また、これを機にＡＫＲのＡは、旭区のＡからオール（Ａｌｌ）のＡに変更されることになったのでした。

Section 28

ＡＫＲ共栄会・大阪府（その2）

中小スーパーの活性化に挑む

共同仕入機構による仕入れの障害となったのは、卸店から要求される多額の「保証金の積立て」。これを解決したのが「債務保証システム」だった。

●取引信用保険を使った債務保証

小規模小売店が大規模小売業に勝てない原因の一つに、商品調達力の違いがあります。卸売業は、発注ロットの小さい小売店への対応は効率が悪いことから敬遠します。

もともと、「中小スーパー」は大手スーパーに比して調達力が弱く、中小卸（2次卸）から大量のナショナル・ブランド品（以下、ＮＢ商品）を購入することが困難でした。

そのうえ最近では、卸店から仕入れに際して多額の「保証金の積立て」を要求されるようになりました。複数の卸店から商品を仕入れないと十分な品揃えができなくなっていますから、各卸店からの保証金積立て要求は「中小スーパー」の経営を圧迫します。そこでＡＫＲ共栄会では、損害保険会社と「取引信用保険」の契約を結ぶことで、加盟店が万一支払い不能に陥ったときでも共同仕入れに伴う買掛金の9割を保険でカバーできるようにしました。

同会のこの**債務保証システム**のお蔭で、「中小スーパー」が多額の保証金なしで安定した仕入れができるようになり、一方、卸店も安心して納入できるようになり、大手小売店との熾烈な競争下で、ＮＢ商品の品揃えに苦しむ「中小スーパー」にとっては、強力な味方となっています。

●中小小売業の足かせを解く

こうして、現在は近畿圏（大阪府・京都府・兵庫県・滋賀県）にある中小スーパー47社（53店舗）がＡＫＲ共栄会に加盟するまでになりました。

また、パイロット事業で1社に絞っていた指定卸店は7社（加工食品5社、菓子2社）に拡大し、そのことによって取扱品目は５００品目から約３０００品目にまで拡大しました。

その結果、共同仕入金額は年間約30億円に達するようになりました。

加盟店の仕事の流れは次のようになりました。

○**加盟店（53店舗）**……加盟店は各自でＥＯＳ（電子発注システム）を利用

ＡＫＲ共栄会の共同仕入れ・共同配送

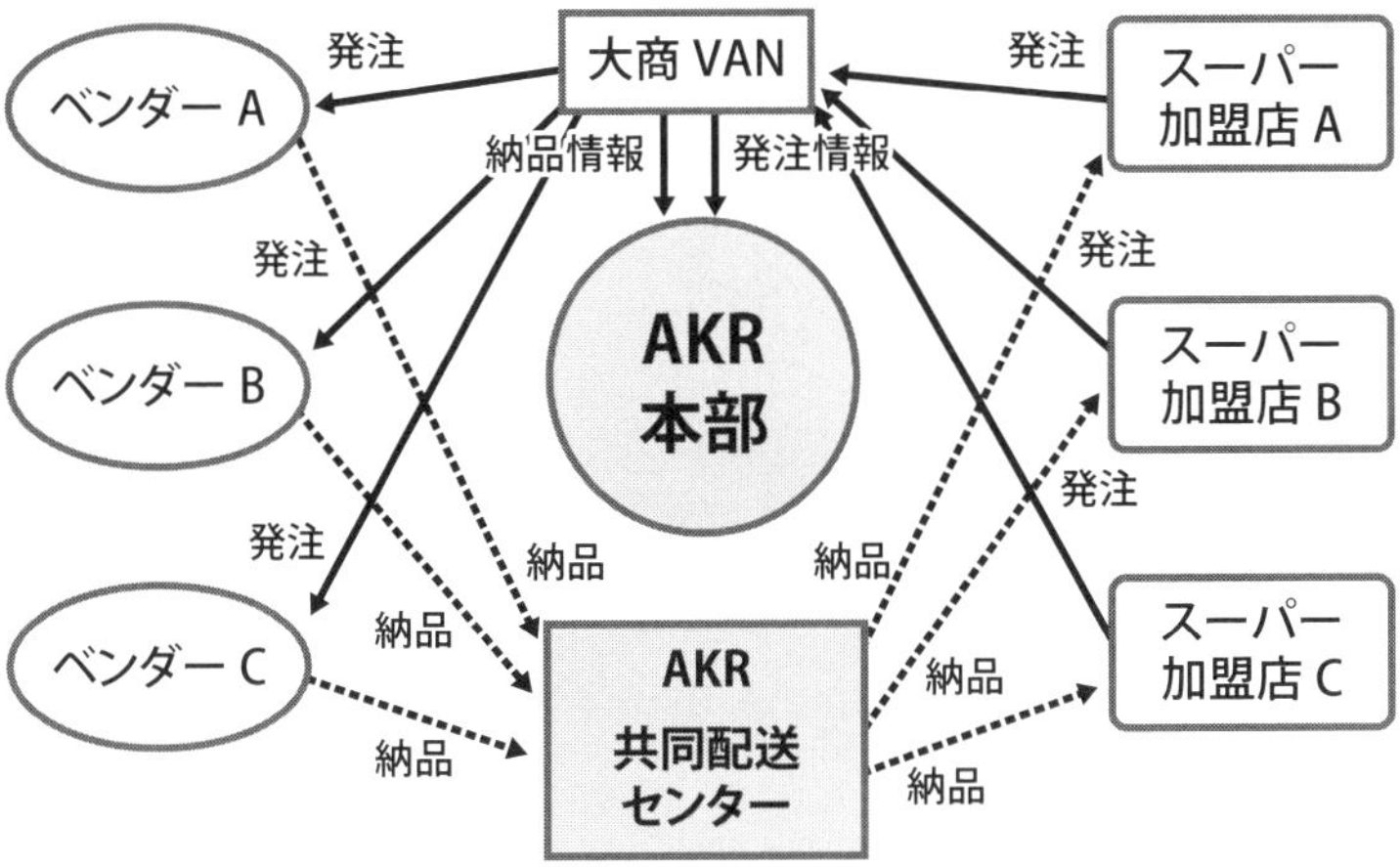

して「大商ＶＡＮ」経由で指定卸店に、翌日納品分を発注します。

　発注締切時間は、菓子が11時、加工食品が12時です。

○指定卸店（7社）……注文を受けた卸店は、受注後すぐに物流を担当するグリーン物流・北摂営業所に納品数量を連絡します。

　また、卸店はすぐにピッキング（受注に応じた集品）を開始し、店舗ごとに商品をかご車に入れます。

　かご車は、夕方までにＡＫＲ共同配送センターとなっているグリーン物流・北摂営業所に届けられます。

○物流事業者（グリーン物流）……卸店からの連絡に基づいて運送事業者は翌日の配車計画を立てます。

　また、当日夕方、届いた商品を店舗ごとにまとめ、翌日、方面ごとに仕立てたトラックに積み込みます。

　店舗へは翌日中に納品されます。

Section 29

ＡＫＲ共栄会・大阪府（その3）

商流と物流がスクラムを組んで

この事例は、物流の力だけでは解決できない問題が、他の機能との統合化によって、より大きな力を得て問題解決につながった好例。

●共同仕入れ・共同物流を支えた要因

ＡＫＲ共栄会加盟の「中小スーパー」は、その他にもいろいろと改善メリットを享受することになりました。

まず第一に、毎日発注・毎日配送（日曜日を除く）によって、店舗在庫を余分に持つ必要がなくなり、在庫が大幅に削減されました。

第二に、以前は卸店ごとの配達でしたから、そのつど受入作業をしなければならなかったのが、毎日定時にまとめて入荷するので、受入れ作業が大幅に軽減されました。

第三に、２００４年に「大商ＶＡＮ」を導入。これを利用した情報システムが構築され、蓄積されたデータを販売管理に活用できるようになりました。売れ筋情報の提供、月間奉仕品、インストア・プロモーション企画、戦略商品の取組み、レシピ提案を通じて共栄会のきめ細かな指導が、日々の仕事に追われて販売管理の余裕に乏しい「中小スーパー」を強力にバックアップしています。

このようなＡＫＲ共栄会のシステムを知った各地区の中小スーパーからは進出を望む声が強く、今後、ＡＫＲ債務保証システムを利用した「共同仕入れ・共同配送システム」の実現が各地でも見込まれています。

●物流だけでは問題は解決されない

これまでは商物分離の見地から、生産・販売を行う事業体とは積極的に切り離されて物流の事業化が進められてきました。切り離したとはいえ、生産・販売とは不即不離の関係ですから、物流が生産・販売の影響をじかに受けるのはやむを得ないことです。

物流事業者の立場であれば、「特定の荷主に集中依存しないで、バランスよく荷物を確保する」ことが仕事の繁閑を解消する手立てにもなっていました。さらに、「運ぶ荷物を待つだけでなく、自分で荷物をつくる」ために、大手宅配便業者の中には産地直送商品を自ら開拓して、積極的に消費者にＰＲしてきた例もありました。

物資供給の仕組みを再統合する

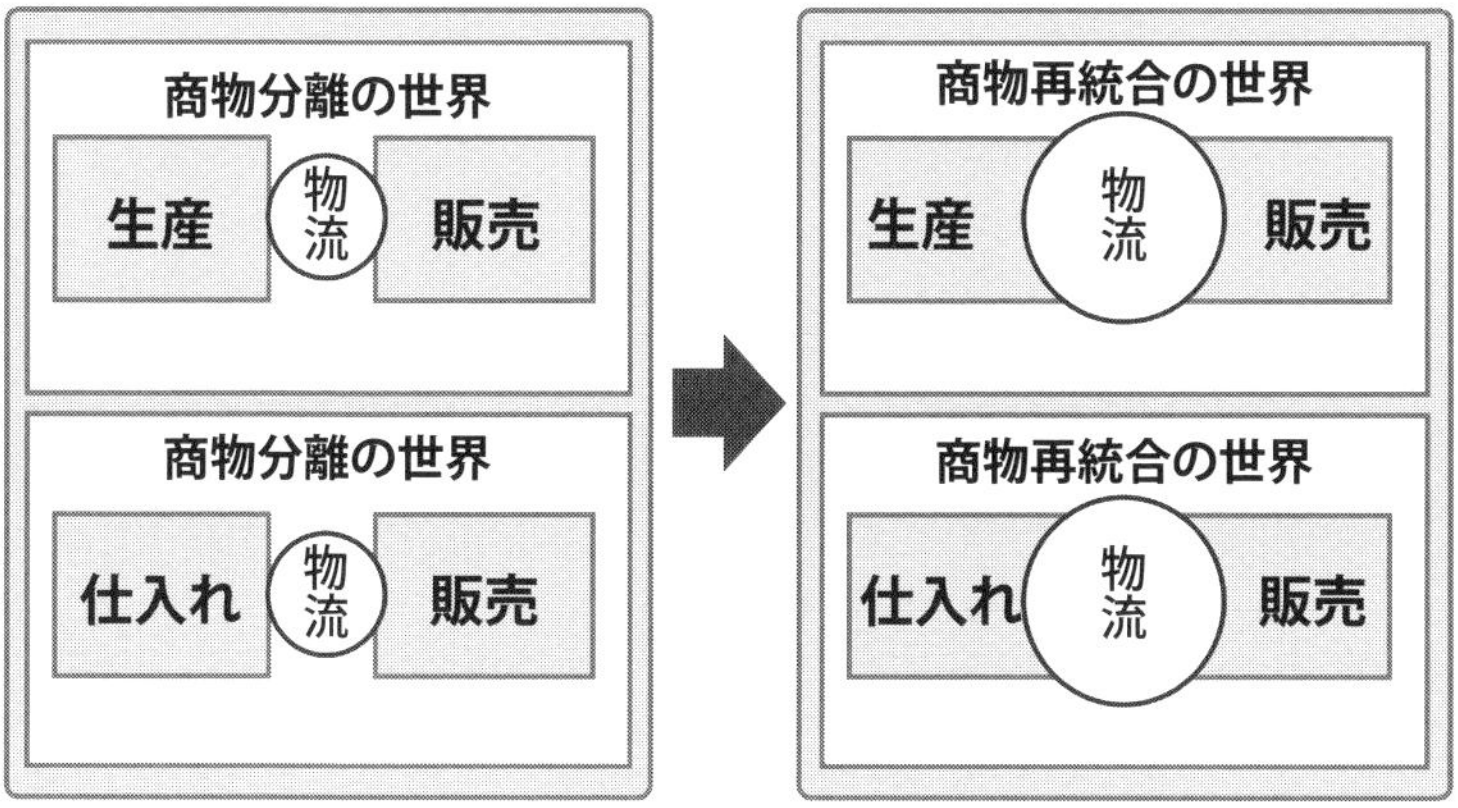

いずれも「運ぶ仕事」にこだわっていて、自ずと限界がありました。

ところが、**日本さけネット**のケースでは、「共同仕入れ＋共同物流」と、物流はあくまでも2本目の柱で、物流だけでは解決できなかった大きな問題を解決しています。

AKR共栄会のケースでは、「共同仕入れ＋債務保証制度＋共同物流」と物流は3本目の柱ですが、ここでも物流だけでは解決できなかった問題を解決しています。

自らが農産物を産地で買い付けて「帰り荷」をつくり、大消費地・大阪に運んで販売していた運送会社（東大阪市）のような「仕入れ＋輸送＋販売」のケースも出現しています。

これまで「細分化」によって生産性を高めてきた物資供給の仕事が、もう一度**「統合化」**によって解決能力を大きく高めようとしています。

Section 30

協同組合八戸総合卸センター・青森県（その1）

地方の中小卸売業が生き残りをかける

過疎・低所得地域を商圏とする北東北地方の中小卸売業は、課題の解決を協同組合の設立に求めた。とくに「共同配送」には大きな期待が。

●地方の中小卸売業者が結束

人口では日本の5%を占める北海道は、国内生産量では1%にすぎません。このように都市と地方との間に経済力で格差が生じるのは地方が何かにつけてハンデを負っているためで、北東北地方は過疎・低所得地域を商圏とするという大きなハンデを背負っています。

なかでもこの地方の中小卸売業は、昔から交通難・駐車難、店舗・倉庫の狭隘化や分散によって生じる経営効率の悪化、従業員の確保難などで頭を悩ませてきました。

大手量販店・地方スーパー・コンビニ等の小売店からは多頻度小口納品、リードタイム短縮が要請され、また、中央から大手卸売業が進出してくると、人材・資金面で劣る中小卸売業は非常に厳しい状況に追い込まれていました。

一部には合併や提携によって中央の大手卸売業に対抗するところもありましたが、いずれにしても、大手卸売業に対抗し、取引を継続・拡大して生き延びていくためには、**高品質・高効率物流の実現**が最重点課題でした。

こうした状況の中で**「卸団地の建設」**は、流通機能の充実と共同物流等の協業化を推進することによって諸々の問題を一気に解決し得る施策として、早くから注目されていました。

危機感を強めていた八戸地区の中小卸売業も「もはや協同化しかない」と考えるようになり、国・県の指導を仰ぎ、「各所に分散している中小卸売業を総合卸センター内に集中誘致する」ことにしました。

●当初の構想を13年かけて実現

こうして1969年、協同組合八戸総合卸センターが設立され、「卸商業団地マスタープラン」等の検討を経て71年には組合会館を建設して、以降逐次、組合員店舗を完成させていきました。翌72年には、組合員卸7社の出資によって現在の**共同物流サービス**の前身である卸センター倉庫が設立されて、ここに卸売業の共同配送事業がスタートすることになりました。

北東北地方の中小卸売業が直面する課題

高度経済成長期の課題

1. 物流量増大による交通混雑・駐車難
2. 物流量増大による店舗・倉庫の狭隘化や分散
3. 非効率化による経営環境の悪化
4. 従業員の確保難
5. 大手量販店・ローカルスーパー・コンビニからの「多頻度小口発注」、「リードタイム短縮」の要請
6. 中央の大手卸売業の進出

↓

現在（低経済成長期）の課題

1. 流通構造の変化（大手小売りによる中小小売りの駆逐）による物流量の減少
2. 中央大手卸売業の進出によるマーケットシェアの縮小
3. 小売サイドからの「一括納品」の要求
4. ますます高まる多頻度小口納品の要求

同社はまず2000㎡（600坪）の第一共同倉庫を建設し、組合員卸が自社倉庫に入りきらない在庫を収容することから始めました。

5年後の77年には「自動車運送取扱事業」を登録し、また、ほぼ同時に配送ホームを完成させて、各組合員卸が所有していた車両10台を結集して共同配送事業を開始しました。

さらに5年後の82年には、「一般区域貨物自動車運送事業免許」と「積合せ貨物運送許可」を取得して、当初の構想が実現することになりました。

その後、共同配送事業は順調に推移し、第二物流センター、金ヶ先物流センター、日配センターと拡張を続けていきます。事業内容も、ホームセンターの物流機能を一括代行したり、食品スーパーへの一括物流という業務を取り込むなど、事業環境の変化に対応してきました。

Section 31

協同組合八戸総合卸センター・青森県（その2）

協同組合という甘えを排除して

同組合は、組合法にしばられずに「どこからでもどんな仕事でも請けられる」株式会社組織の物流会社を傘下につくり、競争力をつけていった。

●傘下に二つの株式会社を設立

協同組合八戸総合卸センターは、**傘下に二つの株式会社**を擁しています。

一つは、すでに紹介した**共同物流サービス**で、現在では約６５０名（うちパート約５００名）の社員を擁し、産業の少ないこの地方にあって貴重な職場となっています。

扱い荷物は、食品、菓子、酒類、雑貨、住宅設備機器、繊維製品と多岐にわたり、３か所の物流センター（庫腹総面積約４万５０００㎡）で平均約３万ケース、約１万７０００アイテムを扱っています。主に青森県内を対象に、保有車約40台（主力は大型10トン車）で配送を行い、運送事業者（10社）の協力を得て県外にも対応しています。

いまや、中堅事業者としての実力を充分に備えるまでに成長しています。

もう一つの傘下の株式会社は、**共同電算センター**です。

物流共同化には高度な情報システムの整備が不可欠ですが、共同物流サービスを設立してからちょうど10年目にあたる１９８２年、共同電算センターを発足させました。

以後、受注処理、在庫管理等の大量データ処理はこの会社が行い、物流現場に密着したオペレーション・システムは、共同物流サービスのそれぞれの部署で行うようになりました。

●協同組合は特典だけでなくしばりも

協同組合には、八戸総合卸センターのような事業組合の他に、生活協同組合（生協）、農業協同組合（農協）、漁業協同組合（漁協）のようなさまざまなものがあり、いずれも共通する目的のために個人あるいは事業者等が組合員となって事業体を設立し、民主的な管理運営を行っていく「非営利の相互扶助組織」です。

八戸総合卸センターの場合、「中小企業協同組合法」に基づいて設立され、税法上、その他の恩恵・支援を受ける特典を有すると同時に、「非営利の相互扶助組織」としての活動に一定のしばり義務を受けることになります。

共同物流サービスの仕事

保管業務（第一、第二物流センター、金ヶ崎物流センター）

①扱い品目　食品、菓子、酒類、雑貨、住宅設備機器、繊維製品

②扱い品目数　ケース扱い1万6500アイテム、バラ扱い6700アイテム

③平均在庫量　ケース2万9800ケース、バラ8800ケース

配送業務

①保有車両　2トン車4台、3.5トン車2台、4トン車3台、7トン車2台、10トン車29台

②配送地域　青森県全域

③協力運送事業者　10社

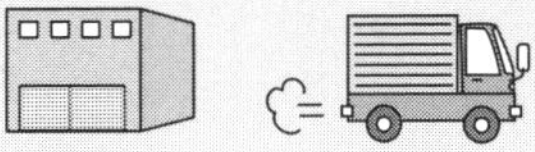

納品先内訳

納品先合計778店
- スーパー：75%
- 単独店：10%
- コンビニ：7%
- 製造・建設業：5%
- その他：1%

同時代に、各地で同じような協同組合が数多く設立されて、共同物流事業にも挑戦しましたが、運営に行き詰まっていったケースも少なくありません。

本来ならば、組合の共同物流事業を一日も早く軌道に乗せるために全組合員がこぞって荷物を出すべきなのです。

しかし、組合員は一方で「営利を目的とした事業体」でもあるので、組合が運営する共同物流事業と条件が折り合わなければ、他の物流事業者に委託することになるからです。

八戸総合卸センターが当初から目論んでいた「県内の中小小売業向け共同配送事業」を、協同組合のしばりを受けたまま営利目的の物流事業者と競争することには相当な無理がありました。

同組合では、早い時期にこのことに気付いて、物流と情報を専門に扱う事業を組合業務とは分離して、傘下に株式会社を設立することで対応しました。

Section 32

協同組合八戸総合卸センター・青森県（その3）

「迅速な対応、慎重な拡大」で勝つ

同卸センターは、40年余の物流共同化の歴史とともに歩み、成功モデルを示しただけでなく、「攻めの物流改善」の精神を教えてくれた。

●協同組合の力と株式会社の力

八戸総合卸センターは、組合員が「営利を目的とした事業体」でもある限り、共同物流事業への参加意識を高めることには、おのずと限界があることに早い時期に気付きました。同組合傘下の共同物流サービスは、組合員卸の荷物を核としながらも、積極的にそれ以外の荷主を開拓していくことになりました。

流通加工業務や一括物流分野にも進出することで、業容を積極的に拡大していきました。そうすることで、本来目指していた「県内の中小小売業向け共同配送の業務」を実現する道を切り拓いていったのでした。

同じ時期に立ち上げた「協同組合型」の共同物流事業の多くが衰退していく中で、同組合だけが成長し続けてこられたのは、「協同組合組織」の限界を「株式会社組織」で補いつつ、環境の変化に対応し、したたかに戦ってきたからに他なりません。

もちろん現在も、「地方経済の低迷」や「流通構造の変化」といった外部環境の変化と戦っています。「同じ目的のために力を合わせる」ことが協同化の精神には違いないのですが、「力を合わせる」ことは「戦う精神を萎えさせる」という落とし穴もあることに気付かなければなりません。

●迅速な対応、慎重な拡大が勝つ秘訣

八戸総合卸センターが物流共同化事業に成功した要因としては、多くのことが考えられます。

その第一の要因として挙げられるのが、「協同組合組織」の限界をいち早く見極めて**株式会社化**を行い、1972年に卸センター倉庫（後の共同物流サービス）を設立したことです。

株式会社化によって、協同組合ルールにしばられることなく、一般区域貨物自動車運送業の免許取得、積合せ貨物運送許可取得、物流センターの新設、日配商品の取扱い、一括納品の取扱いと、時代の流れに柔軟に対応して事業分野を拡大できたことが、成功の大き

環境の波に飲み込まれないために

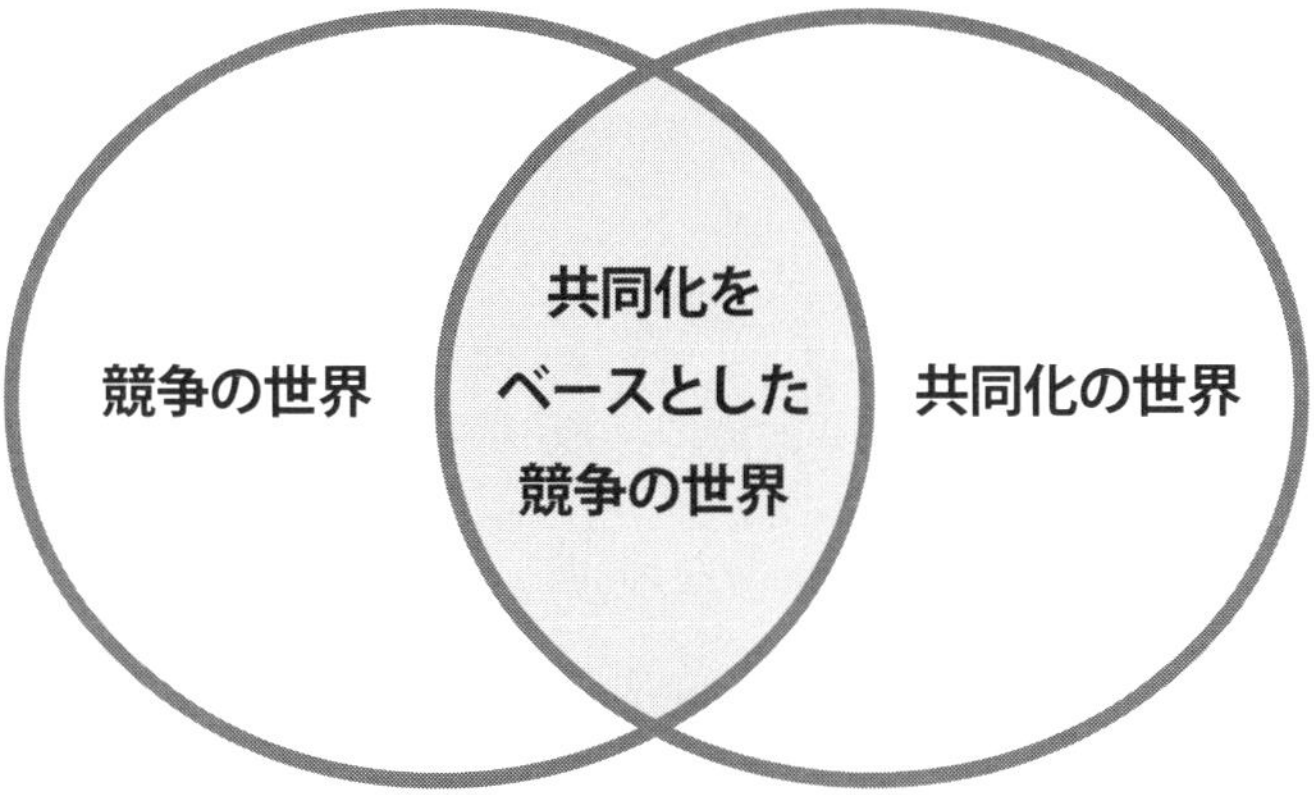

●やみくもな競争はいたずらに体力を消耗させる

- しかし、明確な目的もなく、ただ共同化すればいいというものではない
- 「競争するだけでは乗り越えられない」大きな課題を解決するためだけに目的を絞って共同化するこそが、“新しい時代”を切り開く鍵になるのではないか

な要因となっています。

このことは、その10年後に設立した共同電算センターについても同じです。

第二の要因は、**最初から重装備にせず、慎重に拡大していった**こと。

新規事業に挑戦するときの「最初は小さな規模でしっかりと基盤を固めて」という鉄則に従って、ごく小さな装置で事業をスタートしています。

たとえば物流施設は、最初はわずか２０００㎡足らずの共同保管から始めて、軌道に乗ったら共同配送へと段階的に拡大。その後順次、第二物流センター、金ヶ先物流センター、日配センターと慎重に拡大を続け、現在の総面積約４万５０００㎡に至っています。

第三の要因は、強力なリーダーシップのもとに力を結集し続けた、**東北人の粘り強さ**が貢献しています。

これらにより、いまや40年の実績を持つ共同物流の老舗となりました。

プラネット物流株式会社・東京都（その1）

良品廉価・安定供給を支える

日用品の良品廉価・安定供給は業界の大きな使命。その使命を支えていくために誕生した共同会社が業界のプラットフォームを目指す。

●日用雑貨業界における物流の特徴

プラネット物流が扱っている商品は歯磨・歯ブラシ、石鹸・洗剤、シャンプー、一般化粧品、消臭剤など、トイレタリー商品と呼ばれている商品群です。日常生活に一日たりとも欠かせないことから、全国津々浦々、山間僻地・離島に至るまで安定的に供給することが求められてきました。単価は比較的安いものが多く、一部を除いて流通ロットが小さいことも特徴です。

物流に対する期待は大きく、この業界では、メーカー・卸売業・小売業のいかんを問わず、昔から物流改善が重要な課題となってきました。

１９８０年代後半になると、わが国はバブル経済に突入して物流量が増大し、人手も車も不足するという深刻な事態となりました。一方で、メーカーは卸売業から、また卸売業は小売業から多頻度小口納品を求められて、トラックの積載効率の低下が物流費の上昇を招くことになりました。

この業界の大手メーカーであるライオンはこの事態を重く見て、早くから本州製紙などの原材料メーカーや、キリンビールなどの大手荷主企業との結合輸送（帰り便の相互利用）を軌道に乗せてきました。

さらに87年には中部地区で十條キンバリー、ネピア、エステー化学と共同保管・共同配送を、翌年には九州地区の一部で資生堂など13社と集荷方式による共同配送の実験を行っていました（社名はいずれも当時。以下同）。

●共同化による物流改善の検討に入る

これらの動きに先立って、85年、通信事業の規制緩和を機に、同業界の有力メーカーが業界ＶＡＮ運営会社のプラネットを設立。出資会社はライオン、ユニ・チャーム、資生堂、サンスター、ジョンソン、十條キンバリー、エステー化学、牛乳石鹸共進社の８メーカーと、ＩＴ企業のインテックでした。

出資会社の社長が出席していた同社の取締役会ではたびたび物流の問題が話題になり、とりわけライオンが当時

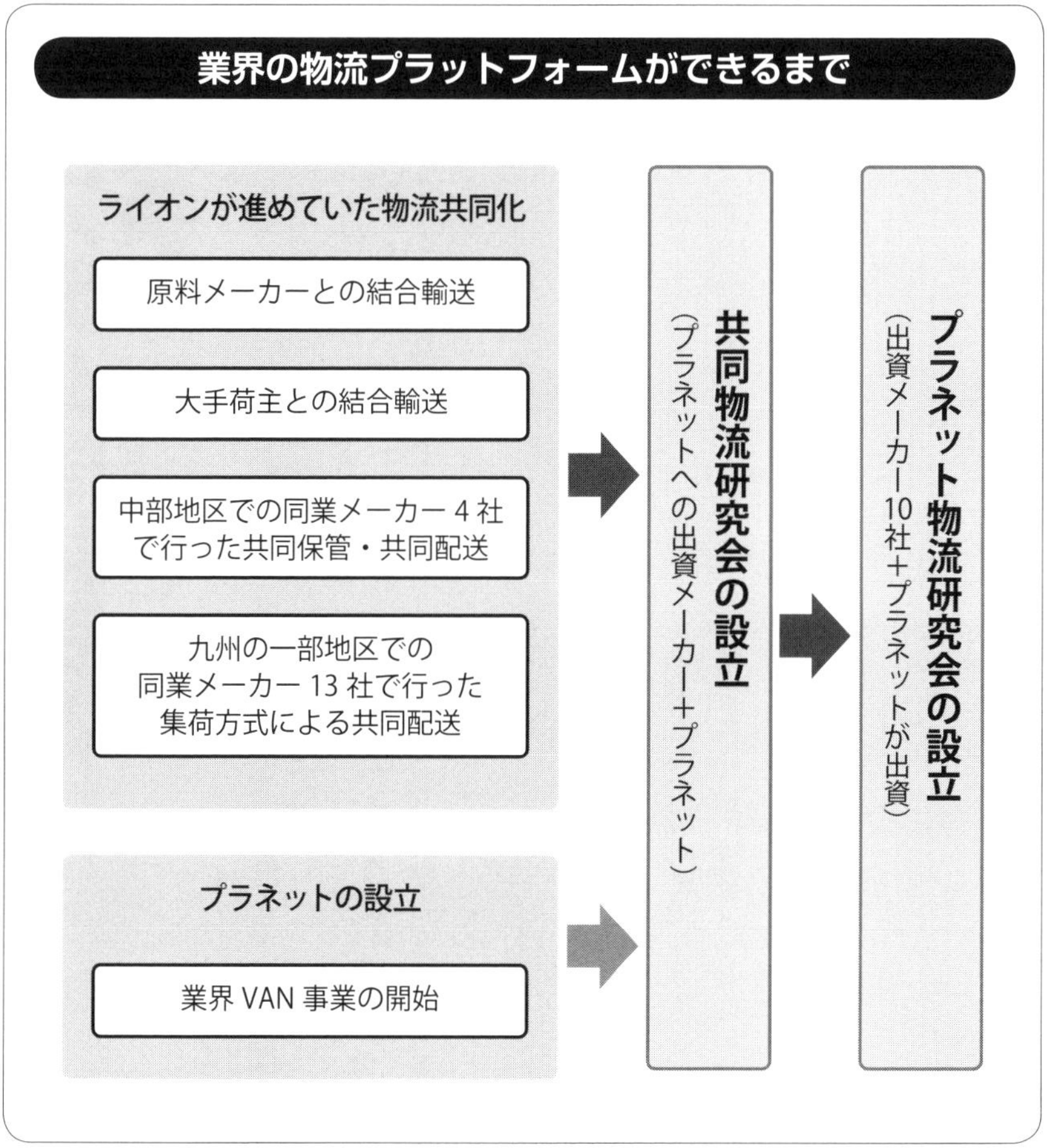

業界の物流プラットフォームができるまで

推進していた「物流共同化の試み」に関心が寄せられていました。

　88年4月、同社取締役会の席上で一連の試みが報告された結果、ひとまず8メーカーで「共同物流研究会」を結成しようということになり、同年8月から物流共同化事業のフィジビリティ・スタディが本格的に始まりました。

「研究会」は専従者6名を含む15名で構成され、1年間、毎週水曜日に例会を行い、先に立ち上げた業界ＶＡＮのケースと同様に、共同物流運営会社の設立の可能性が検討されました。

　メンバー企業の特定エリアの1か月分の受注データを持ち寄ってシミュレーションを行うなどして、徹底的な討議を重ねた結果、「実現性あり」の結論に達しました。

　こうして89年8月、有志企業で新会社を設立することになり、プラネット物流が設立されました。

プラネット物流株式会社・東京都（その2）

システムは共同で、競争は店頭で

設立時から「人材の育成」と「技術開発」を重視し、独自システムの自社開発に努めた結果、「ロジスティクス大賞」などの受賞も。

●業界VANと自社開発システム併用

同社とメーカー・卸店をつなぐのがプラネットVAN。トイレタリー品・化粧品等の情報基盤を確立したプラネットが提供している業界VANです。

同社の各流通センターでは、共同物流情報システム（PRISM）により、ロケーション管理・入庫管理・出庫管理・在庫管理・作業管理等が行われ、一部を除き、同社が開発した構内無線LANシステム（LESQU）が導入され庫内作業の効率化を支えています。

同社はノンアセット型3PL企業（自身が施設等を持たない物流業務包括受託事業者）で、大半の業務を物流事業者に委託していますが、各流通センターにおける基幹の計画・管理業務は同社の仕事で、それを支えているのが自社開発の情報システムです。

料金体系は、標準サービスにはできるだけ安い標準料金、例外的なオプションサービスにはオプション料金（割増）、合理化への協力に対してはインセンティブ（割引）を用意して、各社の物流合理化競争を促進しています。

また、各流通センターにおける配車編成は、車種区分が入力され、納入先距離マスターとの連動で輸送トンキロと積載率が算定され、車単位のCO_2排出量が算定されて荷主に対して月単位で報告しています。

●人材育成と技術開発の重視

同社にとって、物流を取り巻く環境の変化に迅速に対応し、新サービスを開発していくことは重要な使命となっています。すでに創業して20年が経過し、現在、同社が行っている日常的な基幹サービスは次のとおりです。

○共同配送……全国に流通センターを設置し、ここにメーカーから輸送されてきた商品をいったん**共同保管**し、メーカーからの出荷指示にしたがって卸店ごとに荷合せを行い、同じトラックによる**共同配送**を行っています。

ただし、メーカーによっては、一部地区については最寄りセンターには在庫を持たずに、クロスドッキング（1

物流オルガナイザー（プラネット物流）が全体最適をはかる

（矢印は力が働く方向を示す）

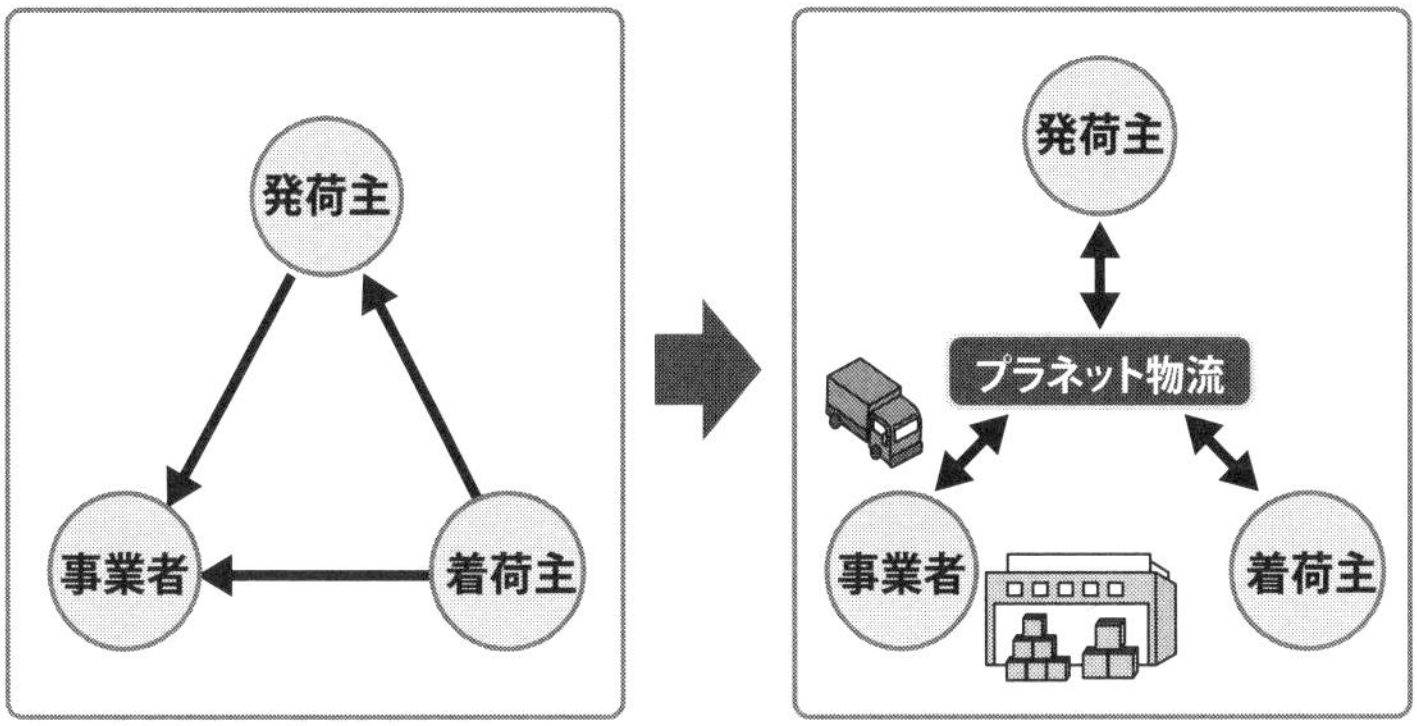

物流事業者の力が削がれてしまう構造

物流オルガナイザーが、中立的な立場（３PL）で全体最適をはかる構造

40頁参照）を行っています。

参加メーカーは18社、年間取扱い梱数は約4000万ケース（梱）です。

○**幹線共同輸送とモーダルシフト**……中部・関西地区から北海道に向けた輸送については、数量が比較的少ないため、各社を20トントレーラで巡回集荷し、また一部を積み合わせた後、舞鶴もしくは敦賀から海上輸送で流通センター（石狩市）へ輸送しています。

参加メーカー数は10社です。

○**返品共同回収**……この業界は季節商品も多く、また頻繁に行われるリニューアルで返品が多いのも特徴です。

従来は卸店から各メーカー宛にバラバラで送られてきた返品を、同社が配送時に引き取り、数量がまとまった段階で各メーカーへ送り、また一部については現地で共同廃棄処分を行うことで、コストの低減をはかっています。

参加メーカー数は15社です。

Section 35

プラネット物流株式会社・東京都（その3）

小異を残して大同につく

各社が個別で取り組んだのでは限界のある課題に取り組むために、わが国には概念すらなかった、ＳＣＭや３ＰＬを考え出した。

●業界の物流プラットフォームを構築

この業界では、各社とも物流改善に熱心に取り組んできたとはいえ、単独の取組みではおのずから限界がありました。各社は「単独では解決できない問題については力を合わせて取り組むべきだ」と考えるようになりました。

そこで同社は、同じ届け先への各社の荷物を束ねて「規模の経済」を追求するだけでなく、メーカー・卸売業・物流事業者の間に立って「物流オルガナイザー」として働くことで「全体最適化を追求すべきである」と考えたのです。いまの言葉で言えば、３ＰＬとしての役割を担うことで、**業界の物流プラットフォームを構築**することが必要だとしたのです。

それは、**①各種の標準化・システム化の推進**、**②参加企業への合理化関連情報の提供**、**③物流管理能力の向上支援**等によって、「業界としての物流合理化」を推進していこうというものです。そこで同社は、プラネットが設立時から掲げてきた「システムは共同で、競争は店頭で」を**経営理念**として掲げることにしました。

●隠しごとをしないのが混乱回避の鍵

以上のことを、より鮮明にするために同社は、卸店・メーカー・物流事業者に対して「何を約束するか」を次のように明確に示しました。

○卸店に対しては、卸物流の機能強化支援とメーカーとの連動による流通機能強化の支援

○メーカーに対しては、物流コストの抑制と業界の標準化・システム化の推進

○物流業者に対しては、メーカーと一体になっての業界の合理化・体質健全化の支援

そして、最後に残った最も大きな問題が、「各社の利害をどう調整するか」ということでした。

日頃は店頭で激しく競争している企業同士ですから、同じテーブルに着いても、皆がそれぞれに小さな違いにこだわり続けていれば舟は少しも前に進

「攻めの物流改善」のポイント

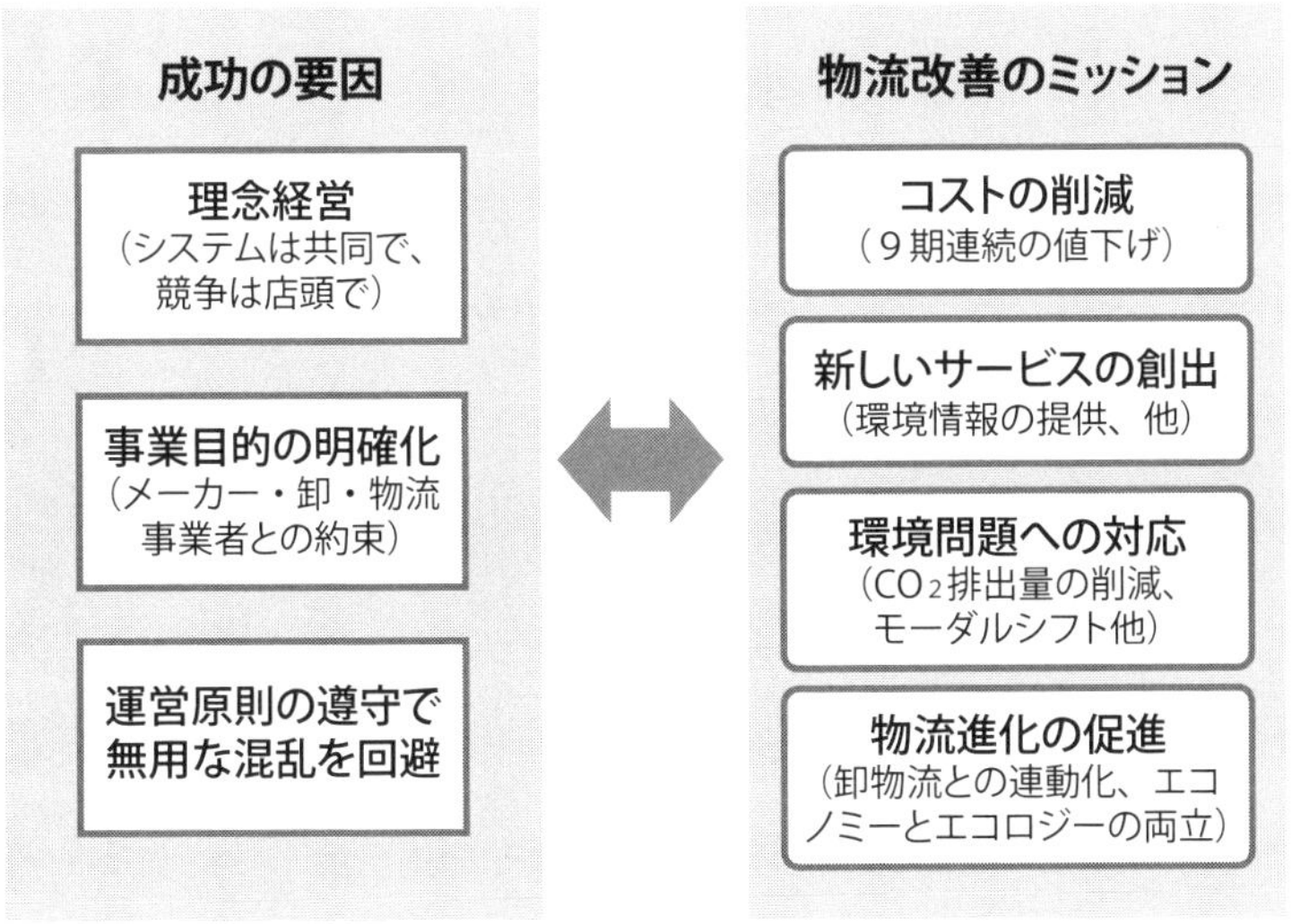
成功の要因
理念経営
（システムは共同で、競争は店頭で）
事業目的の明確化
（メーカー・卸・物流事業者との約束）
運営原則の遵守で無用な混乱を回避
物流改善のミッション
コストの削減
（9期連続の値下げ）
新しいサービスの創出
（環境情報の提供、他）
環境問題への対応
（CO_2排出量の削減、モーダルシフト他）
物流進化の促進
（卸物流との連動化、エコノミーとエコロジーの両立）

みません。疑心暗鬼がつのって、物流共同化が頓挫してしまった前例は少なくありません。

わずかな意見の違いがあっても、重要な点で一致していれば、異なる点は後でゆっくり解決することにして先に進む（＝小異を残して大同につく）ことも必要なのです。そうするためには、徹底した「情報の公開」と「運営の原則」が不可欠でした。

同社では、**出資会社からの出向を歓迎**するだけでなく、役員会決定の前には、**ユーザーが参加する各種の委員会で徹底的に検討する**ことになっていて、隠しごとなどできないようになっています。

そのうえで、**①共存共栄の原則**、**②エゴ排除の原則**、**③公平の原則**、**④合理化促進の原則**、**⑤守秘の原則**、**⑥資源相互活用の原則**を掲げ、これを遵守してきました。

Section 36

ダイセー倉庫運輸株式会社・愛知県（その1）

皆が困っていることを仕事にする

これからは「化学品の時代」「JIT納品の時代」になると読んで、荷主が困っている仕事に絞り込んで競合他社との差別化をはかって成長。

●まず小さな仕事で荷主の信頼を得る

　ダイセー倉庫運輸は、いざなぎ景気の頂点に向かっていた１９７４年、ダイセー陸運・名古屋営業所が独立して創設されました。先代社長は「これからは化学品の時代になる」として、数ある荷物の中から化学品に絞り込んで**化学品物流**に乗り出しました。

　しかし、世間は大型景気の拡大基調にあったにもかかわらず船出は順調とはいかず、やっと獲得できた仕事が東京に本社を置く大手化学メーカーの合成ゴム製品１００トンの保管でした。

　この製品は天然ゴムに代わる材料として自動車バンパーやゴムホース用に開発されたもので、当時は製造工程で発生する黒色異物が混じっていて、購入側は**異物除去**を納入メーカーに要求していました。荷主が困り抜いているのを見かねた先代社長は荷主に代わって異物除去を引き受け、全社員が半年間休みなく取り組んで問題を解決し、荷主から絶大なる信頼を得ました。

●「乗合いバス方式」でブランド化

　70年代の後半になると、ポリプロピレン（ＰＰ）や合成ゴム等が自動車部品の材料として採用されるようになりました。中部地区における化学品の需要家は、トヨタ自動車とその周辺にある自動車部品メーカーが主力です。この業界では、生産工程で「かんばん」を用いて在庫を最小限に抑える**トヨタ生産方式**が採用されていて、化学品メーカーへの原材料納品についても**JIT納品**が要求されていました。

　1日に2回も3回も納品するようになり、大量保管・大量出荷に慣れてきたメーカーや物流事業者はどこも苦労をさせられて、なかには「このようなやり方は国家経済の損失だ」と言い出すところが出る始末でした。

　同社でも、当初は不慣れなために緊急納品の依頼がしばしば発生しました。しかし、自動車産業がわが国の製造業の中心となろうとしていた80年代、ＪＩＴ納品が世の主流になると判断した先代社長は、「急ぎの出荷依頼を最優

成長の秘密

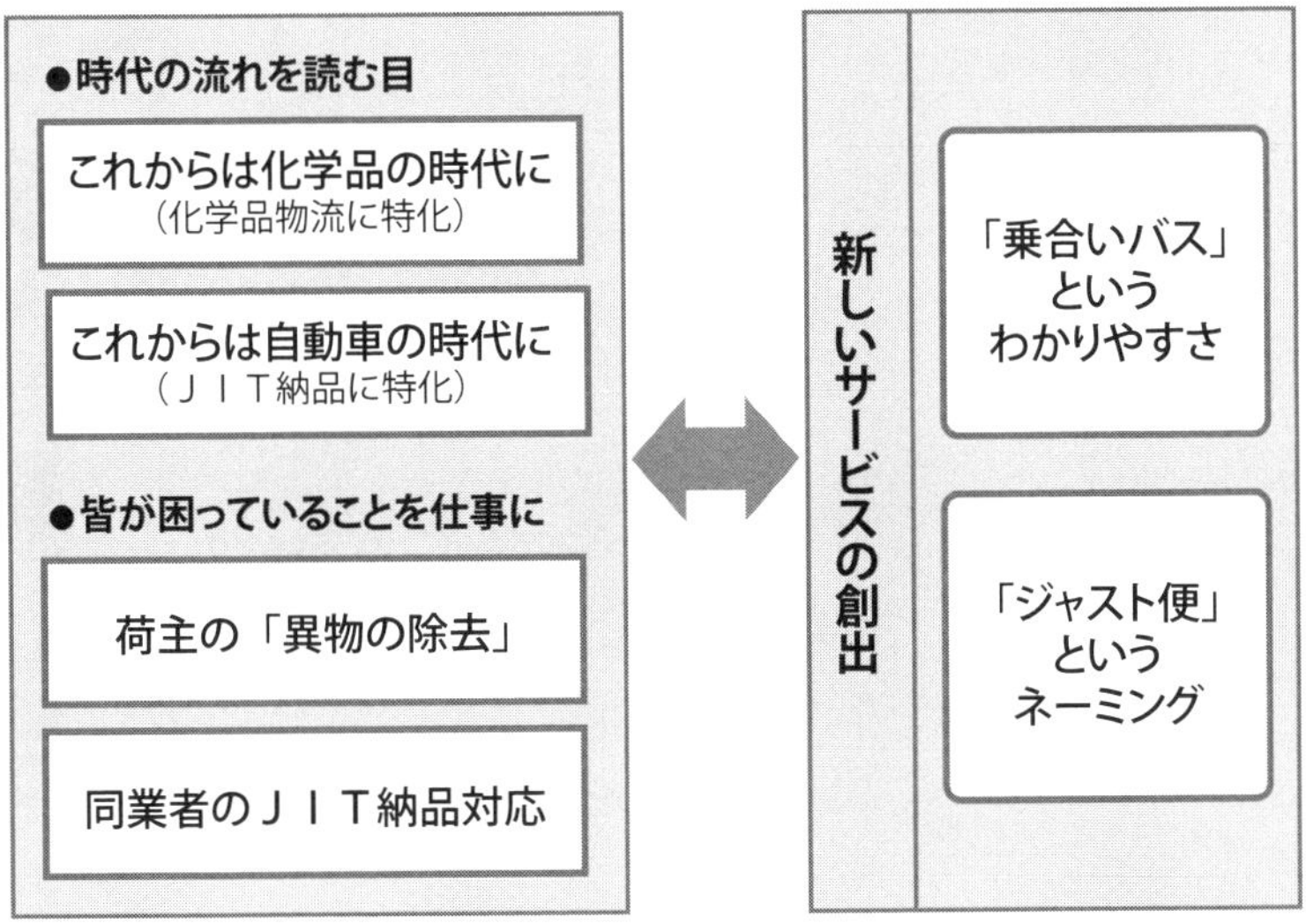
●時代の流れを読む目
これからは化学品の時代に
（化学品物流に特化）
これからは自動車の時代に
（ＪＩＴ納品に特化）
●皆が困っていることを仕事に
荷主の「異物の除去」
同業者のＪＩＴ納品対応
新しいサービスの創出
「乗合いバス」
という
わかりやすさ
「ジャスト便」
という
ネーミング

先に」「急がない荷物は降ろして、また後で積めばよい」と指示して、この方式に徹底的に対応していきました。

ＪＩＴ納品を積極的に受け入れる一方で、積載率を高めるために化学品に特化した**乗合いバス方式**を考案し、これに「ジャスト便」というブランド名をつけました。「ダイセーの乗合いバスに一緒に乗ってほしい」「量がまとまれば料金が安くなる」と、積極的に新しい顧客獲得に乗り出しました。

化学品メーカーがこの呼びかけに徐々に呼応し、また、部品メーカー（着荷主）の中からは「納品業者にダイセーを指定する」動きも出てきました。この**ブランドをもつ輸送方式**は、**荷主の信頼、ＪＩＴ納品方式への対応のよさ、明確な目標のもとに結集された全社員の努力**と相まって、同社を共同物流のエキスパート企業に成長させていきました。

Section 37

ダイセー倉庫運輸株式会社・愛知県（その2）

売り手よし、買い手よし、世間よし

化学品のJIT物流に特化して考案された「乗合いバス方式」。関東への進出を果たし、クロスドッキングを取り入れるなどして進化していった。

●定時定ルート便の走行で共同配送

同社の「ジャスト便」では、まず、発荷主である化学品メーカー、輸入商社が幹線輸送で自動車部品メーカー向け原料を同社の４か所ある物流センターのいずれかに持ち込み、同社がここで保管します。

発荷主から出荷指示を受け取ると、ピッキング、方面別仕分けが行われて、エリアごとに**定時定ルート便**で共同配送を行います（愛知・三重・岐阜３県の全域、静岡・滋賀・福井・長野４県の一部）。愛知県を例にすると、小牧・大口を中心に半径１５０kmまでの九つのエリアごとに**定時定ルート便**を走らせています。

また、２００７年には茨城県古河市に新たに物流センターを取得して、北関東（茨城・群馬・栃木・埼玉・千葉の各県）への共同配送を始めました。

この方式により着荷主も納品車両の台数が大幅に削減され、荷受けの混雑が緩和され、作業の効率化がはかれて、「売り手よし、買い手よし、世間よし」ということになります。

現在、「ジャスト便」の参加メーカー（発荷主）は約１８０社、納品先（着荷主）は約５０００社に達しています。最近では、これらの**保管型方式**に加え、**クロスドッキング方式**も採用しています。これは、関東・九州・四国・山陽方面から大型トラックで輸送されてきた製品を、いったん倉庫に降ろして方面別に荷合わせを行い、共同納品する方式で、**「ニュージャスト便」**のブランドを付けています。

●環境・品質を重視しソーラー発電も

「ジャスト便」「ニュージャスト便」のために、すべての物流業務を管理する同社独自の**情報システム（JIT90）**を日本ユニシスと共同で開発し、このシステムの維持管理のために社内SEを確保しています。

また03年から、固定傭車55台を含む使用車両１５０台のすべてに**GPS衛星対応車載器**を搭載し、全車両の運行状況をリアルタイムで把握しています。

乗合いバス「ジャスト便」「ニュージャスト便」

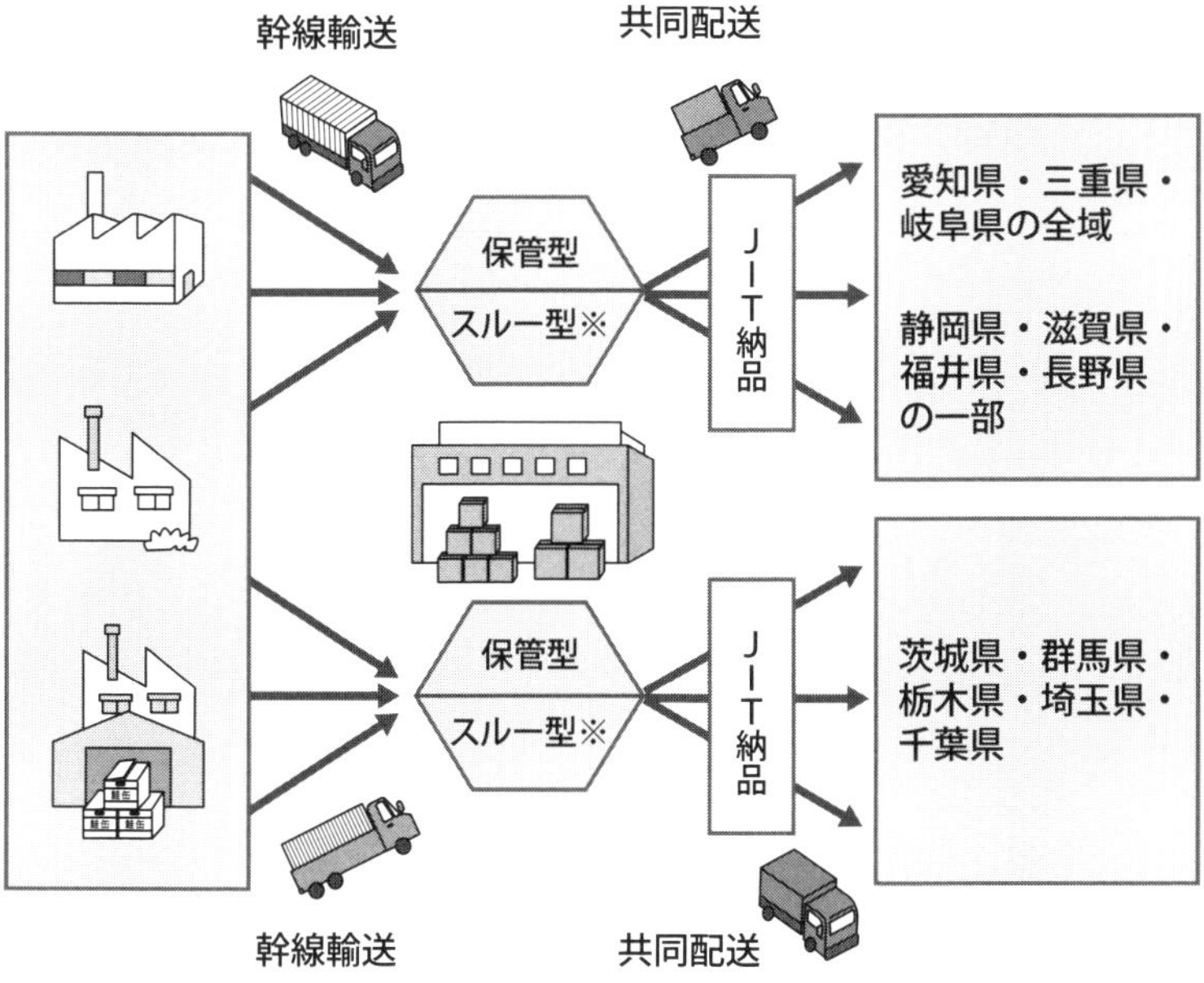

※クロスドッキング方式
（140頁参照）

走行中の全車両の動向がパソコン画面に表示され、輸送の進捗状況・運転状態等がわかる仕組みで、納品時間の問合せ等に瞬時に回答でき、顧客サービスの向上に役立っています。

１９９７年にＩＳＯ９００２（品質管理）を、２００１年にＩＳＯ１４００１（環境管理）を取得。環境と品質のダブル取得は物流業界では珍しく、環境と品質を重視した経営に努力してきた証となっています。

「人と車と環境にやさしい運転」を基本方針として、**エコドライブを推進**。定期的にエコドライブ・ミーティングを開催し、エコドライブ・コンテストへの参加を行い、２３００社が参加した同コンテストでは準優勝に輝いています。また、04年に完成した本社物流センターの屋上には１００ｋｗの**ソーラー発電装置**を設置して、同センターの電力の15～20％を補っています。

Section 38

ダイセー倉庫運輸株式会社・愛知県（その3）

新たな環境変化を迎え撃つ戦略は

流動ロットの小口化が続く中でこそ、JIT納品を共同配送によって支える「ジャスト便」の値打ちがあり、その普及と進化が望まれる。

●武器は他を動かし他に負けない力

モノが売れるからモノがつくられ、その結果として「モノを動かす」輸送という仕事が発生します。輸送の仕事は、宅配便・引越し便などのごく少ない例外を除いては、生産や販売という仕事に構造的に組み込まれています。

構造的にということは、ともすれば「従属的に」と同じ意味にもなり、物流が自立的に動ける余地がきわめて限定されていることを意味します。本来、生産・販売・物流は、相互に連携し合って全社最適化を目指す活動であるべきにもかかわらず、とかく生産も販売も自部門の最適化を優先させて、物流を従属的に扱いがちです。

以上は、荷主企業における物流の「立ち位置」についてですが、荷主企業（発荷主＋着荷主）と物流事業者との間の関係についても、同じことが言えます。

発荷主・着荷主・物流事業者の三者は、本来、共通した目的のために相互に連携し合って全社最適化を目指すべきであるにもかかわらず、発荷主も着荷主も自らの最適化を優先させて、物流事業者を従属的に扱いがちです。

物流部門や物流事業者がなぜ従属的に扱われるかといえば、**「他を動かすだけの力量」**が不足しているからです。荷主企業にあっては物流担当部門の社内他部門に対する「提案力」が、物流事業者でいえば荷主企業に対する「提案力」が不足しているからです。

●環境変化に対応できる戦略が不可欠

清酒業界は、「規制緩和」「輸入品の大攻勢」「酒税法の撤廃」「DSやスーパーの価格破壊」などで**市場規模が縮小**し、すでにご紹介してきたように、この業界に依存してきた運送業者は大きな打撃を被ることになりました。

井阪運輸の場合には、「清酒の共同配送」という新しい仕事のやり方を開発し、さらに「洋菓子の輸送」という分野を積極的に拡大することで、危機を回避してきました。

一方、ダイセー倉庫運輸の場合は、

予想される主な物流環境の変化とその対策

予想される主な物流環境の変化		対　策
1. 規制緩和によるトラック運賃の低下 2. 輸入品の増大による国内物流の減少 3. 多頻度小口納品、JIT 納品の増加 4. 物流における安全、安心の追求 5. 物流サービスの多様化、高度化	→	1. 物流共同化による物流効率化促進 2. 国際・国内をつなぐシームレスかつ低廉な物流体系の構築 3. 発荷主を説得しての共同配送実施 4. 高度な物流品質を保証する物流体系の確立 5. 新物流サービスの開発

自動車産業がこれまで確実な成長を続けてきたことで**市場規模が拡大**して、その恩恵にも与かってきました。

　このように物流ビジネスは、依存している荷主業界の影響を絶えず受けざるを得ない構造にあります。

　一つの事業が10年、20年と順調に成長し続けるのはごくまれなことで、自らの経営の安定化を図るためには、依って立つ市場のバランスを考えて**リスクの分散を図る**ことも大切です。

　これまでの物流は、大量生産・大量流通・大量消費を前提に発達してきましたが、これからは、**「規模の経済」だけに依存しない新しい物流のあり方**が求められています。

　ダイセー倉庫運輸の場合で言えば、環境が大きく変わっても「売りもの」になる、さらにきめ細かい**多機能ジャスト便**の開発など、環境変化に対応した経営戦略の立案が問われています。

Section 39

平和みらい株式会社・静岡県（その1）

元祖・感動物流が生む底力

ルーチンワークに埋没せず、未来に目を向けて頑張ってきた企業が、「陸の孤島」視された地域を抱える静岡市にあった。

「成長するものだけが生き残れる」と言い、「これでいいんだ」と思ったとたん、人も企業も成長が止まると言います。そう考えて、半世紀以上も頑張ってきた物流優良企業がありました。

●「物流の明日をひらく」の思いを込めて

平和みらい（静岡市）は、同社の前身である平和倉庫の『50年史』に浅原穣一会長が書いているように、「物流の明日をひらく」という全社員の熱い思いを込めて２０００年に誕生しました。

——戦後茶輸出再製業者は戦前の栄光を夢見て、日本茶業株式会社が創立され、昭和24年11月同社の中に営業倉庫部門が誕生して、倉荷証券を大量に発行して茶業金融の円滑化に貢献したのであった。

昭和25年12月（１９５０年12月）この倉庫部門を分離して平和倉庫株式会社が設立され、幾多の苦難を乗り越えて東海地区の都市型営業会社として発展、時流れてここに創立50周年を迎えることができました。（中略）

21世紀を迎えるに当たって、新社名物流の明日をひらく、平和みらい株式会社のいや栄えを祈念してご挨拶をいたします。——

次項に記しているように、茶葉製造会社の倉庫部門から分離独立し、常に物流業界の先端を行こうと努力してきた同社は創業50年を機に社名変更しました。

●成長を支えてきた積極果敢な挑戦力

同社はお茶から始めて、米のような基礎的生活物資へと取扱いを拡げていき、その後の経済発展とともに菓子・加工食品・化学品・工業品と逐次、取扱品目を拡大していきました。

現在は、静岡地区で消費財（菓子・加工食品等）、西部地区で化学品、沼津地区で工業製品と、三本柱で支えられた総合物流企業となっています。

この発展の原動力となってきたのが、社員の力であり、同社で**感動物流**と命名されている挑戦力でした。

3本柱となる事業が支える安定的な成長

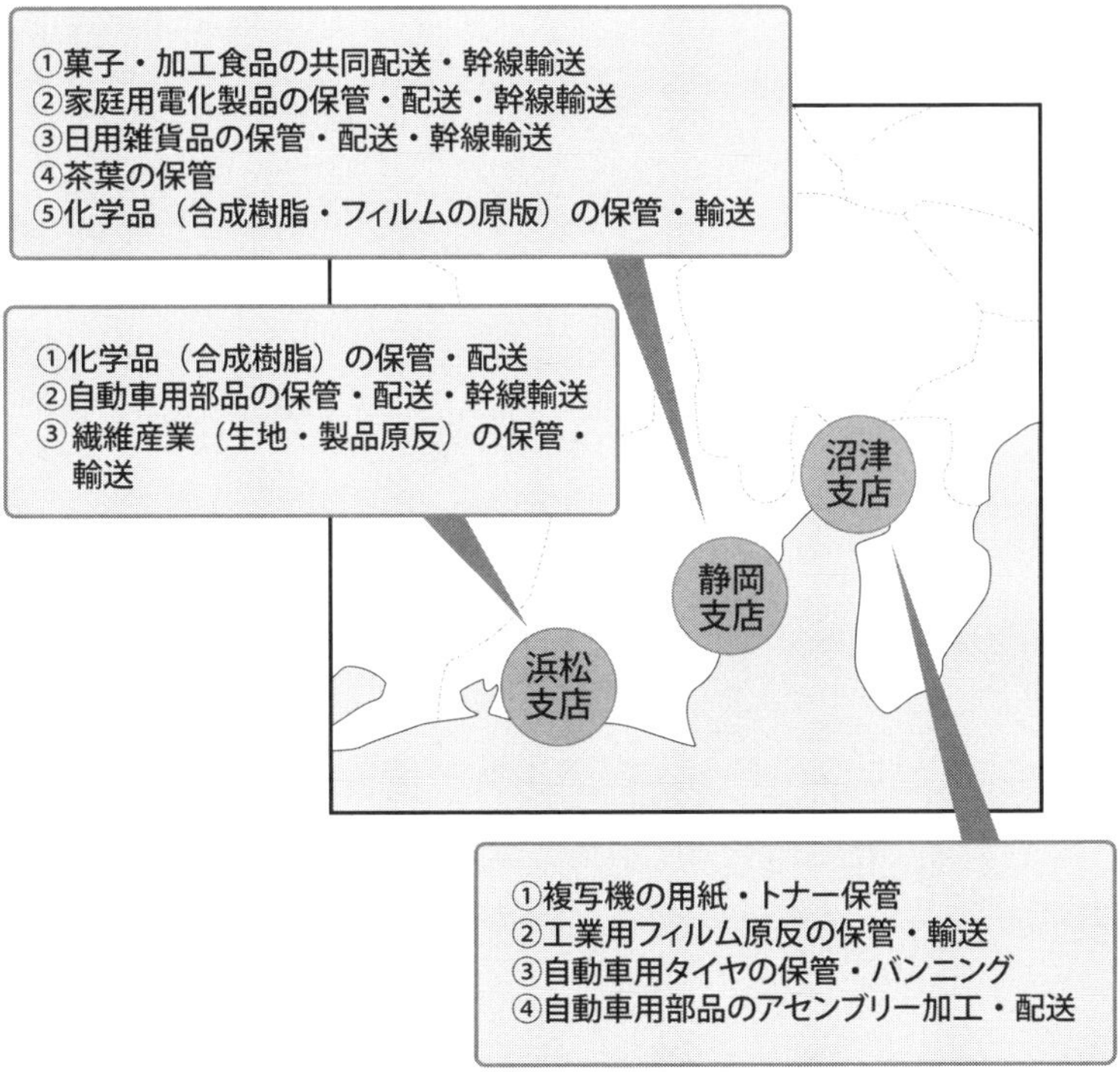

次にご紹介する二つの代表的な事例は、自動車用窓ガラスのＪＩＴ納品方式の中から生まれたものです。

１９７０年２月、未曾有の豪雪により国道が不通になりました。「かんばん」によって指定されている時間は翌朝６時で、遅れるようなことになれば、お客様の工場ラインは止ってしまいます。

そう考えた営業所長は従業員全員を深夜に緊急出動させて、急造のソリを引っ張り、あるいは窓ガラスを数枚ずつ背負いながら納入しました。

また、85年5月には、深夜、同社の大型車が酒酔い無謀運転の車に突っ込まれて大事故になりましたが、この時も代替品の緊急納入により工場ラインを止めることはありませんでした。

平和みらい株式会社・静岡県（その2）

全国初の大手菓子5社の共同配送

よい仕事をしていると評判を聞きつけて、新しい仕事が向こうからやってくる。新しい仕事でさらによい仕事ができる「新しい力」を授かる。

●在庫型物流からスルー型物流への転換

同社の菓子の仕事は、１９５２年に菓子メーカーの不二家との取引で始まりました。

60年代半ばに入ると、森永製菓・グリコとの取引が始まりました。

いずれも当初は、製品を別々の倉庫で預かって、そこから配送する在庫型でした。

加工食品メーカーの味の素と取引が始まったのもその頃でした。

味の素の大口貨物が加わったことで、味の素製品を**ベース・カーゴ**として菓子等の小口貨物を積み合わせて**混載配送**を始めました。

70年代半ばに入ると、味の素から「関東に在庫を集約するので、**クロスドッキング**で対応するスルー型に変えたい」との強い要請を受けました。

幸い同社では、伊豆半島の末端まで翌日に配達できる体制を確立していたことから、この要請にただちに応じることができました。

その後、在庫型だった菓子メーカー各社からもスルー型に変更したいという要望が次々に出てきて、97年、焼津物流センターを開設。ここを拠点とした菓子・加工食品の静岡県内共同配送体制をスタートさせました。

このときに、新たにロッテ・明治製菓が参加して、全国初の大手菓子５社の共同配送体制が確立しました。

不二家との取引から、45年をかけて完成したことになります。

●翌日県内全域配送が「売りもの」

その仕事の流れは、次のとおりです。

関東・中部・関西地区にある各メーカーの工場・物流センターから、焼津物流センターに、夕刻から翌朝にかけて荷が送られてきます。

同センターは８７０㎡（２６４坪）×８倉（常温、低温）で、２階にも接車バースがあります。

大手メーカーの工場・物流センターから焼津物流センターまでの**幹線輸送**は、同社のトラックで行います。

菓子メーカー大手5社の共同配送

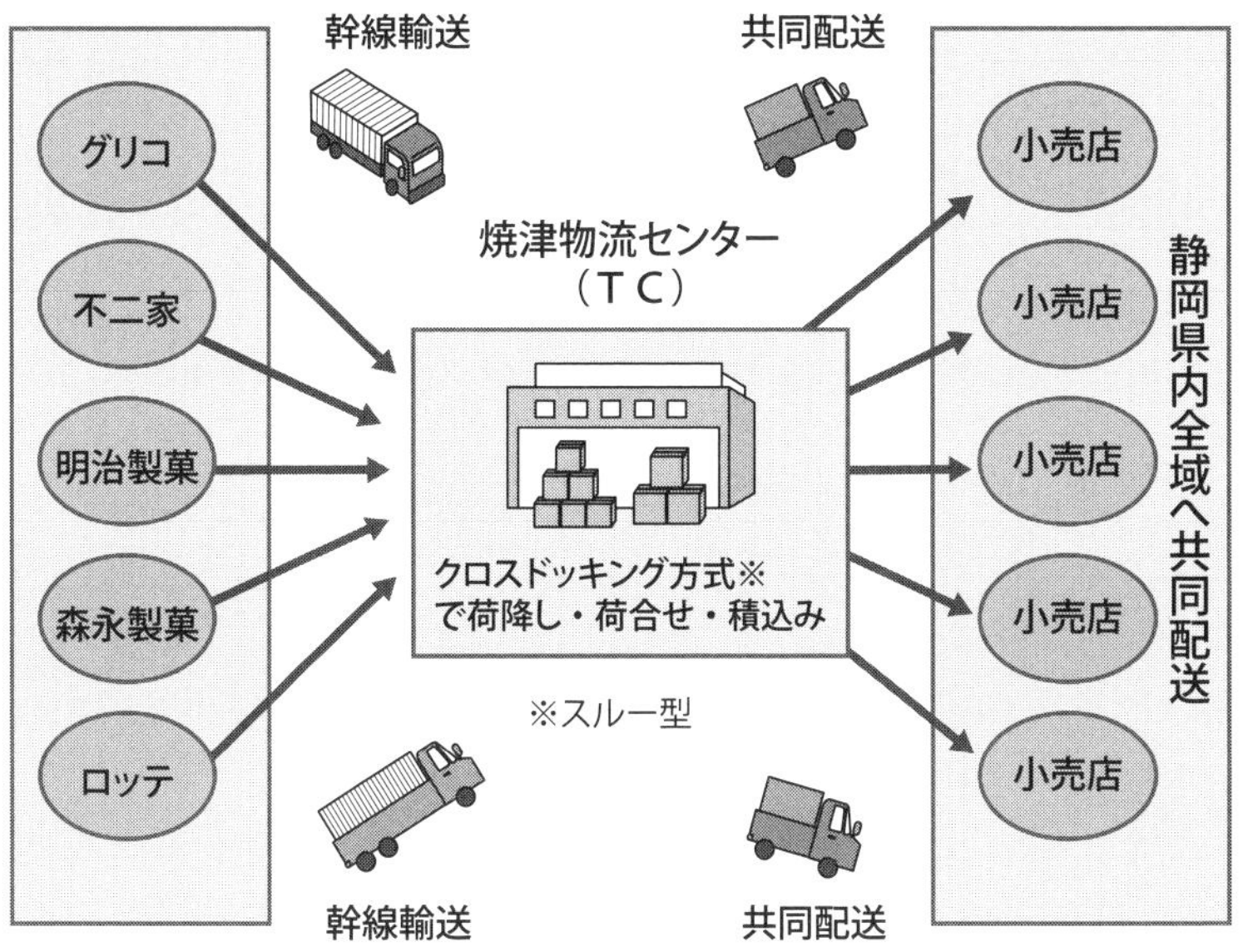

センター内では向け先別に仕分けし、翌日に県内全域に配送しています。配送車は7トン車が中心で、1台平均10件をこなしています。

共同配送に参加しているメーカー数は菓子が20社、加工食品が20社で、届け先は菓子・加工食品合わせて約２００社になります。

その結果、共同配送の売上が全社売上の約3割を占めるまでになりました。

これらの共同配送を支えているのも同社が育んできた感動物流精神ですが、同時に、自社独自で開発した**情報システム**「倉庫運輸管理システム」の貢献があります。

オーダー受注・入庫・在庫管理・出庫・配車・配送管理・請求・管理の機能を備えた総合システムで、いっさい外部に依存せずに１００%自社開発をしたもので、本社総合企画部情報システム課に専任ＳＥを擁しています。

平和みらい株式会社・静岡県（その3）

21世紀は物流共同化の時代

物流共同化にはさまざまなリスクが予想されるものの、それらを回避することができれば、計り知れない大きなメリットが得られる。

●これからの物流はどう変わるか

いつの時代でもローコスト・オペレーションが求められていて、このことは今後も変わることはないでしょう。

しかし、ローコストだけでは今後、荷主の満足は得られなくなることは必至です。加えなければならない大きな課題は、差別化できる**高品質で多様な内容のサービスの提供**と、21世紀が求めている**環境問題への対応**です。

物流を取り巻いている厳しい環境を考えると、これらの要請を受けて立つのは至難なことであると、誰もが考えるところです。

しかし、同社は早くから「**21世紀は共同物流の時代**になる」と看破し、共同物流をもってすれば「これらの要請を受けて立つことができる」ことを確信してきました。

同社が実践に基づいて確認した共同物流のメリットは、次のとおりです。

○社会にとってのメリット

＊配車車両台数を大幅に削減することで交通渋滞を緩和し、CO_2排出量を大幅に削減できる。

○発荷主にとってのメリット

＊数社の荷物がまとまることで、配送が困難だった地域、非効率だった地域への物量が増加し、毎日配送が可能となる。

＊参加荷主間でのサービスレベルの統一化がはかられ、参加していないところとの差別化ができる。

＊統一的なシステムが構築されることによって、情報の一本化、窓口の一本化など、管理体制の標準化がはかられる。

＊共同保管・共同管理によって保管諸費用の削減が可能となる。

＊運賃を個建て料金にすることで変動費化が可能となり、配送費が下がる。

○着荷主にとってのメリット

＊複数メーカーの商品が同時に入荷するため、荷受・検品などの業務が時間短縮し、オペレーション・コストが削減される。

＊配送ルートの固定化・定時化がはか

平和みらいが考える物流共同化のメリット

1．社会環境にとってのメリット

- 配車車両台数削減により、交通渋滞が緩和され、CO_2 排出量も削減される

2．発荷主にとってのメリット

- 運賃を個建て料金とすることで変動費扱いが可能になり、配送コストが削減できる
- 数社の物流がまとまるので、配送困難な地域・非効率な地域への配送が可能になる
- 参加荷主間でサービスレベルの統一化が図られるとともに、非参加荷主への差別化が可能

3．着荷主にとってのメリット

- 荷受・検品などの業務時間の短縮、オペレーション・コストの削減
- 配送ルートの固定化・定時化によって計画的な入荷、在庫圧縮
- 納入車両が大幅に減少（近隣への騒音等の迷惑がなくなる）

4．物流事業者にとってのメリット

- 配送車１台当りの積載率が向上（総配送車両数の減少）
- 物流の波動に対する対応が容易に（配車作業のマニュアル化）
- 共同保管・共同管理を行うことで、保管面積・作業人員の合理化（諸経費削減）

れるため、計画的な入荷が可能となり、在庫圧縮にもつながる。

＊納入車が大幅に少なくなることで、近隣への迷惑が少なくなる。

○物流事業者にとってのメリット

＊ルート単位での物量がまとまることにより配送効率が上がり（配送車１台当りの積載率が増加、混載率が向上）、総配送車両数が減少する。

＊物流の波動に対する対応が容易になるため、配車作業のマニュアル化が可能となる。

＊数社の荷物の共同保管・共同管理を行うことによって、保管面積・作業人員の合理化といった諸経費の削減が可能となる。

同社の実践によって、これだけ数々のメリットが確認されているのですから、自信をもって「守りの物流改善」から「攻めの物流改善」に転じなければなりません。

Section 42

株式会社トワード物流・佐賀県（その1）

冷凍車を使わないで生鮮物輸送

運輸業は不毛の価格競争に引きずり込まれるばかり。死ぬまで走り続けるラットレースから抜け出るには、「攻めの物流改善」に転じなければならない。

●「ただ運ぶだけの仕事」からの脱出

同社の前身・三瀬陸運は終戦の翌年に、国策で戦時統合されていた三瀬貨物自動車から分離、誕生。設立当初は、背振山系で伐採された木材・薪炭等をもっぱら運搬していました。

現社長の友田健治氏は、１９６６年に高校を卒業してすぐに、創業者である父が経営するこの会社に運転手として入社。当時はまだトラック4台の零細な運送会社。日本経済が急速に成長した時代で、この地方では農産物を中心に運送の仕事が順調に増えていきました。

しかし、これまでの木材・薪炭等とは違い、生鮮野菜では従来にない厳しい温度管理・鮮度管理が求められました。運輸業界では欧米の最新理論の紹介や新しい技術の開発が盛んに行われていましたが、保冷車の導入など新しい投資を伴うものが多くて、運送会社にとっては頭の痛い問題でした。

●「大竹理論」に活路を見出す

そんな折、友田氏は、コンサルタントの大竹一郎氏が説く独自の鮮度管理、保冷輸送理論に出会いました。同氏が学んだばかりの「鮮度管理技術」を応用して地元農協のレタスを運んだところ、レタスの芯を腐らせずに届けられたことで大変喜ばれました。

このことがきっかけとなって、佐世保米軍基地向けの農産物輸送の仕事も獲得できて、以来、氏は大竹理論を信奉し、この理論の実践に努力することになります。

１９９０年、社長に就任した友田氏は社名を「トワード物流」に変更して、大竹理論に基づいた「Ｆ＆Ｅ技術」を武器に、食品分野に打って出ることになります。

これは、多温度帯に対応した低温センターでの予冷を元にし、新寒材、簡易コールドロールボックス、Ｆ＆Ｅ式冷凍・冷蔵車（廉価トラック）を活用して温度変化を最小限にコントロールする物流システムです。

92年には、かつて訪米した折に学ん

トワード物流の売上高推移

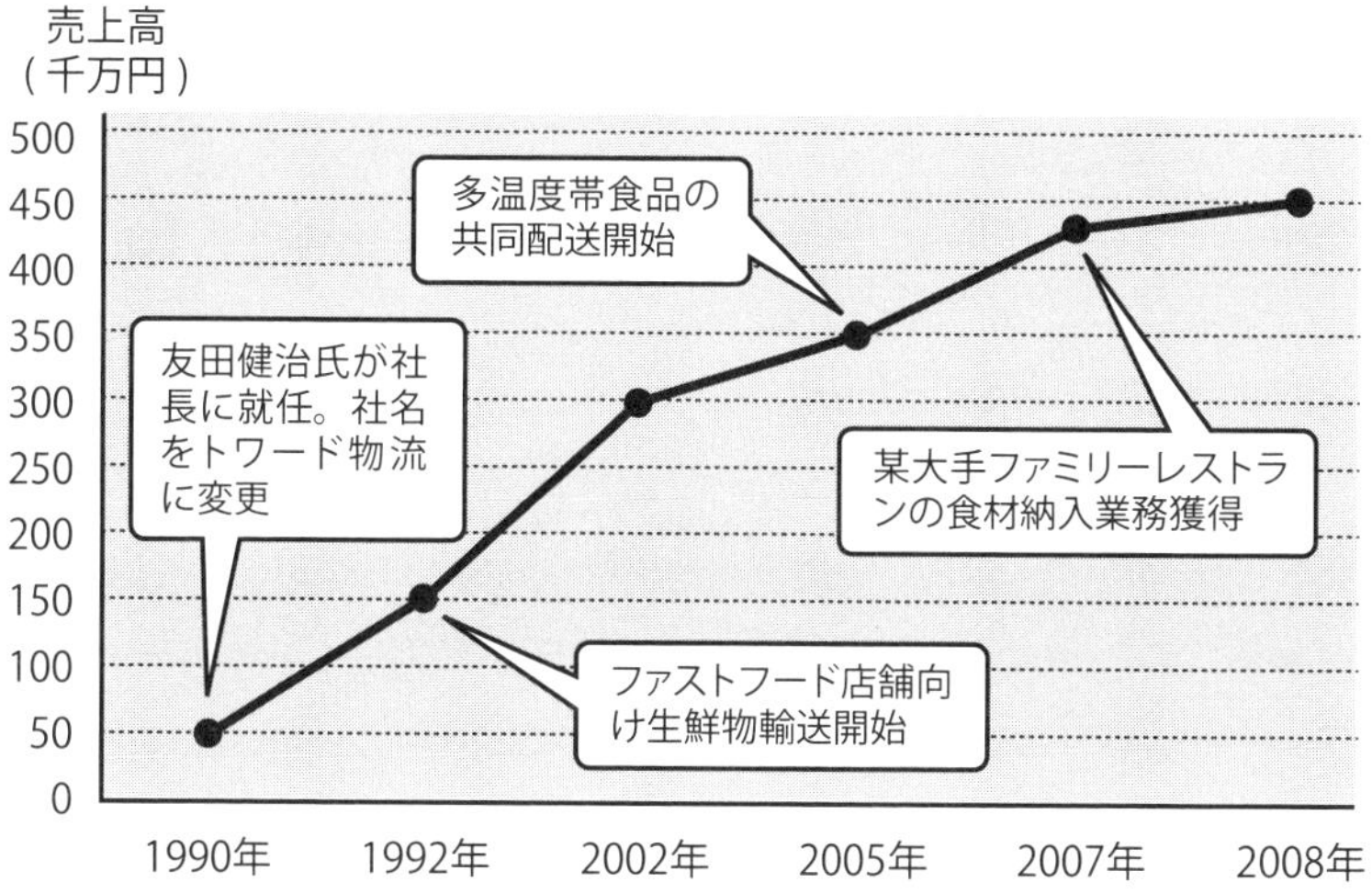

できた「ハブ&スポーク」に基づく「九州ハブ低温センター」を開設して、ファストフード・チェーン向け生鮮物輸送で「冷凍車を使わない輸配送」を実現。このことが、この分野に本格的に進出するきっかけをつくりました。

2002年、この「F&E技術」を武器に日本コールドネット協議会（JCN）を立ち上げ、多温度帯食品の共同配送に本格的に取り組みます。

05年には、「現場運用のノウハウに基づく情報システム」が、全国展開する某大手ファミリーレストランのコンペで大手企業2社を相手に勝利して大きな仕事を獲得しました。

これを機に東京進出を果たします。その他の大手チェーンからも食材・資材一式の店舗納品を獲得できるようになり、年商1000万円で継いだ会社は、いまや500倍になるまでに成長しました。

Section 43

株式会社トワード物流・佐賀県（その2）

物流ビジネスはシステムで勝負

これからの物流ビジネスは、「モノを運ぶ力仕事」から、「新しい仕事の仕方を開発する仕事」へと移行する。

●多温度帯食品共同配送システム

トワード物流の取り入れている「**ハブ&スポーク**」方式とは、自転車の車輪に模してそう呼ばれているように、ハブ（車輪の中心の拠点）からスポークでつながる各拠点に路線を展開させて、拠点間同士の間に大量輸送できる基幹路線を設定する輸送方法です。

また、一方の「**F&E技術**」のF&Eはファジー&エコノミーの意味で、簡易コールドロールボックス（保冷かご車）を活用した技術です。

同社は、九州地区の物流会社12社と日本コールドネット協議会を組織し、九州地区と山口県で食品の多温度帯共同配送を行っていますが、これは佐賀県吉野ヶ里にある同社の「九州センター」をハブとして、同社の「福岡センター」と加盟各社の倉庫をスポークで結ぶ配送網です。

協議会会員各社は、おのおの担当エリアを定めて、担当エリア内は自社で配送、エリア外はいったんハブセンターに輸送して担当する他社に配送を依頼します。いまでは荷主企業（卸・メーカー）約２００社、納品先（小売店）は約１０００社。

協議会では**会員間の相互コミュニケーション**を大切にし、月1回開催の会員ミーティング、隔月開催のオーナー会議、さらに年1回開催のセミナーによって、物流品質・顧客サービスの向上に努めています。

●自社開発の情報システムが強み

物流センターの運用は「倉庫管理システム」が支えています。このシステムは、入出庫管理や在庫管理のために自社開発したもので、棚卸はもちろん、作業効率分析、リアルタイムの進捗管理までを行い、「DCサム」の商品名で外販もしています。

使用しているすべての「かご車」にはバーコードがついていて、入庫の段階で荷物と荷主の情報を入力し、「かご車」と荷物情報・荷主情報のヒモ付けを行っています。配送時には、この「かご車」のデータを配送データに組

トワード物流のハブ＆スポーク体系

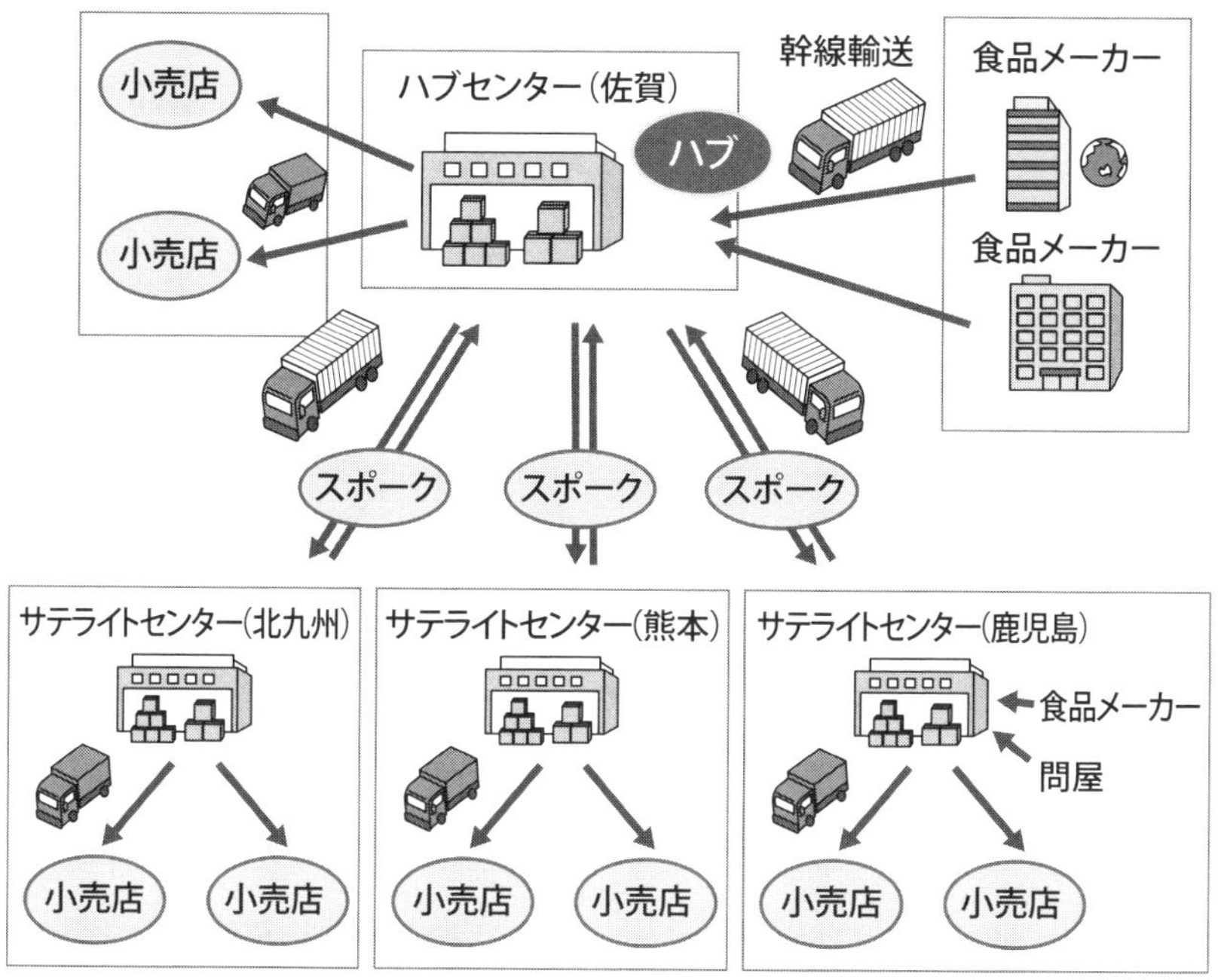

み入れて配送伝票に印刷します。

荷主・センター間は大半がシステム化されていますが、ファックスでやりとりしている企業もまだ残っています。

トラック運行管理は、トラック1台ごとにリアルタイムで動態管理を行っていて、このシステムによって、トラックの位置・運行状況・作業状況・温度管理がひと目でわかり、ドライバーに対して安全運行管理のきめ細かな指示や、荷主からのさまざまな問合せに迅速に対応しています。このシステムも自社開発したもので、「トラサム」の商品名で外販しています。

情報システム企画部には20名を超えるシステム担当者を擁し、システムメンテナンスと開発だけでなく、システムの販売（外販）も担当しています。システム実務に強い経営者のもと、自社で徹底的に使い込んだシステムだからこそ、自信をもって外販できるのでしょう。

Section 44

株式会社トワード物流・佐賀県（その3）

大きな会社に負けない戦略

いままでできなかったことを可能にするのが「攻めの物流改善」。創造力、技術力だけでなく、「マーケティングの基本」が欠かせない。

●まずは、小さな市場で一番になる

井阪運輸の「清酒の共同配送」のケースでは、荷主企業と物流事業者とのコラボレーション（協働）で新しい力を創出しようとしたもので、地元清酒メーカーと協力して構築した清酒共同配送システムという**差別化できる売りものに**よって、「灘・西宮・伏見での清酒輸送市場」という**ニッチ市場**で「首位の座」を射止めました。

ニッチ市場は、市場リーダーや市場チャレンジャーからの攻撃が及びにくい市場を指し、井阪運輸はその経験・ノウハウを、中部や関東地区への地区展開や、洋菓子という別市場への展開に生かしています。

これに対してトワード物流では、外部からの技術的支援を得て編み出した「Ｆ＆Ｅ技術」を基にした温度管理という生鮮物輸送システムという**差別化できる売りもの**によって、「九州における生鮮物輸送市場」という**ニッチ市場**で「首位の座」を確立しています。

「まずは、小さな市場で一番になる」ということが重要で、これはダイセー倉庫運輸や平和みらいでも同じです。

●社名・商品名は企業意思を伝える

友田社長は、１９９０年に社長の座に就いて、最初にした仕事は社名をトワード物流に変えることでした。

トワードとは「ｔｏｗａｒｄ（〜へ向かって）」の意味で「未来に向かって」「繁栄に向かって」等々、ひと言で「いろいろな思いを伝える力」があるネーミングです。物流業界では地名や個人名を冠した社名が圧倒的に多いのですが、友田社長の**夢を込めた社名**はひときわ輝きを放っています。

また、売りものの輸送サービスや輸送技術に**ブランド（商標）をつけること**では、ヤマト運輸の「宅急便」があまりにも有名ですが、ダイセー倉庫運輸では輸送サービスに「ジャスト便」というブランド名を、トワード物流では輸送技術に「Ｆ＆Ｅ技術」という名称をつけています。

システムの外販をしているトワード

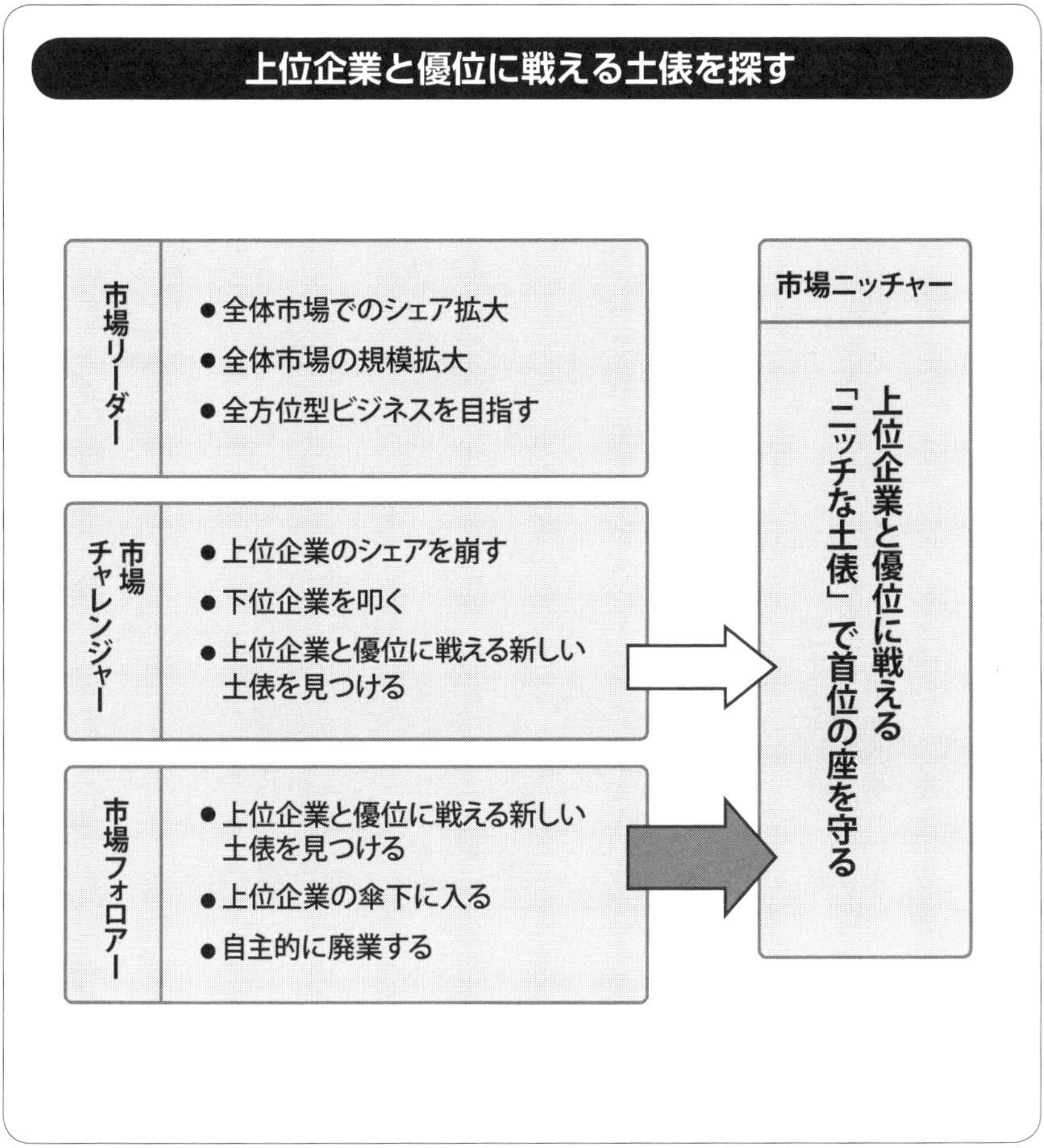
上位企業と優位に戦える土俵を探す
市場リーダー
●全体市場でのシェア拡大
●全体市場の規模拡大
●全方位型ビジネスを目指す
市場チャレンジャー
●上位企業のシェアを崩す
●下位企業を叩く
●上位企業と優位に戦える新しい土俵を見つける
市場フォロアー
●上位企業と優位に戦える新しい土俵を見つける
●上位企業の傘下に入る
●自主的に廃業する
市場ニッチャー
上位企業と優位に戦える「ニッチな土俵」で首位の座を守る

物流では、トラック事業者向け多機能情報システムに「トラサム」、チェーンストア向け商品の受発注システムに「ネットサム」、運送会社向けの倉庫管理システムに「DCサム」といった具合に商品名をつけています。

大切なことは、「競合他社と差別化できる売りものをつくって、市場に向かって明確に示す」というマーケティングの基本です。

もう一つトワード物流に学ぶべき点は、「お客さま満足度九州一の会社を目指す」という目標を掲げて、社員に「秘書検定」の取得を奨励していることです。

内面から湧き上がる感謝の気持ちや感じのよさが顧客に伝わったときに感動を与えると、事務所の社員はほぼ全員が有資格者で、ドライバーもどんどん参加しているということです。

Section 45

若松梱包運輸倉庫株式会社・石川県（その1）

誇りある物流プロ集団を目指して

人口が少なく物流量が少ない地域を抱える物流事業者の最大の課題は、輸送効率の改善。共同配送の体制を整えたものの、次なる試練が。

●食品物流で北陸市場を完全制覇

同社の前身・若松梱包は、１９２７年に設立されました。繊維製品の輸出梱包や旧国鉄の駅出しからスタートしましたが、戦後、地場配送を中心とする運送業・倉庫業・トランクルームへと事業領域を順次拡大していきました。

50年代半ばに味の素との取引を開始。この荷物をベースにして、60年〜70年代にかけて他の食品メーカーとも徐々に取引を広げていきました。

85年、金沢トラックターミナルに食品の地域共同配送を行う**「北陸ＪＩＴ物流センター」**を設置します。以降、傘下に配送（ジャストロジスティクス）・幹線輸送（若松運輸）・リース業（松栄物産）・損害保険代理業（リスクマネジメント）・人材派遣業（メビウス）を行う5社を擁して、運送・倉庫・３ＰＬ・国際物流と幅広い領域をカバーする北陸有数の物流企業に成長していきます。

同社の経営の特徴は、物流の波動を考慮して、業務内容を共同配送が50％、３ＰＬ、倉庫、運送、国際物流が各10％前後として、共同配送だけに特化させることなく、全体のバランスを保とうと努力している点にあります。

●在庫型からクロスドッキング型へ

北陸地方は、富山県の奥地、石川県能登半島の奥地と、人口の少ない地域を抱えています。物流量も少なく、メーカーが単独で運んだのでは輸送効率が非常に悪く、荷主（メーカー）も物流事業者も赤字で悩んでいました。そこで同社は、混載輸送を始めます。

荷主の了解を得なかったために、一時は荷主の一部から不満が出ましたが、混載化が輸送効率の有効な改善策であることが徐々に理解されて、共同配送への道が拓けていきました。

ところが道路網が整備されると、メーカーの中には北陸の在庫を中京・関西等の都市圏に引き上げて、都市圏から直接に出荷しようとする動きが出てきました。

同社の主要荷主である食品メーカー

北陸地方の物流上の問題点

- **メーカー在庫の都市圏への撤収**
  北陸地区に在庫拠点を置いていたメーカーが在庫を関東・中京・関西へ撤収し、クロスドッキングによるスルー型配送が増えている
- **富山県奥地・奥能登地方への遠距離配送**
  富山県奥地、奥能登地方という遠隔地への配送の効率化が求められている

にもこの動きが広がっていきました。

そこで同社は、そのような荷主に対しては北陸３県の確定受注数量を都市圏の在庫拠点から引き取って、「北陸ＪＩＴ物流センター」で店舗別に仕分けを行う方式を打ち出すことで、共同配送を維持することに成功しました。

従来どおりの在庫型の商品と都市圏から引き取ってきた商品とを**クロスドッキング**させることで、発注リードタイムに変わりなく従来どおりのサービス水準を維持することができたわけです。

さらに、２００３年には、白山市宮永町に大規模な「共同配送物流基地」を設置することによって、北陸３県の隅から隅まで翌日配送が可能な配送体制を確立しました。全地域を毎日配送で、１枚のパレット上に多品種の商品を載せるというきめ細かな配送を行っています。

若松梱包運輸倉庫株式会社・石川県（その2）

リスクを他に振らない経営

特定エリア・市場で足場を築き、それを足がかりに隣接エリア・市場に進出するのが「成功の鉄則」。独自の顧客サービスが最大の武器となる。

●食品では北陸3県をほぼフルカバー

同社の共同配送の売上は、全社売上の5割を占め、対象品目は、食品・菓子・飲料・酒類・日用雑貨・医薬品に及びます。食品関係では同社が富山・石川・福井の3県の納品先をほぼ１００%カバー。その驚異的な共同配送の仕組みと手順は次のとおりです。

参加メーカー数は１１１社（常温が84社、冷凍・チルドが27社）で、納品先は3県で４００軒に達しています。

まず、午前中にオーダーを受信したら、午後にオーダー分の商品を都市圏にある在庫拠点に引き取りに行き、翌日午前中に配達します。

具体的には、関西・中京・関東圏にある各メーカーの工場やセンターから翌日配送分の荷物を（傘下の幹線輸送担当の）若松運輸のトラックが引き取り、20時～2時には同社の「共同配送物流基地」に入庫。ピッキングを午前1～2時頃から開始して、朝までには終了させ、午前中にすべての納品先に届けますが、配送は同社と（傘下の）ジャストロジスティクスが行います。

このように短いリードタイムで確実に処理できるのは、同社が一般のトラック輸送も行っているからです。同社の大型トラックが毎日多数、関西・中京・関東方面に向かって走っていて、当日午前中に出荷データを受信したら即刻、最寄りのドライバーに連絡して、商品を引き取るように指示します。

●情報システムは自社開発

このように共同配送用幹線輸送に優先して車を回すことで、驚異的に短いリードタイムで対応が可能となっています。共同配送と一般のトラック輸送を上手に連携させた、同社独特のやり方ですが、このような離れ業を支えているのが同社の情報システムです。

お客様から当日午前中に、製品別出荷情報、日時・場所、重量・容量・荷姿等の出荷データをオンライン、もしくはインターネットで受信して取り込み、このデータを基にして「配車情報」や「作業情報」を作成します。

若松梱包運輸倉庫の共同配送の仕組み

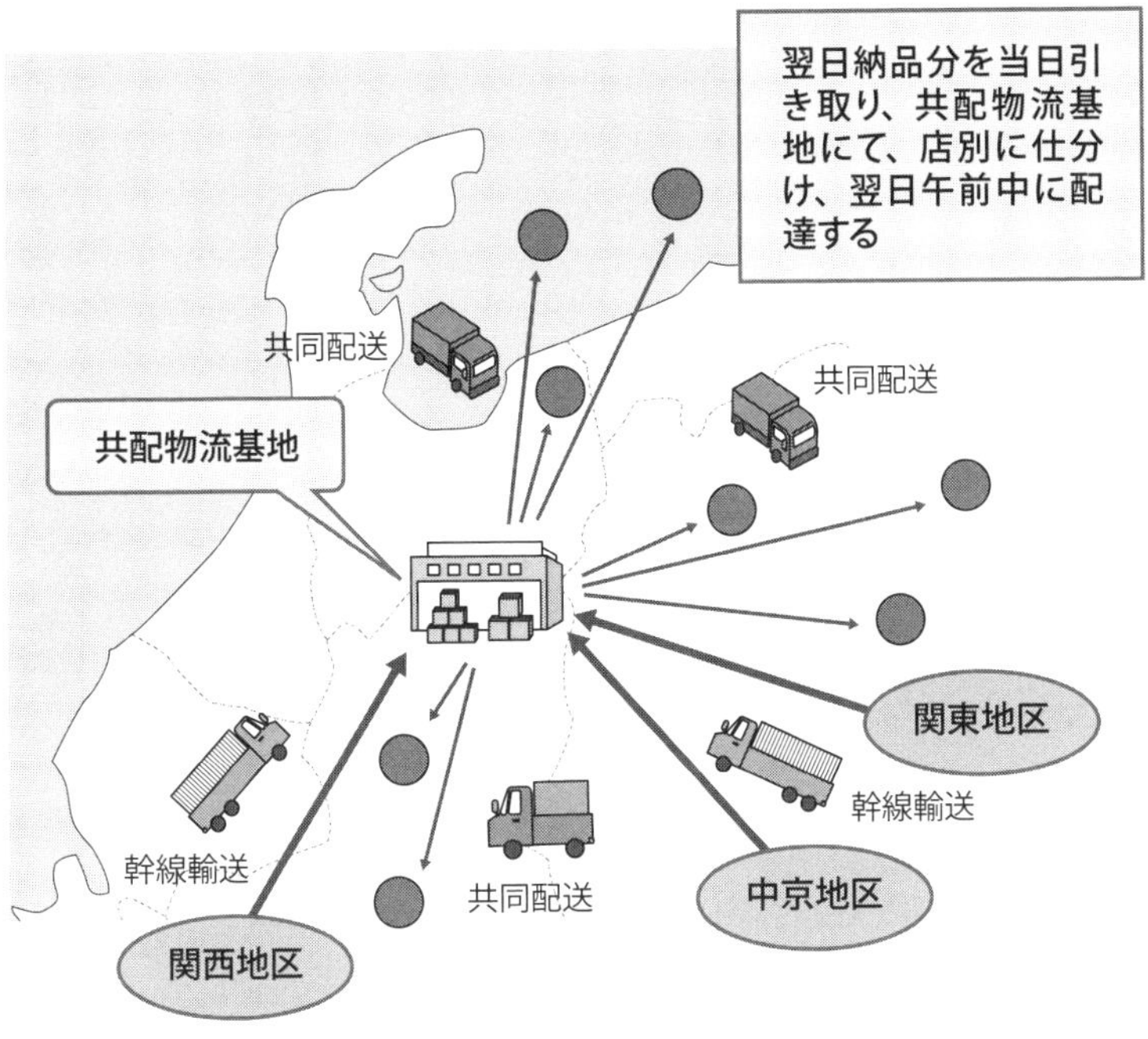

運行管理については、すでに動態管理付きデジタコに切り替えて、グループの全車両に導入しています。これによって車両の運行状態・温度管理・燃料消費量管理が可能となり、ドライバーに対するきめ細かな安全運行管理の指示や、お客様からのさまざまな問合せにも迅速に対応ができています。

また、「共同配送物流基地」には、50か所に設置されたカメラがコンピュータシステムにつながれていて、荷主がリアルタイムで倉庫内の在庫保管状態をパソコン画面で見ることが可能となっています。トラックの運行状態についてお客様の問合せに対応している物流事業者はあっても、倉庫内状況について、ここまで徹底して行っている企業はきわめて稀です。

情報システムは迅速にメンテナンスができるように、自社にＳＥを擁しています。

Section 47

若松梱包運輸倉庫株式会社・石川県（その3）

物流プロフェッショナルの条件

「物流の社会的地位の向上」という点からも、若松梱包運輸倉庫の経営哲学とその実践力には学ぶところが多い。

●安い労働力依存というアキレス腱

世界的な景気後退の影響で、生産現場で働いていた非正規雇用の社員が大量に解雇されて、こんなにも多くの非正規雇用社員が働いていたのかと驚かされた人も少なくなかったはずです。

物流現場で働いている非正規雇用の社員数はこの比ではなく、物流は非常に不安定な労働力によって支えられているというアキレス腱を抱えています。

統計がないので、ここでは日本物流学会（第24回全国大会、1997年）という公的な場での2人の経営者の発言をご紹介しておきます。

☆**創業83年の老舗物流事業者（社長）の発言**――当社は年商170億円、従業員が500人ほどです。パートやアルバイトを合わせれば1000人近くにはなります。（中略）一番の問題は、かなりの部分を**派遣とかアルバイトといった安い労働力に依存して**ビジネスをつくっていることで、そこに限界が出てきつつあることです。

☆**最大手3PL事業者（執行役常務）の発言**――たとえば、ある小売業の物流センターでは、パート・アルバイト、派遣が350人で、自社の社員は2人にすぎません。このために、**いかにパート・アルバイトを戦力化していくかが、3PL事業者の最大の眼目**になっていることは間違いありません。

●新卒を採用し徹底的にプロに育てる

以上のことと無関係でないもう一つの問題に、**物流業界の取引構造**があります。具体的には、荷主・元請け・下請け・孫請け・ひ孫請けといった**運送取引の多層化**の問題と、その間での**隷属的な関係**があります。

こういう状況から抜け出せないでいる業界にあって、同社は「臨時の傭車やアルバイトで安易に乗り切る」考えを排除し、同社で働く者はすべて正社員です。現場が忙しいときには、現場作業に精通している30名前後の事務員が応援に出ることで、仕事の繁閑の問

物流業界が抱えている問題点

- グローバル化の進展により、スピーディーでシームレスかつ低廉な物流が求められている
- 運輸事業者は零細企業が多く、多層化が進展し、ひ孫請けの実運送も珍しくなく、低運賃を余儀なくされている。このことが非正規社員への依存体質をいっそう強めている
- 多頻度・小口輸配送やＪＩＴ納品がますます増える傾向にあり、効率的な輸配送体制の構築が求められている
- 環境問題への対応（改正省エネ法、ＮＯｘ・ＰＭ規制、低公害車の導入、グリーン物流推進等）が求められている
- 国民生活の安全・安心を支える物流システムの実現が求められている

題を解決しています。

「社員こそが最大の経営資源」とする経営哲学から新卒社員の採用を原則としていて、無垢な新卒をマンツーマン教育、安全教育、危機管理教育など独自のシステムで鍛えて物流プロフェショナルに育てています。

その結果、お客様の商品を大切に扱うこと、物流サービス向上に努力すること等、物流品質に対する思いやこだわりが全社員に浸透しています。

実際、同社の現場に一歩足を踏み入れると、「自らの仕事」「自らの職場」「最先端を行くシステム」に誇りを持って働いている社員に接することができ、他社ではなかなか見ることのできないまぶしい光景に感動させられます。事業が発展しないわけがありません。

２００５年には、中京地区（愛知県北名古屋市）にも「共配物流基地」を設置して、共同配送を始めています。

三菱倉庫株式会社・東京都（その1）

命を支える医薬品物流

人命に関わる医薬品物流では厳しい数量管理・温度管理が要求され、安心して任せられる倉庫事業者・輸送事業者に荷が集中する傾向が見られる。

●医薬品業界の動向

医薬品は、医師の処方で販売される**「医療用医薬品」**と、街の薬局・薬店などで売られる**「一般用医薬品（大衆薬）」**の2種類に分類されます。

１９６１年に国民皆保険が整えられ、公的保険による医療が拡充するに伴い効き目も高いが価格も高い「医療用医薬品」がどんどん開発されるようになりました。75年以降は「医療用医薬品」の生産がほぼ一貫して拡大していき、昔は「医療用医薬品」は「一般用医薬品」の生産額とほぼ同じでしたが、現在では全体の90%を占めるまでになっています。

その結果、「医療用医薬品」が日本の医薬品市場を6兆円を超える規模にまで押し上げて、アメリカに次ぐ世界第二位の市場となっています。

一方、医療行政は、医療費の伸びを抑えるために2年に一度の**「薬価改定」**を行い、２００８年の薬価改訂では、５・２%の引下げを行いました。

また、医療費抑制のためにジェネリック医薬品の利用促進を進めています。ジェネリック医薬品とは、新薬の独占的販売期間（有効性・安全性を検証する再審査期間および特許期間）が終了した後に発売されるもので、新薬と成分、効能・効果、用法・用量が同じで、新薬に比べて低価格で販売されます。

●医薬品の共同配送が誕生するまで

医薬品物流において、最も重要視される事項は安全です。したがって、メーカーから卸、卸から病院・薬局への「輸送実績」を当事者は行政に漏らさず報告する義務があり、物流事業者にもそれに沿った厳しい管理が求められます。1錠・1グラムたりとも欠品が許されない劇薬や、重量規制の厳しい向精神薬、数秒間たりとも規定温度より外れてはならない保冷医薬品等、医薬品の取扱いには安全・品質管理の厳格さを要求されています。

保管時・仕分け時のみならず輸送時においても、同様の厳密な温度管理・数量管理が当然求められます。

医薬品業界の概要

医薬品生産金額推移

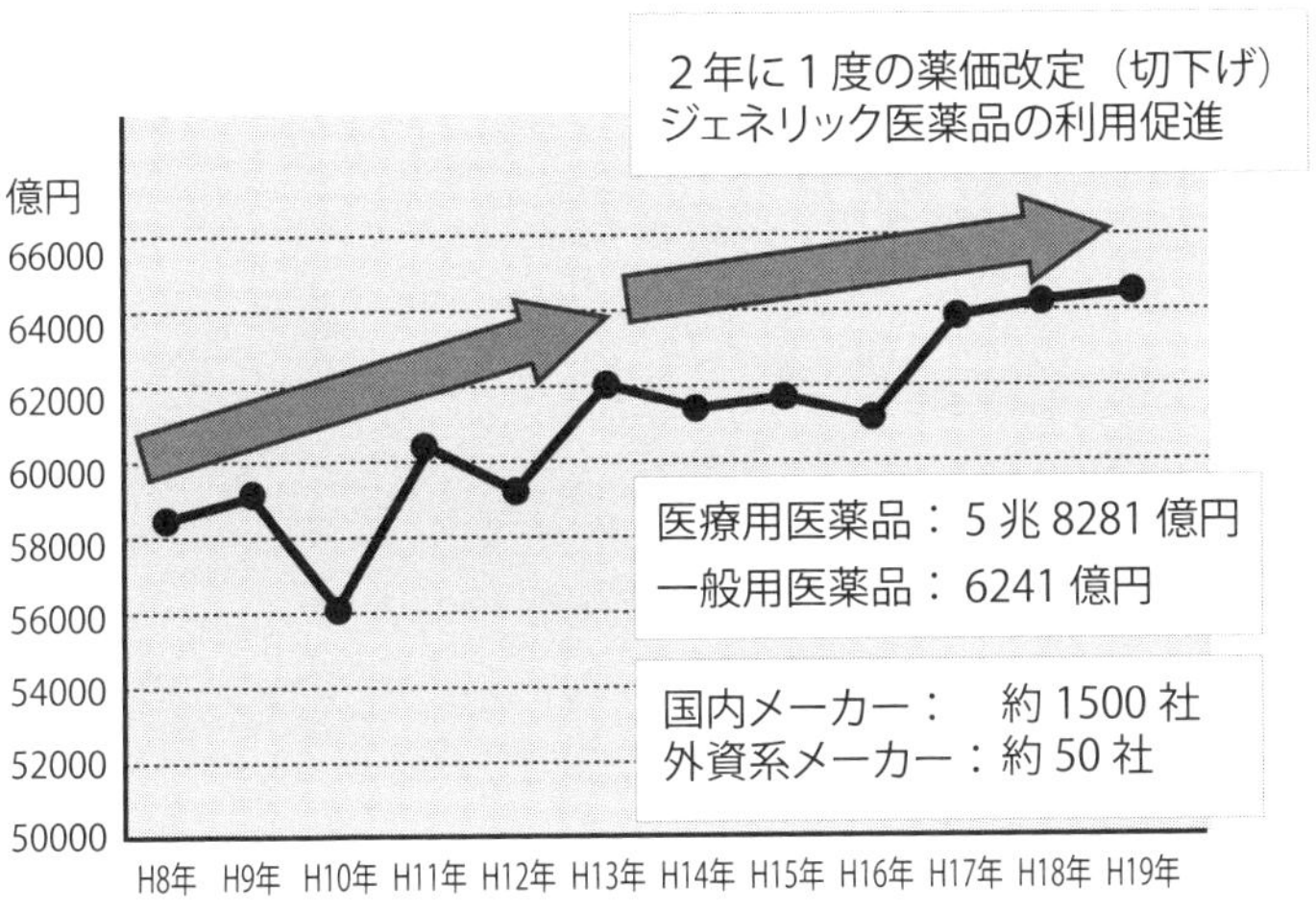

１９７７年、大手メーカー８社が**「物流八社会」**を結成して、まず「関東地区における保冷薬品の共同配送」について検討を始めました。その結果、メーカーが共同で医薬品輸送専用トラックをつくり、医薬品配送の実績のあった**中央運輸**に輸送を委託して共同配送を行うことになりました。

当初は、南関東・北関東・甲信越・東北の各方面に２～４トン車を使用した小規模な範囲から始めました。

地方への巡回配送には数日かかり、当時の専用トラックはドライアイスを利用した保冷梱包を利用して開発されたものでしたので、宿泊先地ごとにドライアイスを手配しなければなりませんでした。

幸い、厳しい要求をクリアすることができ、その後、対象地域を徐々に拡大し、現在では全国で約１１０社が参加する共同配送にまで成長しています。

三菱倉庫株式会社・東京都（その2）

100%の絶対品質を追求する

医薬品を取り扱うことになった三菱倉庫の担当者たちは、「絶対品質の物流技術」の確立に努めたが、それが外資系メーカーの目に留まった。

●参入10年で医薬品物流技術を確立

三菱倉庫の医薬品物流は１９８２年に始まりました。たまたま同社の茨木倉庫（大阪府茨木市）が空いていた折に、某大手メーカーから「医薬品を取り扱ってほしい」との依頼があって引き受けたことがきっかけとなりました。

当時の担当者たちは、「リスクは大きいが、人命に関わり、高度な物流技術を要求される医薬品分野においてこそ倉庫事業の進むべき道がある」と考えました。以来、自ら「絶対品質の物流技術の確立」に努めた結果、温度管理、防塵・防虫・防鼠対策、バラピッキング、多品種取扱いという高度な**医薬品保管技術**を持つに至りました。

始めて10年が経過した92年、開発してきた**医薬品物流のサービスパッケージ**を外資系医薬品メーカーに提案していたところ、初めて保管・作業・配送を一括で受託することができました。

このことが契機となって、同社が培ってきた医薬品特有の保管技術の評判が、外資医薬品メーカーを中心に徐々に広まっていきました。

●非常時に備えて発電機などを装備

また、医薬品物流技術の確立と併行して、３ＰＬ業務に不可欠な**共同配送センターの整備**に着手し、北海道から九州まで10か所を確保しました。

いずれも、医薬品保管倉庫と医薬品専用冷凍庫を備え、医薬品保管に必要な条件をクリアしていて、非常時用の自家発電機や24時間警備による災害・障害対策も万全で、１００%の絶対品質を追求する同社の姿勢が窺えるハイスペックな設備となっています。

ＪＤ（Ｊａｐａｎ Ｄｒｕｇ）ネットを利用して受注し、自社のＷＭＳに接続して保管・ピッキング・配送指示等を行います。

横浜と神戸のセンターでは、**「医薬品表示製造業」の免許**を取得し、管理薬剤師の管理下で、輸入された外資系医薬品の検品・包装・ラベル貼り等の作業を行っています。

また、三郷（埼玉県）、桜島（大阪

三菱倉庫の医薬品共同物流

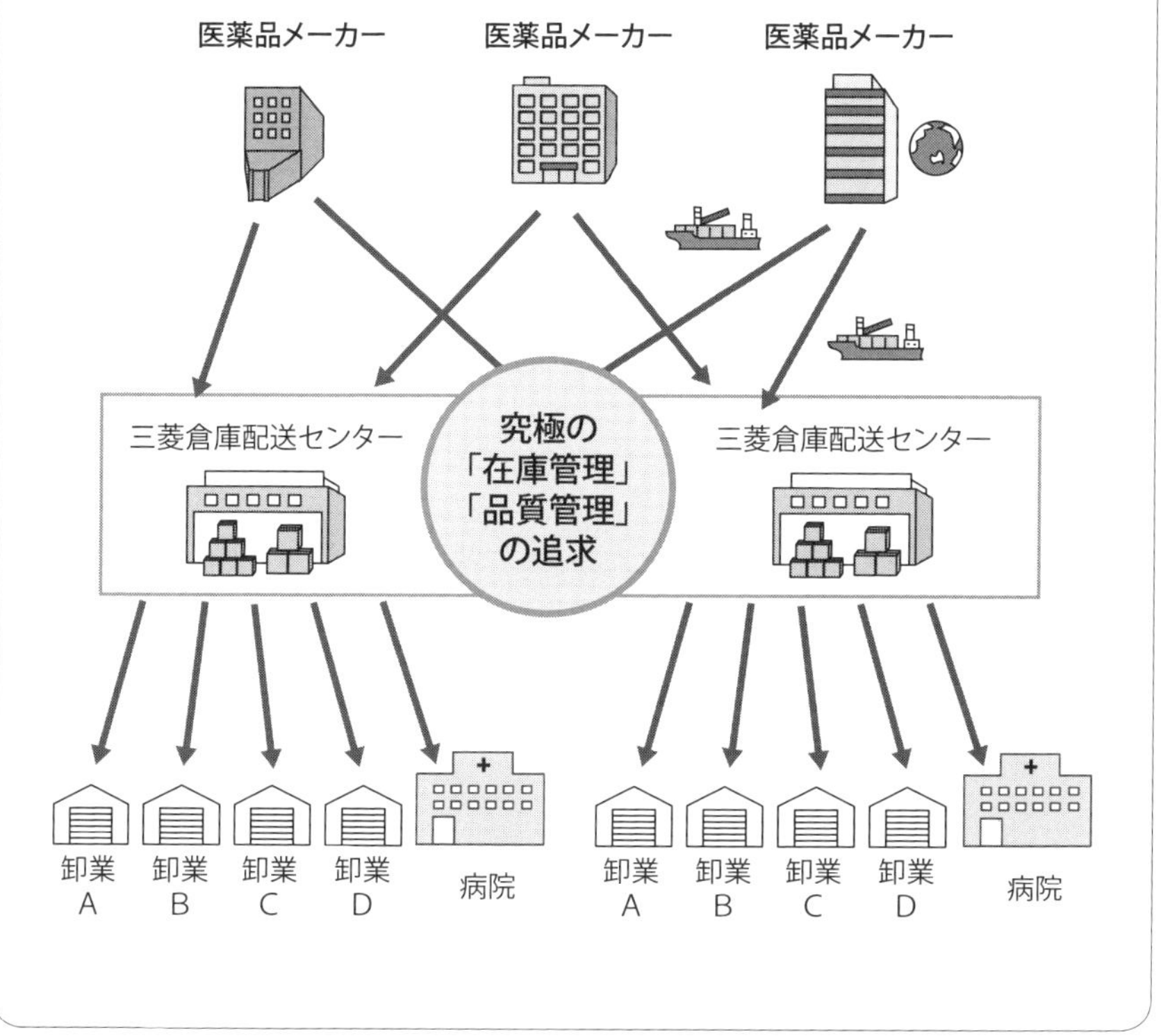

府）と東西に「物流総合効率化法」の認定を受けた最新設備を備えた大型配送センターを確保し、医薬品メーカーの拠点集約を可能にしました。

●輸送中もコンピュータで温度管理

医薬品は輸送においても、保管時と同様の厳しい温度管理が要求されます。全国を9地区に分けて、各地区で、医薬品専用保冷車両を保有し高度な輸送管理ができる事業者に委託。「1地区2業者体制」を原則とし、特定の業者に偏らないバランスの取れた起用によってネットワークを構築しています。

このような体制によって、輸送中もコンピュータによる温度管理、ＧＰＳによる位置管理が可能となり、配送センターにおける庫内温度管理と相まって、医薬品の絶対品質の確保がなされています。現在、同社の医薬品共同物流に参加しているメーカー数は約40社にのぼっています。

Section 50

三菱倉庫株式会社・東京都（その3）

物流の社会的地位を高める

三菱倉庫は、医薬品物流を通じて社員一人ひとりが物流の使命を自覚し誇りを持って取り組むことで、物流の社会的地位を向上させようとしている。

●物流はライフラインそのものである

安心・安全が今日ほど揺らいでいる時代はかつてなかったように思います。

200～300年も昔の100万都市・江戸に住んでいたわれわれの先祖は、食べ物は信用のおける顔見知りから調達し、水は神田上水・玉川上水を水源とした自然流下式の水道を使っていました。

たいそう犯罪の少ない町だったそうで、江戸の町は安心・安全が保障された都市だったようです。

そんなにさかのぼらずとも、昔の日本は来日した外国人が一様にびっくりするほど「安心・安全な国だ」と称讃されていたのに、いまではあらゆる面で安心・安全が脅かされていて、その回復がわが国の緊急課題の一つになっています。

それだけに、命に関わる医薬品物流の使命は大きく、物流の重要さを気付かせてくれています。

しかし、物流の重要さはなにも医薬品だけに限られることではありません。30年ほど昔の旧国鉄の**8日間にわたる大ストライキ**、10年ほど昔の**阪神淡路大震災**は、物流が**ライフライン**そのものであることを、国民の一人ひとりに改めて思い知らせてくれました。

●大企業は社会的地位向上の司令塔に

私たちは、地震、豪雨・豪雪、道路遮断、大火災、それにあってはならない原発事故やテロ等が身近でいつ起こらないとも限らない国に住んでいます。

物流は、目先のコスト削減ばかりに追いかけ回されていて、このような現実が私たち物流に携わる者に、「物流が産業を支え、暮らしを支えているという自覚と誇り」を忘れさせてしまいがちです。われわれは、その使命をしっかりと「自覚」し、「誇り」をもって物流という仕事に従事するにはどうしたらよいのでしょうか。

物流に従事する者が、自らの地位の低さを嘆いているだけでは道は拓けません。物流に従事する者同士が互いに足の引っ張り合いを止めて、「物流の

物流業界の問題点

- 「新・総合物流施策大綱」がありながら、国家としての物流ヴィジョンとして十分に機能していない
- 物流はライフラインを担うものであるにもかかわらず社会からの評価が低く、必要な経営資源（とくに優秀な人材）が集まらない
- 規制緩和による新規事業者の参入が過剰な価格競争を招いていて、慢性的な「輸送料金の低下」「経営効率の悪化」に苦しんでいる
- 圧倒的多数を占めている中小物流事業者には、荷主に対する改善提案能力がはなはだ乏しい。一方、他社と連携してまで現状打破に挑むほどの意欲もない
- 大手物流事業者は実運送を担う中小物流事業者を利用するばかりで、将来的な展望のもとに彼らを育成し、組織化しようとする動きはない

社会的地位を向上させる」ために、それぞれが持てる力を結集して、知恵を出し合う以外に道はないのです。

具体的には、《コスト削減》ばかりに振り回されずに、皆が刮目するような《新サービスの創出》をすることや、いまや地球的な課題である《環境問題への対応》で社会の期待にこたえる以外に道はないのです。

三菱倉庫では、倉庫事業部品質保証グループによって、医薬品取扱者全員を対象とした**「品質保証教育体系」**に基づく教育が繰り返し行われ、医薬品物流を担っているという使命感が全員に浸透することに与かっています。

同社は、3PL事業者として医薬品ネットワークの構築のための司令塔の役目を担ってきました。これからも、大手物流事業者として「物流の社会的地位向上」のために積極的な役割を担っていこうとしています。

Column 3

仕事は面白くやるもの

私が新設の物流企画部に異動して３年目に入ったときに、部長がシステム部長に転出しました。

この異動には、「“モノの動き”を通して経営の実態を見てきたはずだから、その経験をシステム開発に活かしたい」とするトップの意図が、私にも読み取れました。

原材料の搬入に始まって、製品が生産され、それが売れて得意先に届けられるまでの「全社のモノの流れ」を掌握できる立場にいたのだから、“カネの流れ”だけではつかめない経営のボトルネックがつかめるはずだ、ということです。

わかりやすい例を一つ挙げれば、苦しくなった営業部門が「売上をつくる」ために得意先に「協力してもらって」売り上げた製品が、翌月になるとそのまま返品となって返ってきたりします。

いまではこんな馬鹿げたことをしている会社はないかもしれませんが、スムースにモノが流れていかない様子から「経営の悪さ」が実によくわかりました。

部長の後任には、営業のベテラン中のベテランの名古屋支店長が就任しました。

物流にはド素人だった私にも仕事の全体像が掴めるようになってきた頃で、生意気にも「私も機会があれば、もっとエキサイティングな仕事に変わりたい」とひそかに考えていました。

それが、新部長の仕事振りを見ていて、仕事には「面白い仕事、つまらない仕事」があるのではなく、仕事を「面白くやるか、やらないか」ということだと、すぐに気付かされました。

というのも新部長は、どんな些細なことでも周囲を巻き込んでエキサイティングにこなしてしまう、という特異な才能を遺憾なく発揮していたからです。

後に私自身が「物流が天職」と思うようになったのですから、部長との出会いは運命的でさえありました。　（津久井）

4章

「攻めの物流改善」を支える技術

Section 51

いくつもの技術を結合して制約条件に働きかける

「攻めの物流改善」を支える技術の体系

「攻めの物流改善」を支える数々の「考え方」があるが、いずれの分野もまだまだ新しい技術の開発が期待されている。

●物流を取り巻く環境に働きかける

原材料の調達に始まり、製品の生産・流通を経て商品が消費され、廃棄に至るまでには、大小の、実にさまざまな物流活動が不可欠です。

これまで物流は、それぞれの場で、実に多様な形態と性質を持つ対象を扱い、実に多くの失敗を重ねながら、少しずつ技術を確立してきました。物流改善に必要な技術は、仮に数千頁の大書をもってしても紙数が足りないため、本章では、「攻めの物流改善」に焦点を絞り、その「考え方」にウェイトを置いて取り上げています。

まず最初に取り上げる「改善成果の配分」（52項）は、これまでの物流書ではまったく扱ってこなかったテーマです。利害関係者が協力し合って物流改善に取り組む以上、**「費用の負担と成果の配分」**は避けて通れない重要なテーマであり、これからの研究課題でもあります。ここでは「合理化を誘導する料金体系」として、その一端をご紹介しているにすぎません。

次に、環境問題への対応に関する技術ですが、**環境負荷低減に関する技術**は現在、体系化されつつあります。本書では、緊急を要する「環境負荷情報の報告」（53～55項）に絞っています。

これ以降、包装、輸送、保管・荷役、情報に関する技術と続きますが、類書とは異なり、あくまでも「攻めの物流改善」の考え方をご理解いただくことに重点を置いて記述しています。

包装に関わる技術では、包装設計のうちで**「外装段ボールの表示」**と**「包装モジュール化」**、環境問題との関係で**「使用済み包材の管理・処分」**（57～59項）に絞っています。いずれも、長期的な展望のもとで取り組むべきテーマで、関係部門との合意形成を通じて「攻めの物流改善」の社内風土をつくるテーマとして最適だからです。

しかも、その気になればすぐにでも着手が可能で、長期にわたり、流通段階から消費後の廃棄に至るまでの広範囲での波及効果が見込まれるからです。

料金受取人払郵便

神田支店
承　認

8946

差出有効期間
平成23年1月
31日まで

郵便はがき

1 0 1 - 8 7 9 6

5 1 1

（受取人）
東京都千代田区
神田神保町1―41

同文舘出版株式会社
愛読者係行

毎度ご愛読をいただき厚く御礼申し上げます。お客様より収集させていただいた個人情報は、出版企画の参考にさせていただきます。厳重に管理し、お客様の承諾を得た範囲を超えて使用いたしません。

図書目録希望　　有　　無

フリガナ お名前		性　別 男・女	年
ご住所	〒 TEL　（　　）　Eメール		
ご職業	1.会社員　2.団体職員　3.公務員　4.自営　5.自由業　6.教師　7.学生 8.主婦　9.その他（　　）		
勤務先分類	1.建設　2.製造　3.小売　4.銀行・各種金融　5.証券　6.保険　7.不動産　8.運輸・倉 9.情報・通信　10.サービス　11.官公庁　12.農林水産　13.その他（		
職種	1.労務　2.人事　3.庶務　4.秘書　5.経理　6.調査　7.企画　8.技術 9.生産管理　10.製造　11.宣伝　12.営業販売　13.その他（		

愛読者カード

書名

お買上げいただいた日　　　年　　月　　日頃

お買上げいただいた書店名　（　　　　　　　　　　）

よく読まれる新聞・雑誌　（　　　　　　　　　　）

本書をなにでお知りになりましたか。

1．新聞・雑誌の広告・書評で　（紙・誌名　　　　　　　　　）

2．書店で見て　3．会社・学校のテキスト　4．人のすすめで

5．図書目録を見て　6．その他（　　　　　　　　　　）

本書に対するご意見

ご感想

●内容	良い	普通	不満	その他（　　　　）
●価格	安い	普通	高い	その他（　　　　）
●装丁	良い	普通	悪い	その他（　　　　）

どんなテーマの出版をご希望ですか

＜書籍のご注文について＞

直接小社にご注文の方はお電話にてお申し込みください。宅急便の代金着払いにてご発送いたします。書籍代金が、税込1,500円以上の場合は書籍代と送料210円、税込1,500円未満の場合はさらに手数料300円をあわせて商品到着時に宅配業者へお支払いください。

同文舘出版　営業部　TEL：03－3294－1801

「攻めの物流改善」はこうした技術に支えられている

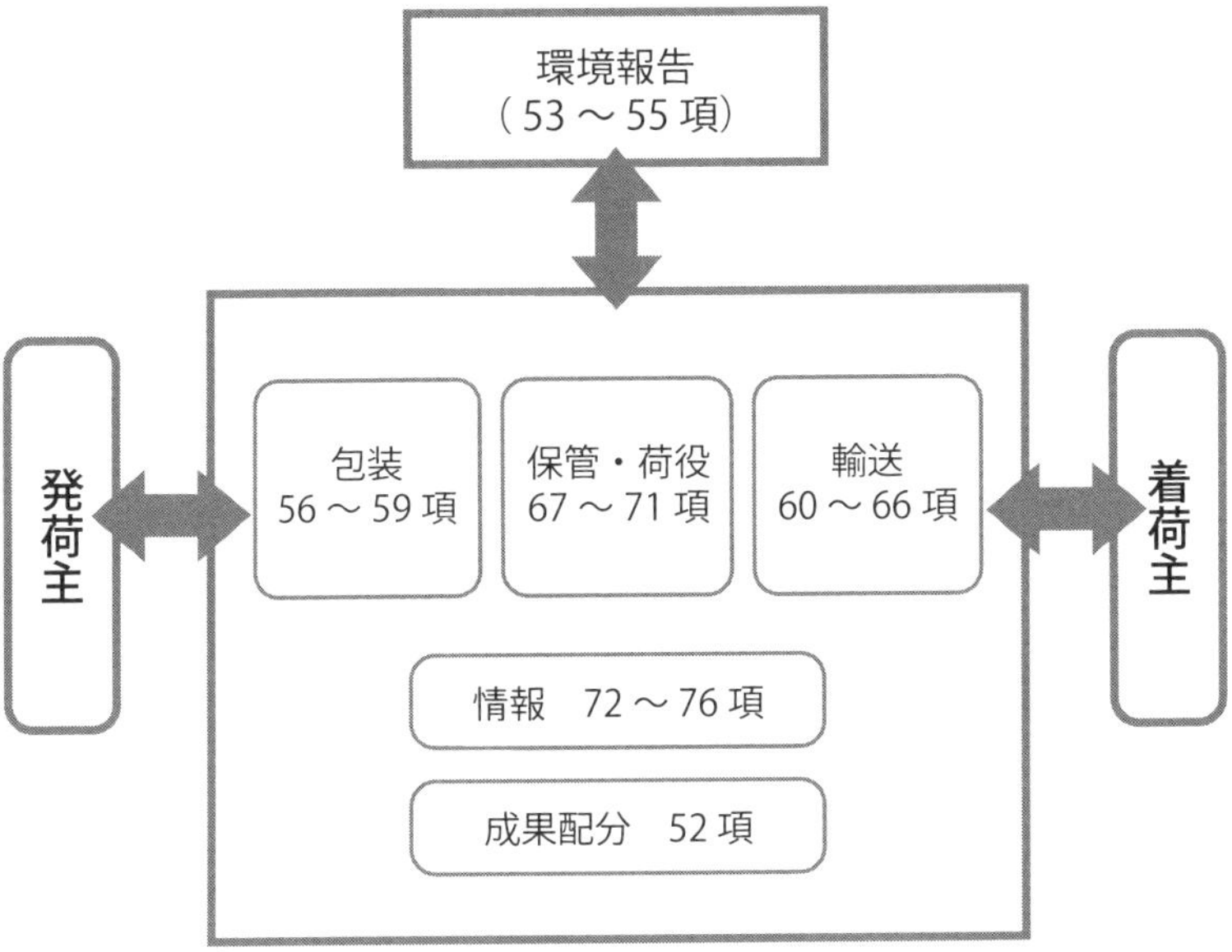

※「○項」は本書でのセクション番号

ただし、その期待効果を推計する技術はいまだ確立しておらず、これからの研究テーマでもあります。

輸送に関わる技術では、提携輸送・クロスドッキング・ミルクラン集荷・ダイヤグラム配送・一括納品・パレット等の等価交換（60～66項）といった、いずれも物流コラボレーションにとって欠かせない技術に絞っています。

保管・荷役に関わる技術では、在庫管理（68項）ですぐに効果が出てくる「不要な在庫の処分」を取り上げたほか、ロット管理・ロケーション管理・ピッキング（69～71項）でとくに注意したい点を記述しています。

最後は物流イノベーションに欠かせない**情報に関わる技術**（72～76項）で締めくくっています。

いずれの分野も「攻めの物流改善」の視点からは新しい技術の開発が期待されるところです。

「攻めの物流改善」の環境づくり

改善成果の配分

「攻めの物流改善」では、単独では手に負えない問題を関係者の協力を得て解決する。負担や成果の配分についてはあらかじめしっかり考えておく。

●改善の結果が反映される料金体系に

物流はシステムであり、その成果は、システムを構成する一つひとつの要素活動が関係を取り合って生み出すものです。物流の改善成果もまた同様で、関わった一人ひとりが互いに連携して得た成果の総体ということになります。

とくに「攻めの物流改善」では、これまでは立場が異なっていたために協力する機会の少なかった者同士が、単独では解決できない問題に取り組むことになります。これまでは、発荷主・着荷主・物流事業者があたかも利害対立者であるかのように行動して放置されてきた問題にも、挑戦することになります。もし三者が同じテーブルに着いて協力しさえすれば、解決できる問題はまだまだたくさんあります。

ここで問題になるのは「費用の分担」や「成果の配分」です。

たとえば、メーカー（発荷主）が「商品のコンパクト化」や「包装のモジュール化」を行って、輸送や保管の効率にも貢献したとしたら、その成果が支払い運賃や保管料に反映されるようでなければなりません。逆に、発荷主・着荷主が当初は見込んでいなかったような条件によって物流事業者の負担が増えたとすれば、このことが物流事業者の受取額に「割増し」という形で反映される料金体系であるべきです。

●合理化を誘導する料金体系が鍵

これらのことは、共同配送の運営で顕著に現れてくる問題です。共同物流の基本は、決められたルールの中で「物流改善で競争ができるような料金体系」になっていることが前提です。

たとえば、トイレタリーメーカーの共同物流を運営しているプラネット物流では、**標準サービス**に対しては標準料金で、**オプション・サービス**にはオプション料金（割増し）を適用する料金体系を採用しています。合理化を促進する作業に対しては割引制を設けて、たとえばパレット輸送での補給には**パレット入荷割引**を採用し、パレット輸送比率の向上を促進しています。

合理化を誘導する料金体系

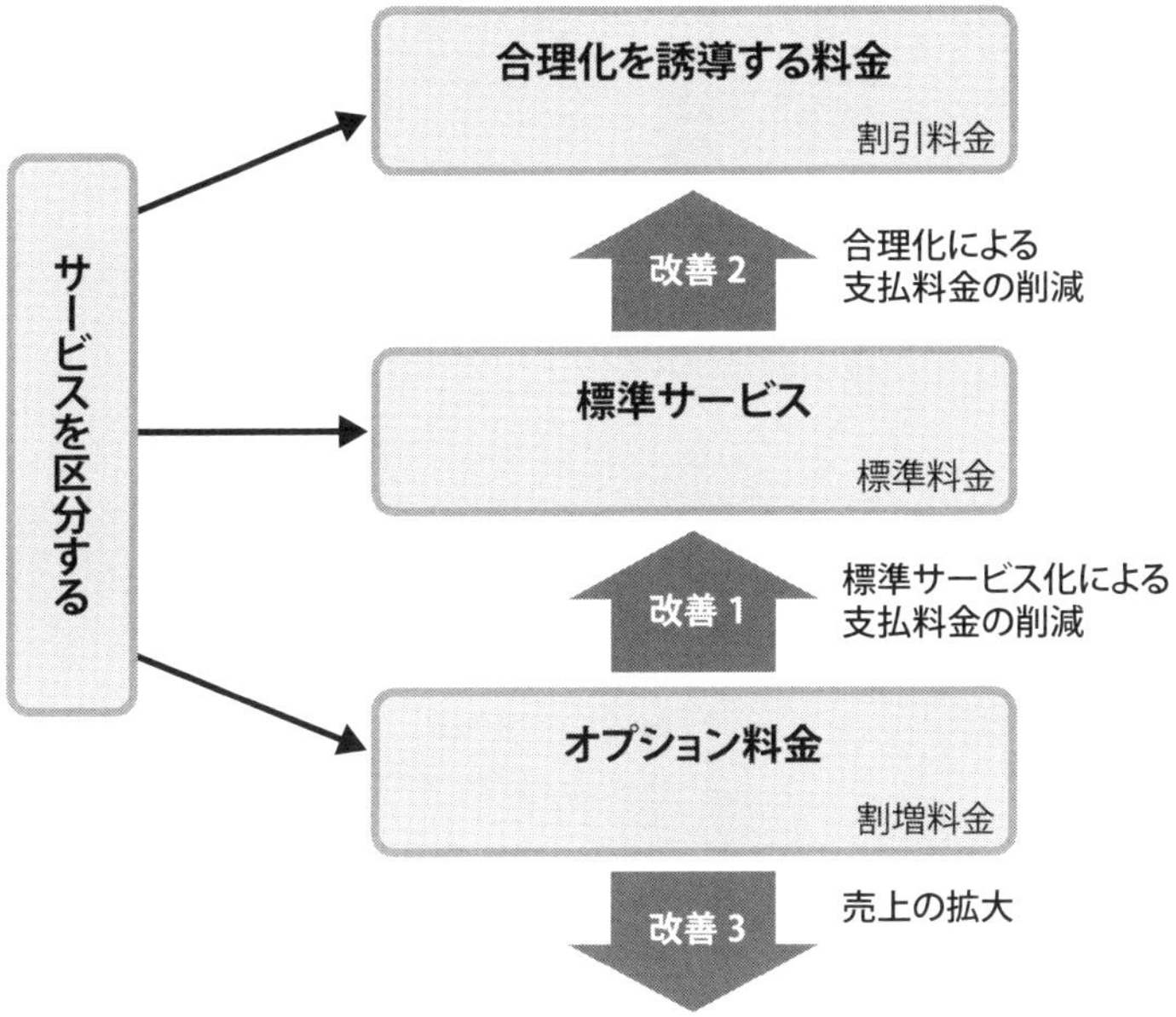

また、配送運賃も同様で、時間指定配送、休日配送、追加緊急出荷などはオプション料金（割増し）の対象となっています。請求明細書にはこれらの適用区分が明記されていますから、改善の成果や改善すべき項目がはっきりとわかります。

このような**「合理化を誘導する料金体系」**は、荷主にはコスト削減対策が、物流事業者には作業効率対策が浮き彫りになりますから、双方の物流改善に欠かせません。

以上は共同物流の事例ですが、複数荷主の仕事を請け負っている物流事業者においても事情はまったく同じで、荷主には改善の成果が適正に配分される工夫が不可欠です。負担や配分についてわだかまりが生じないようルールをつくって、常に関係者の間の信頼感を育んでいく不断の努力が大切であることは言うまでもありません。

Section 53

環境問題への対応には連携や協働が不可欠

環境負荷情報の報告

「改正省エネ法」は、現在は一定規模以上の企業に適用されるが、対象拡大が確実視されるので、すべての企業が体制を整えておくことが肝要。

●荷主企業の環境問題への対応

政府は、深刻化する環境問題に対処するために、環境負荷を低減させる物流体系の構築と循環型社会への移行を目指しています。

荷主企業や物流事業者は、自らの事業活動によるCO_2排出量の把握や環境負荷の少ない輸送システムへの転換を行うこととし、そのためには連携・協働が重要であることが「総合物流施策大綱」にも明記されています。

これらを受けて、エネルギー使用の合理化に関する法律が**「改正省エネ法」**として制定され、２００台以上の車両を持つ輸送事業者と、年間３０００万トンキロ以上の輸送量の荷主企業に対して、**省エネルギー計画の策定、エネルギー使用量の報告**を義務付けるなど、輸送に係る措置が取られています。

昨今では、地球温暖化問題やCO_2排出量の抑制に関わる話題が毎日のようにマスコミに取り上げられています。荷主企業がマスコミ媒体や「環境報告書」などを通じて自社の環境対応のＰＲに熱心なのは、環境に優しいことが企業存立の条件となっているからです。

物流事業者にCO_2排出量の報告を求める荷主も多くなっています。今後、エネルギー使用量の報告を義務付けられる対象が拡大されれば、現在は対象外である企業も報告が義務付けられることになるのですから、いまのうちから準備をしておくことが肝要です。

●物流事業者の環境問題への対応

輸送事業者では、複数荷主の荷物を混載する場合があります。使用したエネルギーの配分から荷主別にCO_2排出量を計算する技術を確立して迅速に報告できなければ荷主を失うことになりかねません。CO_2排出量計算の詳細は、国土交通省・経済産業省の「ロジスティクス分野におけるCO_2排出量算定方法共同ガイドライン」等にて解説されています。

また、共同物流を営む物流事業者の場合では、燃料削減努力や省エネ車両

運輸部門におけるCO_2排出量推移と省エネ法改正

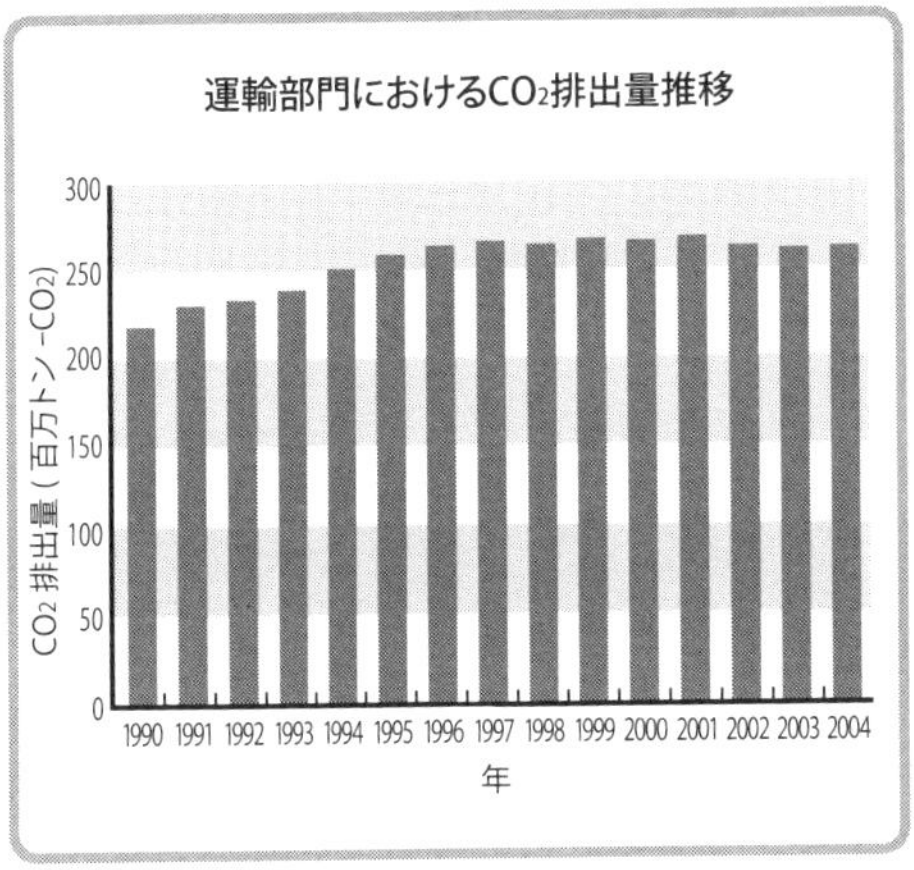

1999年度をピークとして微減している運輸部門のCO_2排出量

2004年度実績は2億6200万トン-CO_2で、1990年度比20.4％増

↓

運輸部門に規制をかけて、CO_2排出削減を追求

↓

2005年8月改正省エネ法成立
2006年4月施行

出典：（独）国立環境研究所　温室効果ガスインベントリーオフィス・データ

の導入はもとより、1台の車両に多くの荷主の荷物を積載して輸送しているので、ここでも使用エネルギーを荷主別に按分する技術が重要となります。

たとえばプラネット物流では、実運送を担う事業者の協力の下で、参加メーカーへ、エネルギー使用量（燃料使用量・熱量）とCO_2排出量を毎月報告しています。

同社はトラックの車種を2トン、4トン、8トン、10トン、13トン、15トン、20トンの7種類に区分しています。毎日、配送トラックに車種区分と積込重量をヒモ付けして、そのトラックの積載率を算出します。そして、車種区分と積載率から、**改良トンキロ法**によって燃料使用係数を算出します。

トラックごとに荷主別納品先別重量がヒモ付けされているので、荷主別トンキロに燃料使用係数を乗じると荷主別燃料使用量が算定できます。

Section 54

年間 3000 万トンキロ以上の荷主に報告義務

荷主企業の環境負荷情報の報告

荷主は、輸送事業者に依頼するトラック輸送の積載率向上や車両の大型化等のために、拠点の集約や同業荷主との共同輸送等につき努力が求められる。

●特定荷主の定義と義務内容

貨物輸送量が年３０００万トンキロ以上の荷主は、「特定荷主」に指定され、特別な義務が生じます。

それ未満の荷主には、自主的な省エネルギーの取組みが要求されています。

○特定荷主の義務

計画の作成

特定荷主は、年1回（毎年6月末日まで）、「計画書」を作成して、主務大臣（経済産業大臣＋事業所管大臣）に提出する義務があります。

《計画例》

事業部ごとに省エネ責任者の設置／モーダルシフト事業のためのマニュアルを策定、等

定期の報告

特定荷主は、年1回（毎年6月末日まで）、次の内容について主務大臣に報告する義務があります。

《報告内容》

①輸送に係るエネルギー使用量（燃料使用量ＫＬ・熱量ＧＪ）

②エネルギー使用原単位――年１％の原単位低減が求められています。

③省エネ措置の実施状況

④エネルギー使用に伴うCO_2排出量

罰則

「計画の作成」および「定期の報告」を行わなかった場合や虚偽の提出をした者には、50万円以下の罰金が課せられます。また、省エネへの取組みが荷主の判断基準と照らして著しく不十分であると認められた場合には、勧告、公表、命令、１００万円以下の罰金の措置が講じられることがあります。

●荷主の判断基準

○エネルギーの使用の合理化の基準

荷主は、技術的かつ経済的な考慮をしながら、次に示す諸基準を遵守し、省エネを適切かつ有効に実施する。

①取組み方針の作成とその効果等の把握

②エネルギーの使用の合理化に資する輸送方法の選択（モーダルシフトの推進、３ＰＬの効果的な活

改正省エネ法における荷主に対するエネルギーの使用規制について

荷主の判断基準（ガイドライン）

経済産業大臣と国土交通大臣は、荷主が省エネの取組みを実施するにあたって、具体的に措置すべき事項を定め、公表する

- 省エネ責任者の設置
- モーダルシフトの推進
- 3PLの効果的な活用
- 積載率の向上
- 車両の大型化、トレーラーの活用
- 自営転換の推進

年間3000万トンキロ以上の貨物輸送を発注する荷主（特定荷主）

↓

省エネ計画の作成、定期の報告

↓

主務大臣（経済産業大臣＋事業所管大臣）への報告

定期の報告

①輸送に係るエネルギー使用量

②エネルギー使用原単位

③省エネ措置の実施状況

④エネルギー使用に伴うCO_2排出量

罰則 省エネへの取組みが著しく不十分である場合には、勧告、公表、命令、100万円以下の罰金

用）

③輸送効率向上のための措置（積載率の向上、貨物輸送距離の短縮、自営転換の推進、燃費の向上）

④貨物輸送事業者および着荷主との連携（計画性および必然性のない多頻度少量輸送等の見直し、貨物輸送時間等の決定方法を定め、緊急な貨物輸送の回避）

○エネルギーの使用合理化の目標および計画的に取り組むべき措置

エネルギー使用原単位の年平均1％低減のために努力すること。

①中長期的目標の設定と取組み

②関連インフラの整備（機械化・自動化の効率を配慮しつつ物流拠点の整備、VICS等のシステム活用）

③貨物輸送事業者および着荷主との連携（返品輸送の削減、エコドライブの推進）等

Section 55

200台以上のトラック保有事業者に報告義務

物流事業者の環境負荷情報の報告

輸送事業者は、ハイブリッド車・天然ガス自動車等の導入に努力するとともに、デジタコ等の導入による徹底した燃費管理が求められる。

●特定輸送事業者の定義と義務内容

自らの事業活動に伴って、他人または自らの貨物を輸送している者のうち、輸送区分ごとに保有する輸送能力が、次の一定基準以上の者を特定輸送事業者と言います。

鉄道――300両以上
トラック――200台以上
船舶――2万総トン以上
航空機――総最大離陸重量9000トン以上

荷主が自家輸送を行う場合でも、トラックが200台以上あれば「特定輸送事業者」に該当します。

○特定輸送事業者の義務

計画の作成

特定輸送事業者は、年1回（毎年6月末日まで）、次の内容について、国土交通大臣に提出する義務があります。

《計画例》

低燃費車、低公害車、エコシップの導入／エコドライブ等の推進、等

定期の報告

特定輸送事業者は、年1回（毎年6月末日まで）、次の内容について国土交通大臣に報告する義務があります。

《報告内容》

（特定荷主の場合に同じ）

罰則

（特定荷主の場合に同じ）

●特定輸送事業者の判断基準

貨物輸送事業者は、技術的かつ経済的な考慮をしながら、次に示す諸基準を遵守し、省エネルギー対策の取組みや実施を行うことが要求されています。

①取組み方針の作成とその効果等の把握（取組みの枠組み構築、取組み体制）

②エネルギーの消費量との対比における性能が優れている輸送用機械器具の使用

☆鉄道――VVVFインバーター制御車両（可変電圧可変周波数方式の車両）、高効率内燃機関等の導入

☆トラック――ハイブリッド車、天然ガス自動車、トップランナー基

改正省エネ法における輸送事業者に対するエネルギーの使用規制について

輸送事業者の判断基準（ガイドライン）

経済産業大臣と国土交通大臣は、輸送事業者が省エネの取組みを実施するにあたって、具体的に措置すべき事項を定め、公表する

- ●省エネ責任者の設置
- ●低燃費車等の導入
- ●エコドライブの推進
- ●積載率の向上
- ●積合せ輸送の推進
- ●帰り荷の確保
- ●自営転換の促進

一定規模以上の輸送能力を有する輸送事業者（特定輸送事業者）

↓

省エネ計画の作成、定期の報告

↓

国土交通大臣への報告

定期の報告

①輸送に係るエネルギー使用量

②エネルギー使用原単位

③省エネ措置の実施状況

④エネルギー使用に伴うCO_2排出量

罰則 省エネへの取組みが著しく不十分である場合には、勧告、公表、命令、100万円以下の罰金

準達成車（最優秀燃費基準を達成した自動車）、アイドリングストップ装置装着車等の低燃費車等の導入

☆船舶――スーパーエコシップその他の低燃費船舶の導入他

③輸送用機械器具のエネルギーの使用の合理化に資する運転または操縦

☆鉄道――惰行運転の活用、不要時の動力機関停止

☆トラック――エコドライブの推進、効率的な輸送経路による運行、冷凍貨物輸送車両の温度管理

☆船舶――運行支援システム、サイドスラスター等の機器導入他

④輸送能力の高い輸送用機械器具の使用（大型コンテナー対応貨車導入、トラックの大型化・トレーラー化の推進等）

Section 56

「外装設計」は物流コスト削減の宝庫

包装に関わる技術

物流改善における包装に関する問題は、商品の開発段階での外装設計がスタート。使用済みの包装容器は社会の厄介者となる。

●包装の価値は短時間で消滅する

ＪＩＳでは包装を「荷物の輸送、保管などにあたって、価値及び状態を保護するために、適切な材料、容器などを施す技または施した状態をいい、これを外装・内装・個装の3種類に分ける」と定義しています。

なかでも「外装」は、輸送・保管・荷役・情報の活動において、内容物の保護、取扱いの利便性、情報の伝達の役割を果たしていることから、物流の効率と密接な関係をもち、物流改善の主要なテーマとなっています。

「外装」には、段ボール箱・木箱・袋・缶・樽などが使われていますが、本書では一番多く使用されている段ボール箱に絞って考察を進めます。

「外装」「内装」「個装」とも、その価値は比較的、短時間しかもたず、内容物を利用した後は廃棄物として処理されることになります。したがって、「容器包装リサイクル法」を遵守して、徹底的に廃棄物を抑制することが強く求められています。

環境保全指向が強まっている折、「過剰包装」はどこからも歓迎されません。「適正包装」に向けて、素材の薄肉化・軽量化を進めなければなりません。また、使い捨ての「ワンウエイ容器」を減らして、「リターナブル容器」へ転換していくことが求められています。無包装時代の到来も、そんなに遠いことではないのかもしれません。

●保管や輸送に適した外装設計

「物流活動の生産性は、商品（荷物）の外装で決まってしまう」と言っても過言ではありません。この技術は、商品（荷物）を設計したメーカー側に委ねられています。したがって、外装設計者の責任は重く、流通過程で予測されるさまざまな活動を踏まえて設計されなければなりません。

共同物流を推進しているプラネット物流では、参加メーカーの包装技術者で構成される「外装表示専門委員会」を運営していますが、数年に1度ずつ卸売業を訪問して、自分たちが設計し

包装に関わる技術の位置付け

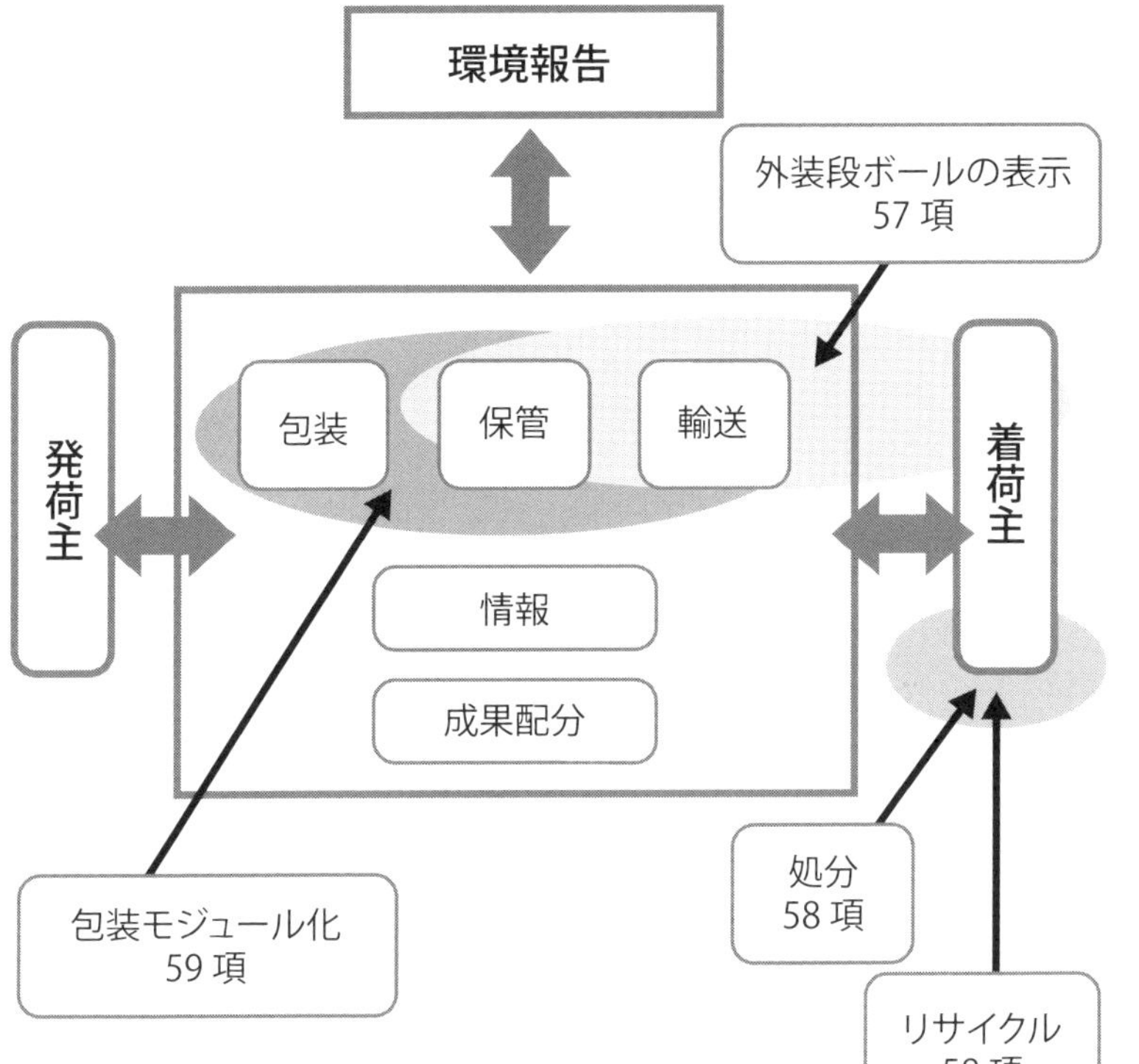

※「○項」は本書でのセクション番号

た外装が過不足なく機能しているかをヒアリングしています。

本書では、包装に関わるいろいろな技術の中から、包装設計に関しては「外装段ボールの表示」と「包装モジュール化」を、環境問題との関係では「使用済み包材の管理・処分」を取り上げています。

いずれも長期的な展望のもとで取り組むべきテーマで、関係部門との合意形成が不可欠です。したがって、「攻めの物流改善」の社内風土をつくるには、いずれも格好のテーマとなるはずです。また、これらのテーマは、その気になればいますぐにでも着手が可能で、しかも長期にわたり、流通段階から消費後の廃棄に至るまでの広い範囲で波及効果が見込まれます。

ただし、その期待効果を推計する技術はいまだ確立しておらず、これからの研究テーマとなっています。

Section 57

バラバラな外装表示では現場が混乱する

外装段ボールの表示

表示方法の基本は、現場で考えさせない、探させない、目視で商品を特定できることが大切。表示の仕方を改めるだけで現場の生産性が向上する。

●まずは現場の迷惑に気づくことから

さまざまなメーカーの商品を扱う卸売業・小売業では、段ボールの外装表示がメーカーの都合でバラバラに表示されていることに大変迷惑しています。

このことは、物流事業者でもまったく同じです。

入・出庫の作業では、必ず商品の検品を行います。伝票に表示されている商品名称と、外装段ボールに表示されている商品名称とを照合するのですが、この作業に思いのほか手間がかかることが多いのです。メーカーごとに外装表示の仕方がバラバラだからです。

流通過程において、外装段ボールに表示されていなければならない第一の項目は、伝票に記載されている商品名称と完全に一致する商品名称の表示です。目につきやすい場所に大きく表示されていなければなりません。

次に保管や荷扱いの規制のための規制事項やケアマークです。ロット記号も必要です。ＩＴＦコードを表示している企業も多くなってきています。これらはすべて、作業の効率化や品質保持を目的に表示されているものです。

いろいろな会社の外装段ボールを見ていると2色刷りの表示を時々見かけます。コストがかかることでもあり、本当に2色にする必要があるのか、ただちに検討することをお勧めします。

得意先を訪問して同業他社の外装表示を調べてみることもいいでしょう。意外にたくさん「改善のヒント」が見つかるはずです。

●業界レベルでの標準化が望ましい

こういうことは、業界レベルで標準化を推し進めるべきです。

プラネット物流は、20年ほど前にメーカー共同物流の事業を始めた会社ですが、参加メーカーが増えるにつれて問題となったのが「外装段ボールの表示」でした。

外装に表示してある商品名称と伝票に表示される商品名称とが一致しないケースも見受けられたので、参加メーカーの専門家で構成する「外装表示専

外装段ボール表示の標準化事例（プラネット物流の例）

◎必須・・・・指定面に必ず表示する
○任意・・・・印刷可能な場合は表示することが望ましい

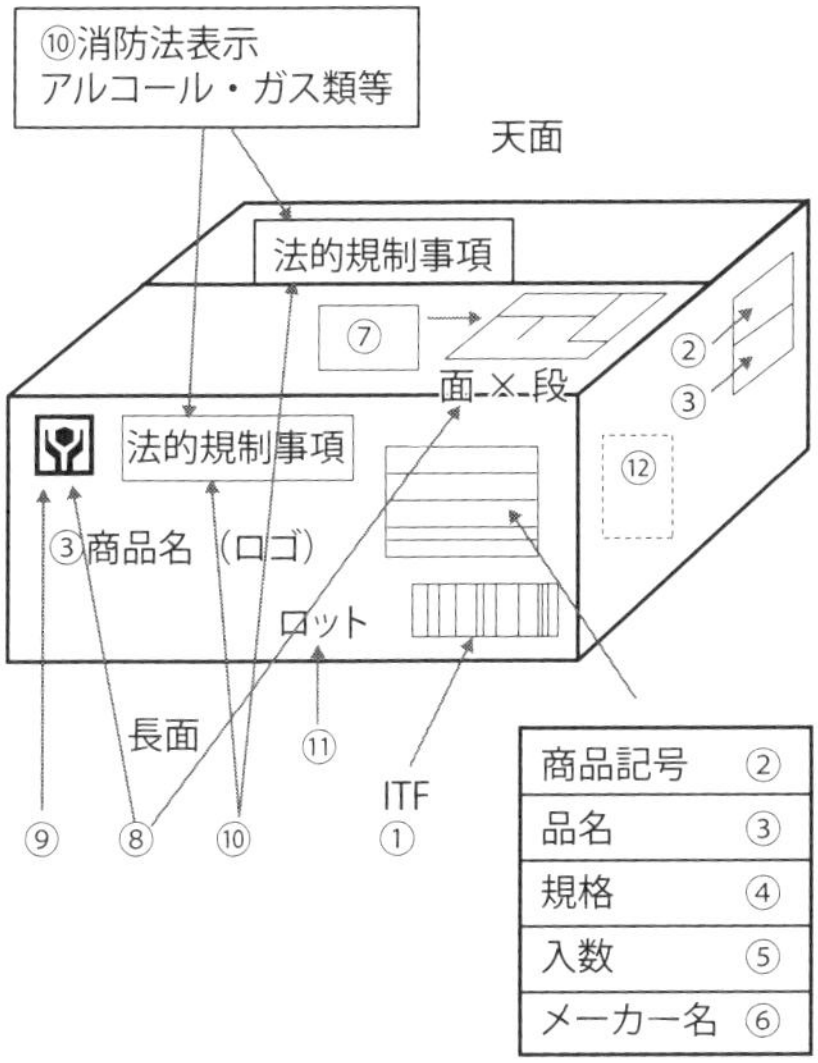

NO	表示項目	表示位置		
		長面	短面	天面
①	物流識別コード（ITF）	◎	○	
②	商品記号	◎	◎	
③	商品名称	◎	◎	
④	規格・容量	◎	○	
⑤	入数	◎	○	
⑥	メーカー名	◎	○	
⑦	パレット積付パターン			◎
⑧	積付面×段	◎		◎
⑨	ケアマーク	☆		
⑩	法的規制事項	☆		☆
⑪	ロット・賞味期限No.	☆		
⑫	荷札貼り位置		○	

門委員会」を設置して、**外装表示の標準化**を目指しました。

複数メーカー品の商品を「正確・迅速・安全」に取り扱い、「低コストで高品質」の物流を実践するには、商品の外装段ボールに「必要な情報をわかりやすく、かつ一定のルールにしたがって表示する」ことが不可欠であるとの共通認識に立って検討を始めました。

卸売業や物流事業者、プラネット物流が拠点としている物流センターからの声などを参考にして、

①商品を特定するための情報
②荷役や保管に必要な情報
③メーカー独自の情報

の3分類とし、必須項目と任意項目を指定した「外装表示基準書」を制定することができました。

なお、この委員会は現在でも必要に応じて開催され、さらなる改善が進められています。

Section 58

捨てれば廃棄物も、活かせば資源に

使用済み包材の管理・処分

廃棄物の処分には多額のコストがかかるが、この段階でしっかり分別すれば有価物に変わり、リサイクルされて資源になる。

●廃棄物の抑制は地球的規模の課題

段ボール箱などの**外装**は、内容物を取り出した後は役目を終えて要らなくなります。化粧品のガラス瓶やビールの缶のような**個装**は、内容物を消費してしまえば役目を終えてゴミとなります。不要となった段ボール箱・ガラス容器・空き缶は、短い一生を終えて廃棄物となります。

廃棄物には、家庭で出る一般廃棄物と、事業者から出る産業廃棄物とに分かれます。

一般廃棄物の中で容器包装が占める割合は、容積比で61%とゴミの大半を占めていることから、深刻な社会問題となっています（重量比では22%）。「容器包装リサイクル法」は、消費者・市町村・事業者がそれぞれ責任を負うことになっていますが、いずれにとっても頭の痛い問題です。

市町村・町内会単位で「資源ゴミを回収する仕組み」をつくって廃棄物を抑制する「リサイクル活動」が活発になりましたが、大変喜ばしいことです。

産業廃棄物の中で圧倒的に多いのが、段ボール紙やラップなどの包材類。廃棄物処理法では、排出事業者が全責任を負うことになっていて、卸売業・小売業や物流事業者は廃棄品の処分のために多額のコストを支払っています。

このコストは、リサイクルできるように分別すれば有価物となって収入となります。いままで支払っていたものが、収入となるのですから、大いに力を入れるべきです。

●いまメーカーに課せられている責任

しかし、そのままでは廃棄物になってしまうものを「有価物に変える」には、しっかり分別することが求められます。そのためには、一時保管や分別作業のための場所や人手も必要です。作業は手隙の時間を利用して行うにしても、分別システムをつくり運用していくことは容易なことではありません。

ここでもメーカーの責任は重大で、川下での管理・処分が可能な限り負担が少なくなるように最大限の努力が求

使用済み包材の管理・処分の流れ

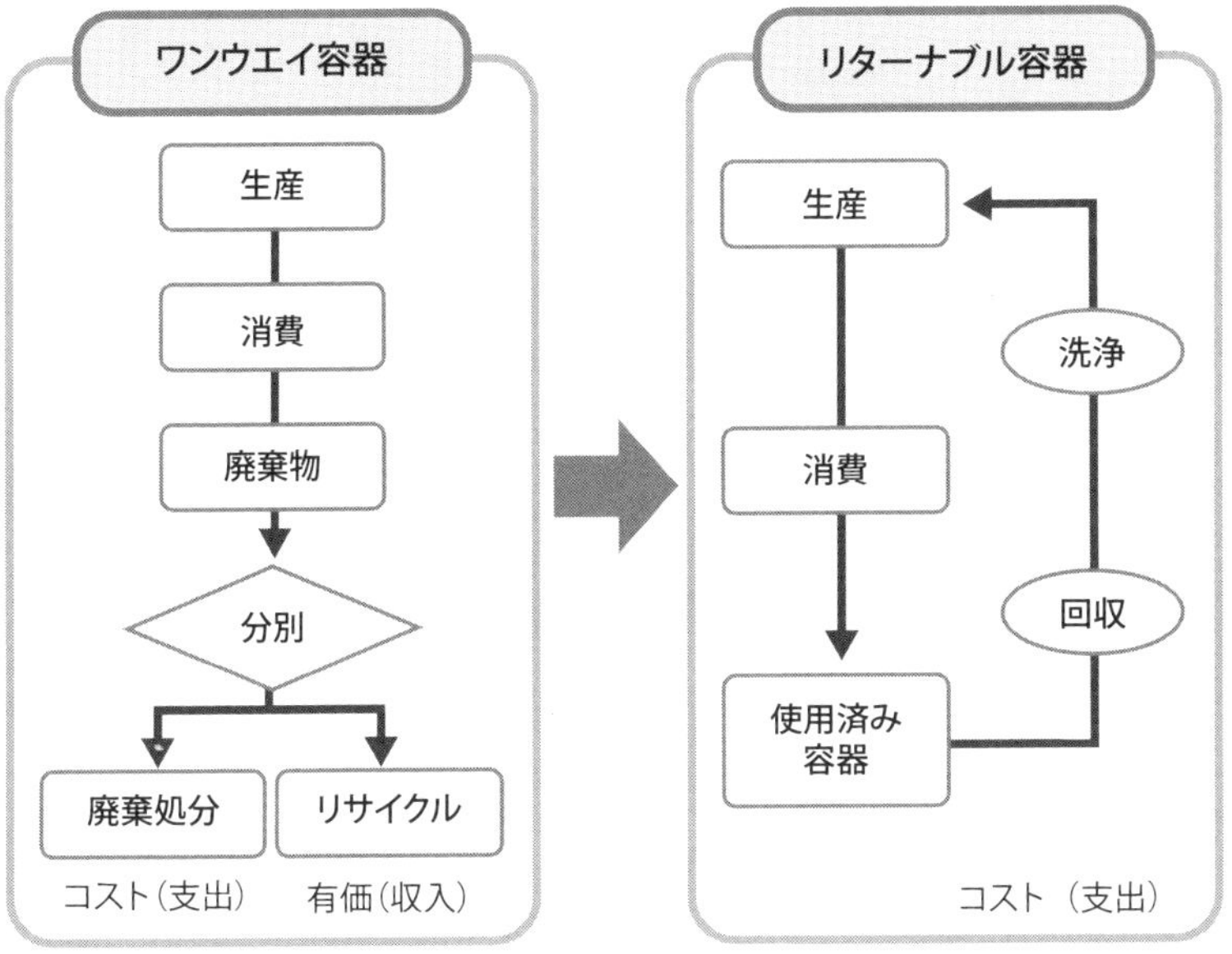

められます。メーカーは川下の現場にも出向いて、現場でしかわからない情報を積極的に収集する努力が求められています。

２０００年、廃棄物の発生を抑制すること、使い捨て商品や過剰包装を規制すること、商品の再利用・再生・リサイクルを促進することなどを定めた「循環型社会形成推進基本法」が施行されました。しかし、これらの動きとは裏腹に、廃棄物は増加の一途をたどっていて、最終処理場の不足、廃棄物の放置、不法投棄などの社会問題を引き起こしています。

このことからも、地球に優しい包装材料の研究・開発が急がれます。

やむを得ず焼却処分する場合は有害ガスを発生させないように、また、埋立て処分や海洋投入処分の廃棄物は最小限度に留めるように、包材の選定や管理の技術が求められています。

Section 59

角砂糖の大きさは外装設計で決められていた

包装モジュール化

メーカーの外装段ボールが、すべての物流活動の効率を左右する。輸送・保管・荷役の効率を徹底的に追求した包装設計が求められている。

●まず社内評価基準を決め現状を評価

包装は、荷物の価値および状態を保護するために不可欠で、物流では重要な役割を担っています。輸送・保管・荷役活動においては、その効率を決定づける鍵を握っていると言っても過言ではありません。とくに、ユニットロードシステム（パレット等の利用で荷物を一つにまとめる方式）を進めるためには、「包装モジュール化」の技術は不可欠です。ここでは、メーカーが発地から着地まで一貫してパレットで輸送する「一貫パレチゼーション」採用の場合の「包装モジュール化」について記述します。

まず最初にしなければならないことは、生産しているすべてのアイテムについて「包装モジュール化」の現状評価をすることです。まず、使用しているパレットサイズを確認します。

使用しているパレットがT－一一型（1100ミリ×1100ミリ）である場合の包装モジュール化率の評価は、①平面利用率（1100×1100に対して商品の積付け平面使用率が何％か）、②立体利用率（たとえば、2200ミリに対して何％使用する積み段数になっているか）、③重量利用率（たとえば、1トンに対し何％の積載に当たるか）について社内基準に照らして評価することです。これらを用いて総合評価を行い、製品のリニューアルの際には「どの商品から改良していくか」の順序の目安とします。

●パレットサイズから外装寸法を決定

新製品開発に際しては、総合評価をできるだけ高くすることは言うまでもありません。包装モジュール化は、パレットの一辺の長さの整数分の一を包装モジュール外装寸法として設計する必要があります。したがって、商品の「個装設計」段階から最終の外装寸法を意識して設計することが重要な視点となります。

包装モジュールを無視した外装設計は、パレットなどへの積載効率が極端に悪くなり、輸送・保管・荷役の効率

パレットサイズをもとに包装モジュール化を

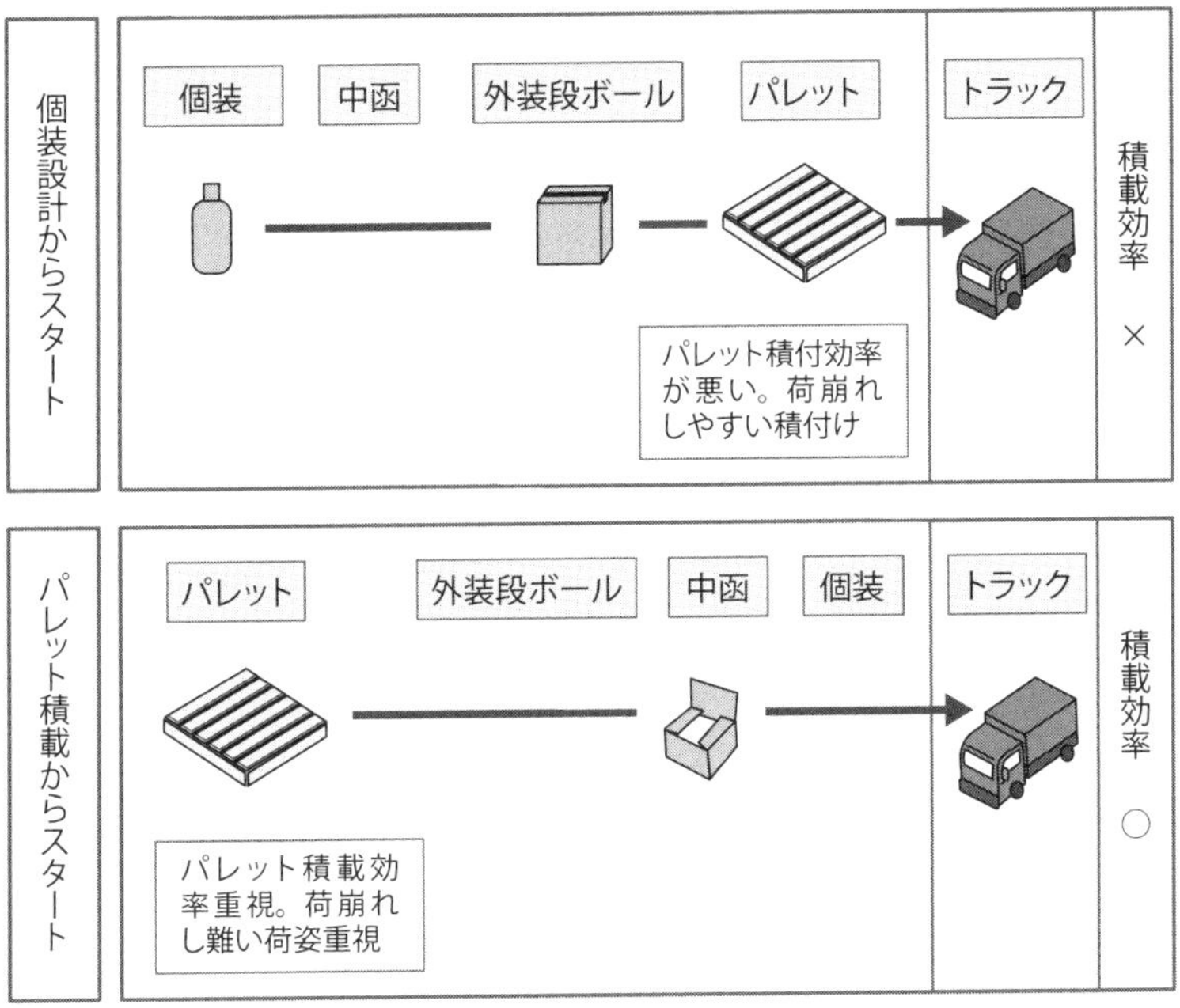

を阻害するばかりでなく、パレット上に積付けされた荷物が不安定となって、転倒事故などにもつながります。

　パレットへの積付けは、荷崩れし難い「ピンホール積」や「レンガ積」が可能な長方形にする必要があります。

　最終的に決定した外装設計の「外寸法」が物流活動に大きな影響を与えることを、商品開発を担当している部門に適宜フィードバックするような仕組みが大切です。たとえば、製品開発の段階で、新製品企画書には必ず「評価基準にどの程度適合しているか」を添えなければならないようにルールを決めることです。

　「角砂糖1個のサイズは外装設計から決められた」というエピソードがあります。包装モジュール寸法を意識した外装設計は輸送・保管・荷役の効率化に貢献することから、物流コストは確実に下がっていくことになります。

Section 60

積載効率の改善には混載、共同化が不可欠

輸送に関わる技術

輸送に関わる問題を解決するためには、提携輸送・クロスドッキング・ミルクラン集荷等の物流コラボレーションの技術が欠かせない。

●物流コラボレーションの実践

輸送にかかるコストが物流コストの大半を占めることから、輸送の改善は物流改善の中心的なテーマとなっています。それだけに、荷主企業はもちろんのこと物流事業者も、必死に輸送の効率化に取り組んでいます。

輸送を取り巻く環境は、①運行3費（燃料油脂費、修理費、タイヤ・バッテリー費）の上昇、②流動ロットの縮小に伴う積載率の低下、③交通量の増加に伴う時間当り走行キロ数の減少、④「改正省エネ法」への対応、⑤安全運行規制の強化等々と、日増しに厳しくなるばかりです。

このような環境下で、果たして有効な効率化施策はあるのでしょうか？解決策の核心はなんといっても「流動ロットの拡大」です。

しかし、「流動ロットの拡大」は、単独企業の活動では自ずと限界があり、物流共同化を検討しなければなりません。「攻めの物流改善」の大きな柱となっている「物流コラボレーションの実践」ということになります。

「各企業が持てる資源を持ち寄って、単独では不可能なことでも可能にする」という取組み方です。輸送ロットの拡大や積載率の向上には欠かせないアプローチとなります。

●混載の技術

特別積合せ運送を行う路線事業者の業務は、輸送依頼を受けた一定エリア内の顧客を巡回集荷して、自社のターミナルに持ち込みます。

ターミナル内では方面別（輸送先別）に仕分けされ、それぞれ大型車両に混載されて着店ターミナルまで輸送します。

着店ターミナル内では、届け先別に仕分けされた後に車両に積み込み、巡回配送されます。

つまり、路線事業者の扱う小ロットの輸送は、従来から、荷主の異なる多彩な荷物を混載し共同輸送することによって積載効率を高めてきたのです。

しかしながら、何でも混載できるか

輸送に関わる技術の体系

輸送技術		束ね化	ルート化	ダイヤ化	
配送集荷型	クロスドッキング	◎	○		62 項
	固定ダイヤグラム			◎	64 項
	変動ダイヤグラム		◎		64 項
	ミルクラン	◎	○		63 項
	一括納品	◎	○		65 項
幹線型	提携（結合）輸送		◎		61 項

上記のほかに、共通して求められる技術は「混載の技術」「通い箱・パレット回収等の技術」（66 項）がある

※「○項は本書での section 番号」

というとそういうわけにはいかず、定められた約束事があります。

詳細は取り扱う荷物によって若干異なりますが、食品や薬品、危険物品などとの混載には細心の注意が必要です。

さらに、荷物の包装形態や荷姿にも留意すべきです。

他の商品を傷つけるような荷姿品との混載には養生が必要となります。

ダンボール包装品は臭いを吸収しやすいために、強い臭いを発する荷物との混載は避けなければなりません。

最近のマスコミでも「カップめん」に異臭が発生したことが報道されましたが、原因は「輸送中に他の商品の香料が移った」ためと言われています。

つまり「物流コラボレーションの実践」には「混載の技術」が不可欠となります。また、混載の技術は輸送品質向上の技術そのものでもあり、輸送事業者の信頼度の向上に直結します。

Section 61

異業種間での提携から同業種間での提携へ

提携輸送（結合輸送）

提携輸送の実施にあたっては、情報収集から着手し、相手との信頼関係を築き、まずは小さな成功をたくさん積み重ねて自信をつけること。

●提携することで双方の実車率を改善

単体の企業ではムダなく運行していると思われる輸送であっても、他企業との連携を探っていくと、目からウロコ的な施策がいろいろと見えてきます。

輸送の効率化は、何と言っても実車率と積載率の向上です。

実車率の向上であれば、まず空車回送を減らすこと。つまり、中・遠距離輸送では帰り荷を確保することです。

工場の立地と流通センターの立地はメーカーによってさまざまです。工場と流通センター間の大量輸送では、往路輸送が主流で復路は空車のケースが多いものです。求貨求車システムの活用も見逃せませんが、着地最寄りのメーカーを訪ね、発地最寄りへの輸送の有無を確認する営業努力が大切です。

お互いに大量の輸送を実施しているとすれば、相互に提携すれば空車回送を減らすことができます。

ただし、この場合には企業間の信頼関係が重要です。一方にメリットが偏らないような配慮が大切です。

また、**積載率の向上**にあたっては、輸送ロットを大きくすることです。

着荷主へは多くの配送車両が到着していますが、それらの輸送事業者との情報交換が大切です。

それぞれの企業が、同一の配送先への仕事を持っている場合も多いものです。それぞれ効率的な持ち分を検討して、配送先を分かち合うという連携を考えることです。

前者の場合にはメーカー間で、後者の場合には輸送事業者間での提携となり、時間はかかりますが、実現すれば実車率・積載率が一挙に改善されます。

●敵味方なき提携輸送の拡大

このように提携し合って輸送の合理化を図っている例は、枚挙に暇がありません。

以前であれば、キリンビールとライオンのような、お互いが別の業界に属している大手荷主同士の提携でした。

それが最近では、同じビール業界のキリンビールとサッポロビール、同じ

提携輸送（結合輸送）は異業種間から同業種間にも

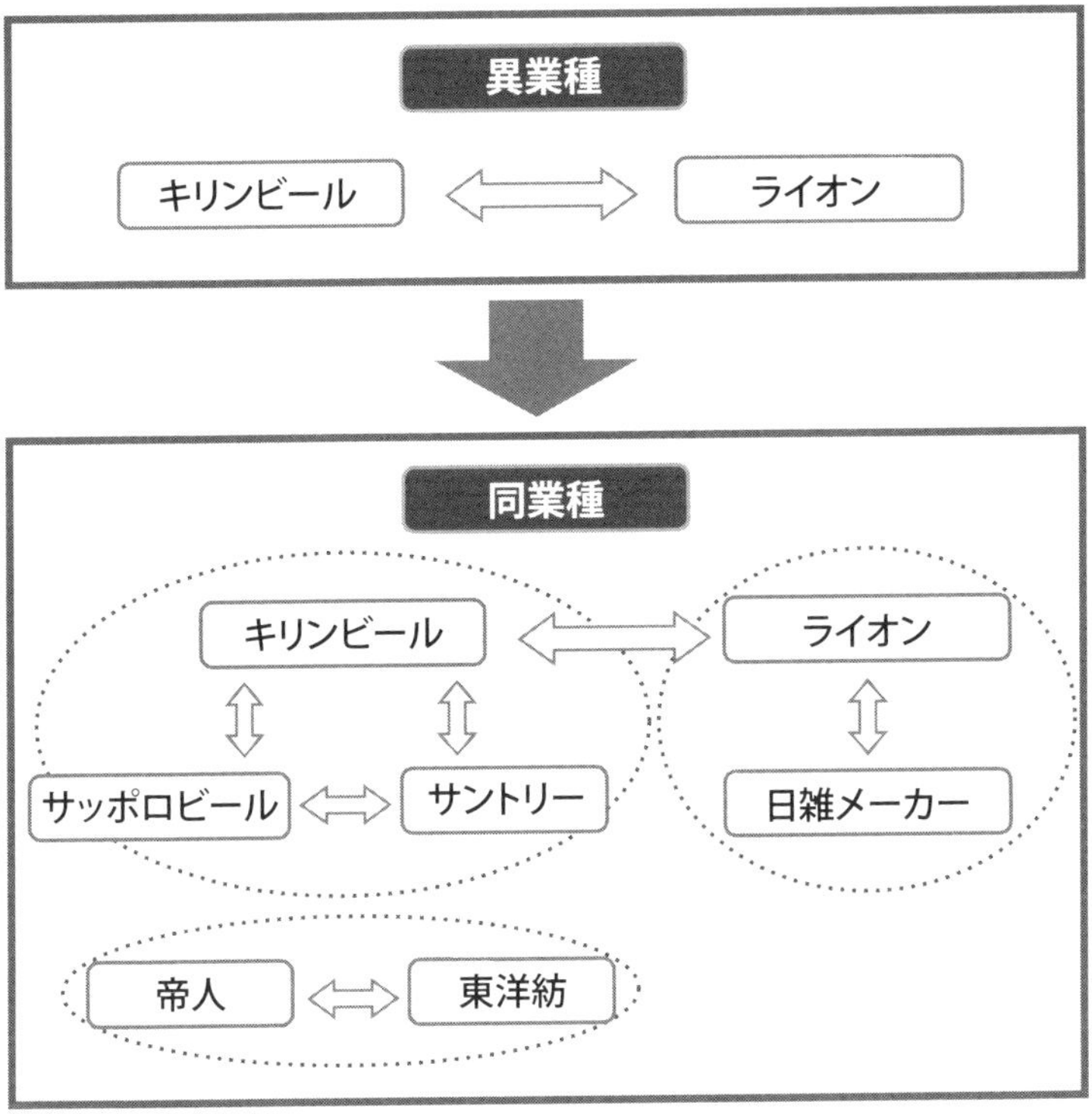

化繊業界の帝人と東洋紡といったように、販売市場において厳しい競争を展開している企業同士でも物流では提携しようとしています。

ひと昔前であれば「同業者同士のコラボレーションなどとんでもない！」となったでしょうが、「物流コストの削減」と「CO_2排出量の削減」という差し迫った課題を抱えて、敵味方に分かれている場合ではないとの共通認識ができつつあるのでしょう。

ビール業界のケースでは、さらにこの動きにほかのメーカーも加わって、調達物流分野での提携が急速に進展する動きもあります。

工場間の提携輸送や結合輸送、資材の共同調達、ビールや清涼飲料の共同配送などと、提携可能な分野がさらに広く進展すれば、保持している物量が多いことから、その改善効果は絶大なものになることは疑いありません。

Section 62

保管機能と輸送機能の有機的な連携

クロスドッキング方式

商品を最寄りの配送拠点では在庫せず、そのつど在庫拠点から配送拠点に輸送させ、荷合せをして配送する。従来の保管型に対して、スルー型とも言われる。

●分散保管を避けて在庫を圧縮する

薬品・チルド品・要冷凍商品の保管には、該当商品の特性に適合した設備を必要とします。しかし、すべての出荷拠点に必要な設備を持てない場合には、該当商品は限られた拠点だけに保管せざるを得ません。また、保管設備上の条件を必要としなくても、何らかの事情で在庫をたくさん持つことができない商品については、すべての物流センターに在庫させずに、代表拠点だけに在庫することになります。

このような場合には、一緒に受けた注文が複数の出荷拠点から分散して出荷されて分割納品になり、遠距離納品のためリードタイムが長くなったりして、**サービスの低下**をきたします。

そうしたことを避けるために、第二・第三の拠点から出荷された商品を最寄りの配送拠点でまとめて、ここで最寄り拠点から出荷される商品と荷合せをして、届け先にはあたかも最寄り拠点1か所ですべてを保管していたかのように納品する方法があります。

このように、複数の出荷拠点から出荷された商品を、同一届け先ごとに束ねたうえで積み替えるやり方を**クロスドッキング（cross-docking）**と言い、物流共同化では、きわめて重要な役割を果たします。

●荷主・物流事業者双方にメリット

物流事業者が行う物流共同化であれば、物流事業者の持つ配送拠点にさえ輸送しておけば、あとはクロスドッキングによってベースカーゴと合わせて得意先へ配送してくれます。

牛乳石鹸共進社は、大阪に本社・工場を持つ老舗の石鹸メーカーで、トイレタリー業界でメーカー共同物流を推進しているプラネット物流の出資会社です。同社は中部圏にある卸店から毎日、受注したものを、各店仕分けをせずに総量でプラネット物流・中部物流センター（愛知県小牧市）へ輸送しています。

その輸送量は毎日、大型トラックで1～2台分になると言います。

クロスドッキングで保管と輸送を連携させる

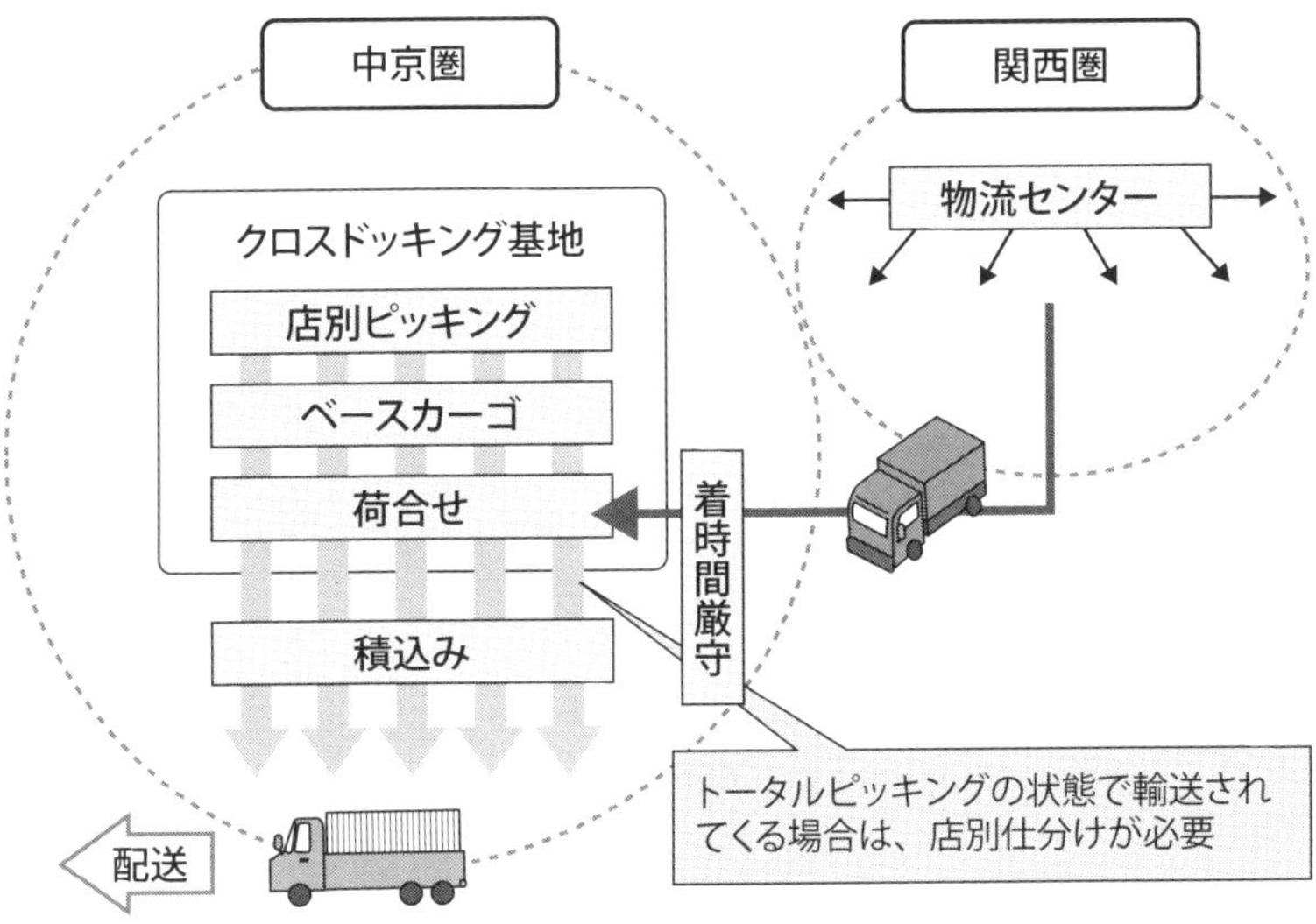

午後2時に大阪を出発したトラックが夕刻にプラネット物流・中部物流センターに到着すると、出荷バースで方面別に仕分けされ、待機中の配送車に他のベースカーゴと合わせて荷積みされます。

ただし、万一、小牧の物流センターへの輸送に遅滞があると荷合せ作業に影響を与えることになります。

一方、物流事業者である**平和みらい**（静岡市）は、１９９７年に開設した焼津物流センターで、静岡県全域にある小売業者２００社を対象に菓子・加工食品の共同配送を行っています。

菓子では、メーカー約20社のうち2社を除いてはクロスドッキング方式をとり、また加工食品メーカーでは約20社全部がクロスドッキングで対応していて（２０１０年現在）、同社の共同配送はクロスドッキング方式がなくては成り立ちません。

Section 63

納入企業・受入企業との有機的な連携が鍵

ミルクラン方式

発荷主ないし着荷主の所在が比較的狭い範囲に限られていて、しかも扱う荷物量が少ない場合には、このミルクラン方式での集荷が威力を発揮する。

●少量の荷を巡回しながら集荷・配送

街の牛乳販売店が毎朝決まった時間にお得意先に牛乳を配達します。新聞販売店の宅配と違う点は、配達時に牛乳瓶などの**容器回収を伴う**ことであり、百貨店の中元歳暮の宅配と違う点は、届け先が決まっていることです。いずれも荷物はごく少量ですから、コストをできるだけかけないためには車を走らせる経路をよく考えて、**効率的なルート設定をすることが重要**です。

乳業メーカーが、ある地域に分散する酪農家を順番に回って牛乳を集める方法は本質的には街の牛乳販売店のやり方と同じです。こちらはメーカーが前日使った容器を返して、牛乳（＋容器）を受け取る点が違うだけです。

このように1台のクルマで巡回しながら、比較的少量の荷物を集荷・配送する方法を**ミルクラン（milk run）方式**と言います。この方式は適用範囲が広く、組立てメーカーであれば納入事業者は近くに点在する部品メーカーとの関係で、卸売業であれば近在の多数のメーカーの物流センターの配送事業者との関係で、また大手小売店であれば多くの卸店との関係で、この方式が採用されています。

これらのケースにおいても、もし輸送ロットが十分に大きい場合にはミルクラン方式は無縁ですが、納入ロットが小さい場合にこの方式を採らないと、積載効率が極端に悪く、輸送コストがかかるだけでなく、多数の車両が一定時間に集中することで**荷受作業場所が混雑したり、近隣に迷惑を及ぼす**ことにもなりかねません。

物流事業者が主体の**納品代行**や、荷主企業が主体となる**共同配送**でも、ミルクラン方式は広く使われています。

●調達物流分野で広く普及

ミルクラン方式という名称の由来は前述のとおりですが、現実的には調達物流の分野で採用されているケースが多く見られます。JITでの納品を要望されている自動車部品の納品や多くの原料・材料を毎日小ロット必要とし

少量の荷物を定期的に集荷・配送するミルクラン方式

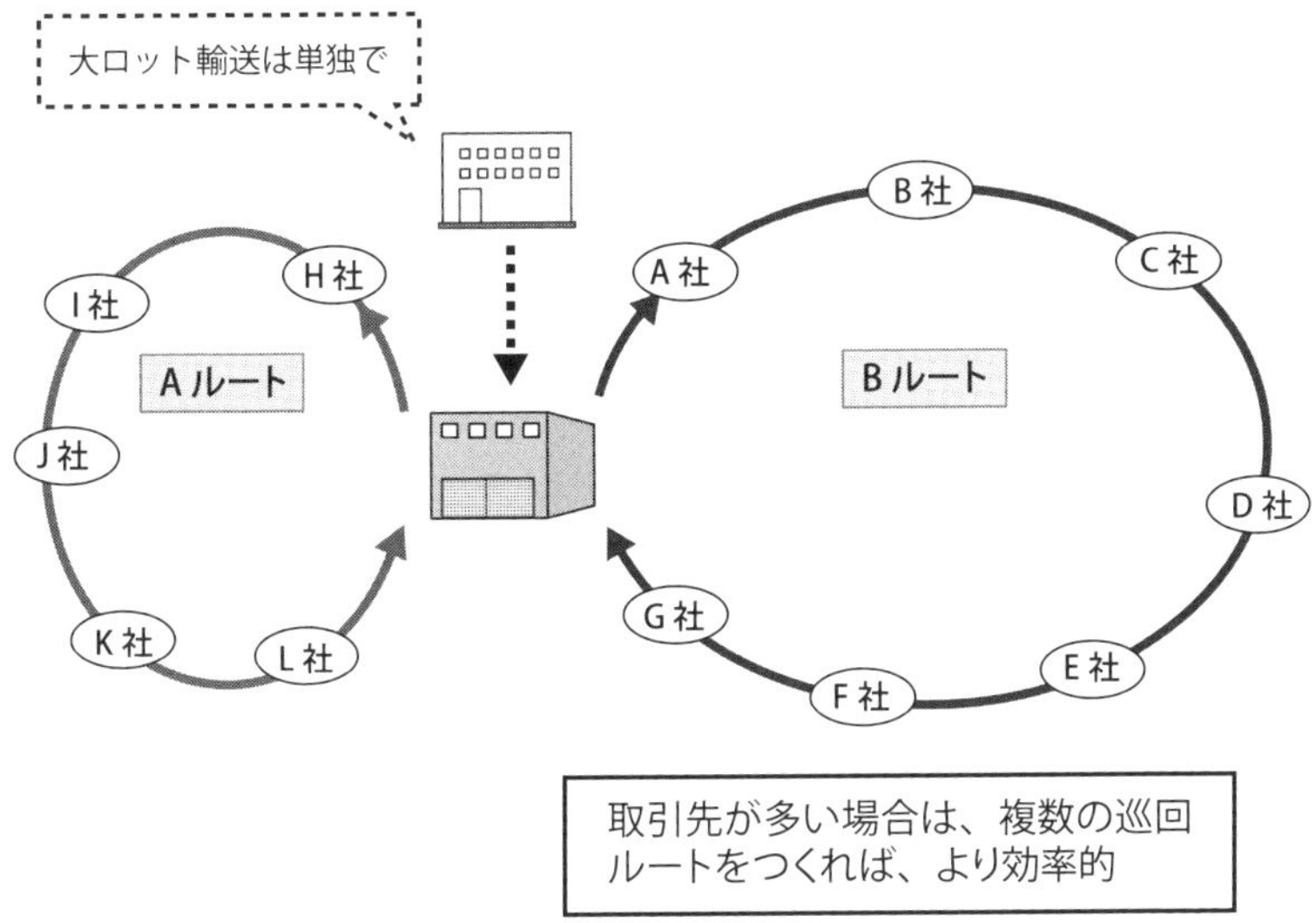

ているメーカーなどです。

「引取り物流」と称して、受入企業側がトラックを手配して対応する方法と、納入企業側が同じトラックを使用して、決まったルートを巡回集荷し毎日所定の時間に納入する方式が主流となっています。

これの効果は、①積載効率向上による使用トラックの減少、②納入車両激減による納入場所の混雑解消、③輸送コストの減少、④CO_2排出量の削減など、発荷主・着荷主双方に改善効果が実証されることから、「環境に優しい○○」といったキャッチフレーズを掲げている大手企業では競って採用している方式です。

ミルクラン方式を採用できる輸送環境は、まだまだ多く存在しています。考えられるパターンを洗い出して、早急に検討すべき重要なテーマとなってきています。

Section 64

配送の計画化を実現する

ダイヤグラム配送

配送量に大きな変動がなければ固定ダイヤグラム配送、配送先や配送量に変動があれば変動ダイヤグラム配送を検討することができる。

●固定ダイヤグラムに基づく配送方法

特定の届け先に継続的に配送する場合、あらかじめ配送ルートと到着時刻を設定して巡回する方法があります。ルートと時間を定めて配送することから、**固定ダイヤグラム配送**（あるいは**定時定ルート配送**）と呼ばれています。

実際にこのやり方を採用しようとすると、緊急的な例外配送のニーズへの対処や、不測の交通渋滞から時刻遵守が困難になった際の対処の仕方が問題となります。

最も理解しやすいモデルが、**コンビニ**が採用している巡回配送方式です。店舗の所在地が確定していて店舗間の移動走行時間が把握でき、毎日ほぼ決まった量の配送があるからです。

このような場合でも、ポイントとなるのは到着時刻の取決めです。

コンビニ以外のモデルでは、特定の地域に分散している関係事業所を巡回する**巡回便**があります。

長野県のある中堅メーカーでは、分散している6か所の関係事業所の間を1日3回、巡回便を走らせています。始めた当初は、巡回便が到着して荷受けはしたものの送り出す荷物の用意ができなかったりして、ダイヤグラムが乱れがちでした。それがいまでは巡回先を4か所から6か所に、回数を1日2回から3回に増やしています。

このケースでは、今度は企業をまたがって巡回便を走らせることができないかと、検討を始めたところです。

●変動ダイヤグラムに基づく配送方法

コンビニや事業所間巡回便のように届け先や配送量が毎日決まっているのではなく、ルートは決められても毎日巡回先が変動するケースがあります。**変動ダイヤグラム方式**です。最も理解しやすいモデルが、郵便配達の例で、配達がある場合は「だいたい午後3時前後」といったサービスになります。

トイレタリー業界のメーカー共同物流を推進しているプラネット物流では、日によって配送先や配送ロットがまちまちで、時によっては業務用店舗への

計画配送を実現するダイヤグラム方式

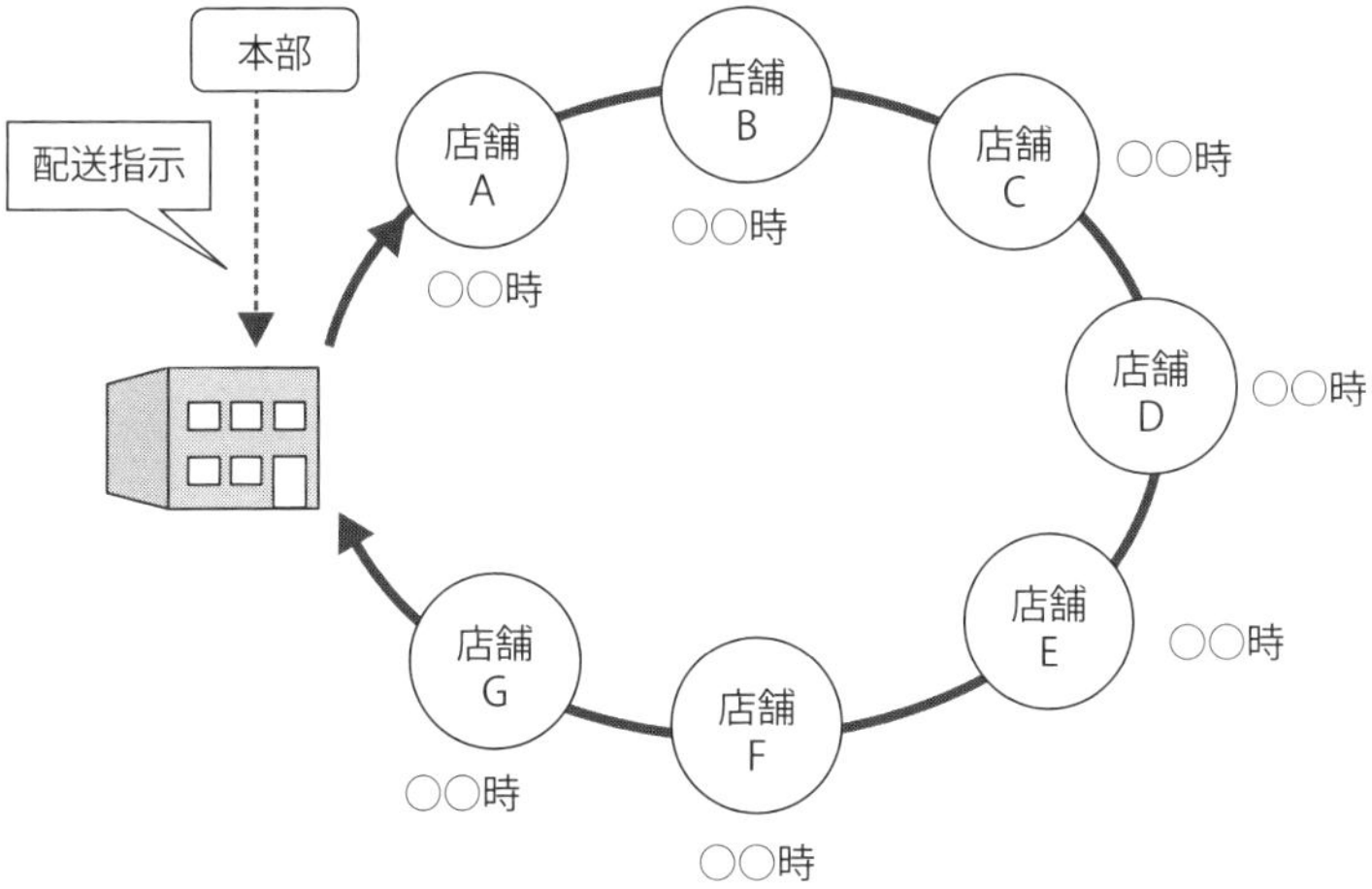

おにぎりや弁当、菓子・パン類は1日3回配送されると言われ、コンビニの多品種少量・多頻度配送に威力を発揮している

配送が加わりますが、工夫を凝らしています。

それは、①納品先住所によって、「輸送距離」と「配送ルート番号」を設定している、②納品先マスターには、納入可能車種・納入時間・納入方法（パレット輸送かバラ輸送か）を登録している、③配送エリアによって「旧区域便」「旧路線便」の判定テーブルを保持していることです。

出荷指示データは基準に照らした配車のための基礎データを配車係に提供する「配車編成システム」を保持し、配送の効率化を実践しています。

複数の届け先が同じ時間を希望する場合は対応が困難となるため、納品先との連携・協力が重要となります。

同社では、主要納品先（大手卸店）には、配送サービスレベルなどの調査を定期的に実施し、納品先との連携に努めています。

Section 65

進化する納品の共同化

一括納品（一括物流）

発荷主側の小ロット配送のコスト低減と、着荷主側の納品車両台数の削減とを一挙に解決するきわめて有効な方法。未解決の問題も抱えている。

●多くの仕入先の納品を一つに

どの企業でも、多数の仕入先と取引していますが、とくに卸売業・小売業では、その数は数百社にも及びます。日本の商慣習では、運賃は「売り手」が負担して、「買い手」が指定したところに納品することになっています。指定した着荷主には、わずか数個ずつの納品でも発注した仕入先の数だけ納入車両が来るので、入荷バースは大変混雑します。仕入検品作業が煩雑になるばかりか、待機車両が溢れることで近隣に迷惑をかけるという**社会的な問題**を起こしかねません。

発荷主にとっても、少量の納品は積載効率を犠牲にしたうえに待機時間が長くなることで、コスト高になります。

双方の問題を一挙に解決しようというのが、**納品の共同化**です。

発荷主の流通センターなどが一定エリアに集中しているような場合には、発荷主が運賃を負担する条件で着荷主が引き取りに行く方法もあります。

一括納品は、発荷主・着荷主どちらが主導権を持つかは別にして、結果的には着荷主ごとに輸送事業者が決められ、多くの発荷主の商品を巡回集荷し、着荷主には一括で納品する方法です。

着荷主側からの要請で物流事業者が主体となるケースが多いのですが、なかには物流事業者が大手着荷主に働きかけて行う例も見られます。発荷主が消極的なのは、大口の荷物が外れることで残された分のコスト上昇が懸念されたり、自社の配送システムの一部が損なわれないとも限らないからです。

得意先の着荷主の要請が強い場合には、発荷主に対する説得材料として有効であることから検討されることが多いのですが、コスト負担の仕方など、解決すべき問題もあります。

●取引関係はそのままに物流一本化

一括納品の考え方を広く知らしめたのは、**窓口問屋制**でした。

店頭から考えると、食品、雑貨、衣料などのすべての商品を一括して扱う卸売業は存在しないことから、これら

納品の共同化を行う一括納品

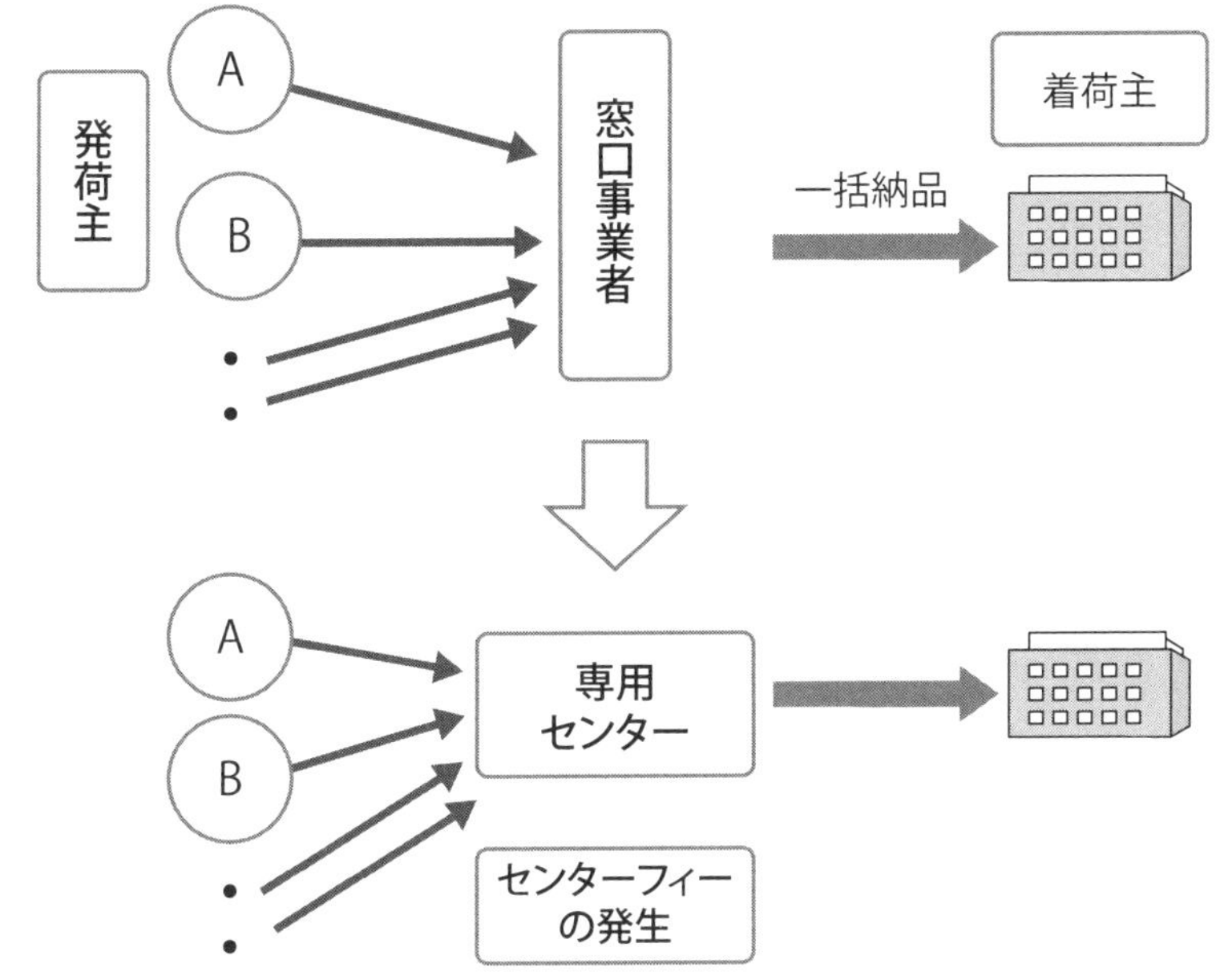

を取り扱っている問屋ごとに別々のトラックで納品されることになります。

そこで取引関係はそのままに、物流に限って代表の問屋を選び、他の問屋は代表問屋にいったん納品し、代表問屋が一括して店舗や小売店の物流センターに納品するというシステムが誕生。

システムはさらに進化して、小売店への納品はいったん**小売店が持つ専用センター**に納入して、ここで各店別の仕分けを行ってから店別に納品するという方法ができ、これを**一括納品（あるいは一括物流）**と言います。

これらの方法によって、従来はバラバラに管理されていた卸店の納品物流が、小売店側の情報システムで運営できる体制へと大きく変わることになりました。しかし、「専用センターの運営コストを卸店に**センターフィー**として負担させている」ことに関して、金額の妥当性などの問題が残っています。

Section 66

業界単位での標準化・ルール化が必要

パレット等の等価交換

パレットや通い箱は業界で共有すべき財産と考えて、業界単位で規格の標準化、取扱いのルール化を進めるべき。

●むずかしいパレットや通い箱の交換

パレットや通い箱を保有する企業では、これの流失・紛失には頭を痛めています。また、受け手側においても、流通しているパレットや通い箱の規格はまちまちで、企業別に整理・保管するなどの作業は大変な負担となります。

最初に取り組まなければならないことは、交換ルールの取決めです。

コンビニのように、発地と着地が1対1の関係であればルール化はさしてむずかしくはありませんが、一般的には多くの発地からさまざまなサイズの通い箱やパレットが商品と一緒に納品されてくるので、簡単ではありません。

パレットや通い箱に表示してある企業単位に管理をするか、あるいは同じサイズであれば企業名を問わず同じものとみなすか、ということです。受け手側の負担を減らすためには、企業名を問わないことにする必要がありますが、なかなか割り切れない問題です。

望ましいのは、業界単位での規格を標準化し、運用のルール化を行うことです。関連する企業の合意のもとで規格を統一し、品質を統一することです。コストの負担をどうするか、といったことも取り決めて、関連企業が相応にコスト負担するという考え方が重要です。「他人の褌で相撲を取る」というような考え方が横行したのではうまくいきません。

パレットや通い箱を製作した企業名を表示している場合であっても、受け手側の負担を軽減するためには、等価交換方式（同じ規格で同じ品質のものを都度交換するルール）を採用する必要があります。レンタル品を活用し、それぞれがレンタル料金を負担する方法も検討に値します。

●パレットの等価交換システム

プラネット物流では、設立当初から生産性向上を目的として、パレット輸送の拡大に取り組んできました。参加メーカーの使用するパレット規格がまちまちだったことから、各社の物流担当者を委員とする「パレット専門委員

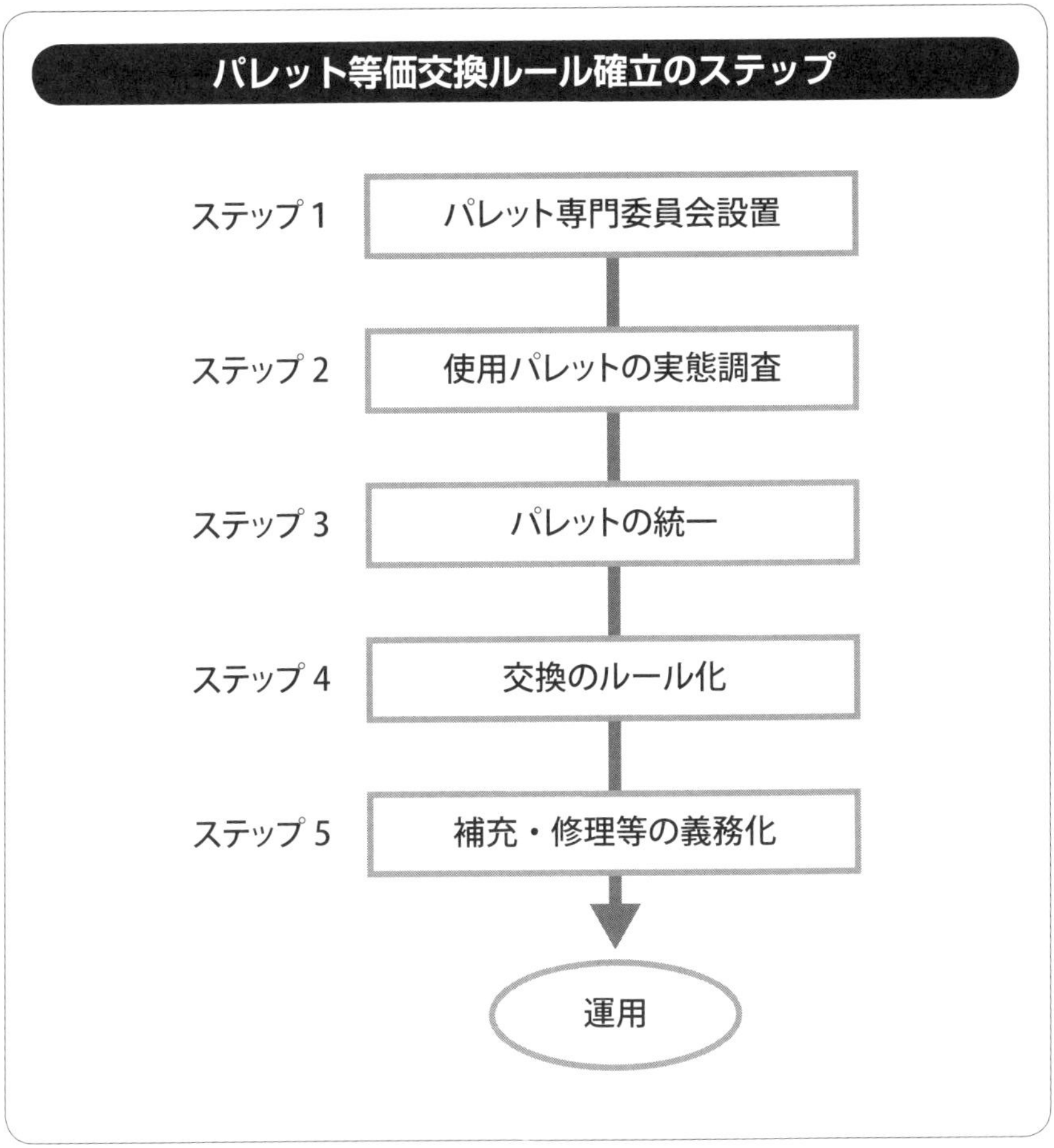

会」を設置して、検討を開始しました。

専門委員会では、パレット規格の統一に留まらず、一貫パレチゼーションを実効あるものにするために、次の事項を取り決めました。

①パレット規格は、T-11R型(JIS規格品)

②交換方式は、等価交換方式(同一規格・同一品質のもの)

③交換用パレットの対象範囲は各社保有パレットとレンタルパレット(JPR・NPP)

④パレットは、それぞれの企業の責任において用意する

⑤パレットは、各社が保有するパレットの1割を毎年補充する

⑥パレット貸借時には、貸借伝票によって出納管理する

また、同委員会は「包装モジュール化」の促進についてもいくつかの約束を取り決めています。

Section 67

商品価値の劣化を防ぐ

保管・荷役に関わる技術

商品の品質劣化や汚・破損品を防ぐ保管に関わる技術は、「最適な保管倉庫を選ぶ」技術と「保管商品の品質を維持する」技術の二つからなる。

●最適な保管倉庫を選定する技術

物流拠点となるのが、一般に物流センター、あるいは流通センターと呼んでいる倉庫で、物流事業者が持つ**営業倉庫**と、荷主が持つ**自営倉庫**とに分かれます。

いずれの場合も基本的には、「倉庫業法」「倉庫業法施行規則」で定められている細目に従わねばなりません。

その種類は1類倉庫から3類倉庫、野積倉庫、水面倉庫、貯蔵槽倉庫、危険物倉庫、冷蔵倉庫などが存在し、保管物品も決められていて、関係する法律の遵守が必要となります。

倉庫の構造は、どのような物品を保管するかによって実に多種多様です。

倉庫とは、「物品の滅失もしくは損傷を防止するための工作物」と定義されていることからもわかるように、「保管物品の品質を維持する」保管技術が求められています。

荷主は、物流事業者に対して商品特性や品質保持のための保管要件を利用に先立って充分に確認することがあります。一方、物流事業者は、荷主が求めている条件に適った倉庫を提案することが必要となります。

詳細の確認を怠ると、保管商品に思わぬ品質劣化などが発生します。クレームや弁償などに発展することになりますので、充分な注意が必要です。

また、火災保険の付保者についても必ず確認しておく必要があります。

●保管商品の品質を維持する技術

先に記したとおり、保管する商品の特性によって保管する倉庫が選定されます。ただし、2類倉庫以下は保管すべき商品を定めていますが、1類倉庫は「2類倉庫以下に定めなき物品」となっていて、**一般倉庫**と言われる多くの商品の保管に供されることになります。

この場合においても、次のような注意が必要です。

①高積み規制

②横積み逆さ積み厳禁規制（①②はケアマーク表示（131頁図参照）遵

保管・荷役に関わる技術の体系

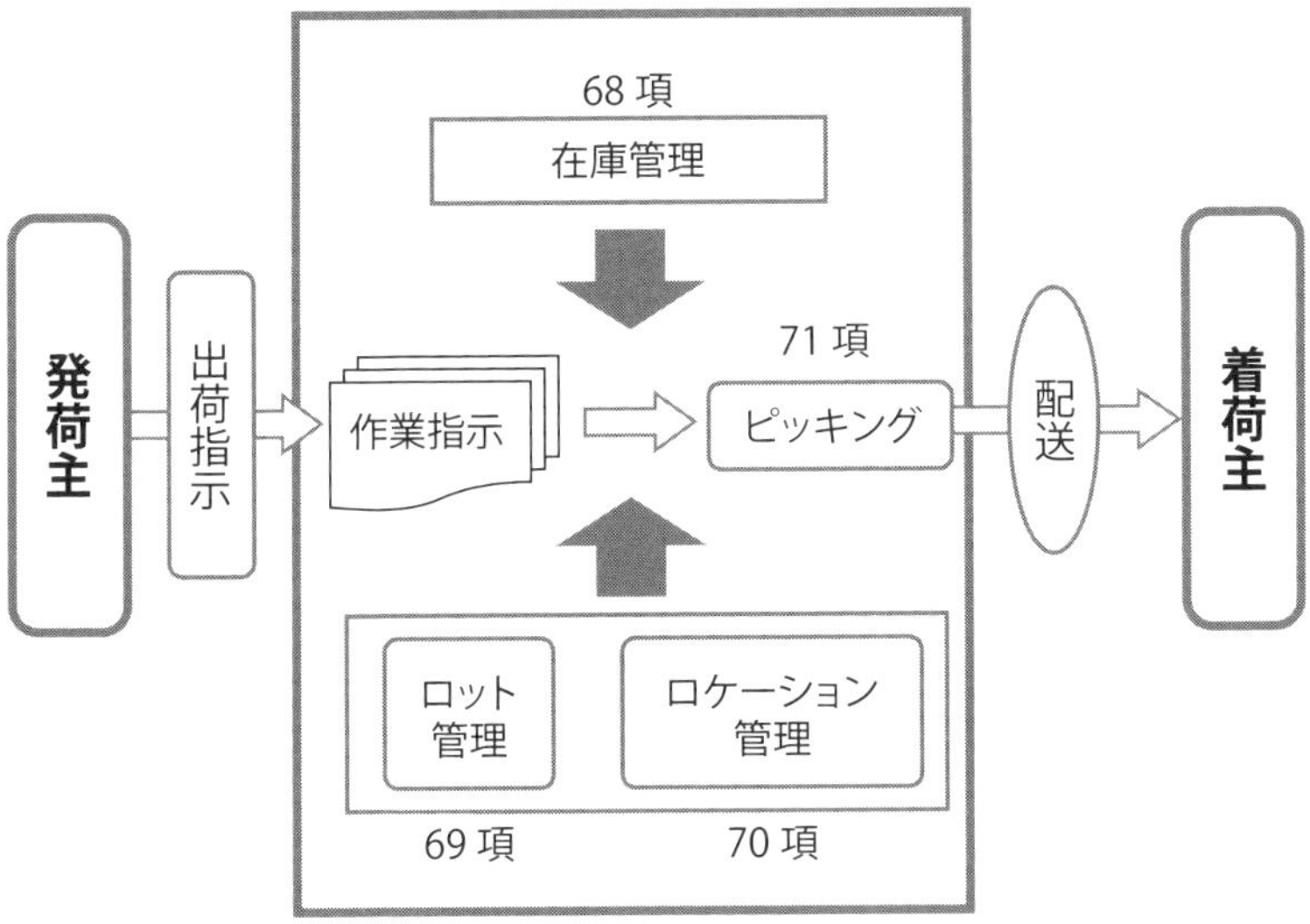

※「〇項」は本書での section 番号

守）

③高温・多湿・換気規制

④採光規制（強い太陽光を規制）

⑤移り香規制（強い香りを発する他の商品と同じ棟の保管を規制）

⑥施錠規制（関係者以外持出し禁止）

また、危険物なのか、薬品・食品類なのか、毒・劇物なのかも確認しておく必要があります。とにかく、商品の特性は荷主企業側が熟知していることですから、物流事業者は荷主側からの情報収集が絶対に欠かせません。

まずは、保管する倉庫の構造がしっかりしていないと保管物品の品質は守れませんが、何よりも大切なことは倉庫に関わる知識や技術をしっかりと持つことです。

ケアマーク表示の遵守や、庫内をこまめに巡回し異常品を早期に発見したり、温・湿度を定期的に記録するなどのことは、当然必要なことです。

Section 68

在庫の隠れ場所となっている在庫拠点を減らす

在庫管理

生産や仕入れ、物流センターへの補給など重要な物流活動に影響を与え、所定の在庫量を管理するための重要な技術。

●在庫は需要と供給の間の調整弁だが

「物流管理は在庫管理に始まり在庫管理に終わる」と言われているように、在庫に関わる問題はどれもこれもむずかしい問題ばかりです。「必要な商品の在庫が切れていて、要らない商品の在庫ばかりが目につく」というのが、どこにでも見られる状況です。

見込み生産を行う企業の場合は、「販売計画はあたらない」ということを肝に銘ずべきです。仮に、商品アイテムごとの年間販売量を１００％の確度で予測できたとしても、地区別・月別、ましてや週別・日別ともなれば、アイテム別販売量など万が一にもあたることはありません。

製品が生産ラインを離れて最終的に消費されるまでの間には、いろいろなところにいろいろな形の在庫が隠れていて、「金が寝ていて」経営の足を引っ張っています。在庫を少なくするためには、この隠れ場所となる**在庫拠点をできるだけ減らす**ことです。

究極の姿が生産拠点1か所からの対応で、生産財での場合は珍しくありませんが、消費財では（ごく少量しか出ない商品のケースを除いては）、ここまでいくのは行きすぎでしょう。

需要・供給の安全弁としての在庫のほかにも、物流活動の中にもいろいろな在庫が発生しています。

経済的な輸送を維持しようとすれば、貨物を輸送ロットにまとめる必要があり、その間、在庫となります。

●売れない商品、不要な商品を探せ

企業のトップが「在庫を減らせ、品切れをなくせ」という方針を打ち出すことがあります。在庫が多いのは売れていない商品を生産したからで、品切れが発生するのは、売れた商品を生産しなかったからなのです。

売れている商品の在庫を確保することも大切ですが、**不要な商品**を在庫しておくぐらいムダなことはありません。不要な商品とは、売れていない商品、売れる見込みのない商品、売ることを止めてしまった商品です。

所定の在庫量を決めて管理する

できることからいますぐ実施

基準値			処理	
在庫量	出荷量	期間		
極少 ⋮ 中量	出荷量ゼロ品リスト	3か月 6か月 6か月以上 1年以上	在庫品の処分	・終売品 ・廉売処分 ・無償提供 ・廃棄処分
極少 ⋮ 少量	出荷量極少品リスト	3か月 6か月	在庫品の集中化	・基幹センターに集積 ・終売品

社内の管理基準値を定める

それぞれは少量であることから注意が注がれないのが普通ですが、全体としては相当な量・金額になるはずです。

したがって、在庫管理の仕組みをいろいろ勉強することはもちろん結構ですが、すぐに改善効果を上げようというのであれば、まず「売れない商品、不要な商品」を洗い出して、1日も早く処分して経営の負担を軽くすることです。

こういった商品は数量が限定されているのが普通ですが、アイディアしだいで意外な販路や処分方法を見つけて問題が解決することもあるものです。

ここで威力を発揮するのはコンピュータです。「売れない商品、不要な商品」の洗い出しはコンピュータの得意とするところです。物流くらいコンピュータを利用していながら、物流改善のための活用が遅れているのは残念なことです。

Section 69

トレイサビリティに欠かせない技術

ロット管理

ロット管理と履歴管理は、単なる品質管理に留まらず、企業の信頼を確保するために必要不可欠な技術。日ごろのロット管理がものをいう。

●品質保証は企業の生命線

ここで紹介する「ロット」とは、輸送単位や荷役単位などの荷物の処理単位のロットのことではありません。

ここでは、製造ロット（製造年月日などのロット記号）や品質保証期限・賞味期限・使用期限などを識別するために商品に刻印された記号・数字のことを、ロット記号といいます。

薬品類については、従来から使用期限管理が義務付けられていましたが、今日では食品類の賞味期限管理などにまで拡大して実施されています。

このような商品を扱う企業では、ロット記号が異なれば別の商品アイテムとみなし、品質管理の一環として重要な管理項目としています。

また、ロット管理はメーカーや卸売業・小売業では当然のことですが、物流事業者においてもよく理解しておく必要があります。

商品を生産する企業では、どこの工場の、どの生産ラインで、何日の何時頃（午前、午後）に製造されたかの詳細を記録しています。

この製造日に基づいて品質保証期限や賞味期限・使用期限が設定されて、管理されています。

一般的に雑貨類は「製造日」、食品類は「賞味期限」、薬品類は「使用期限」を刻印するケースが多いようです。

いずれにしても、生産者側がその商品の品質を保証する期限として定めているものなので、必ず守らなければなりません。昨今、賞味期限管理を怠った食品製造者がマスコミを賑わし、倒産した企業も出たほどです。

ロット管理は企業の信頼を担保する重要事項で、品質異常が発見された場合には、メーカーは流通ルートを追跡調査して原因究明することになります。

●ロットが異なれば別の商品

出荷側のロット管理には二つの手法があります。

一つは受注の際、届け先ごとにロットを荷主企業が指定する方法です。この場合は出荷情報にロット情報が付加

企業の信頼確保につながるロット管理

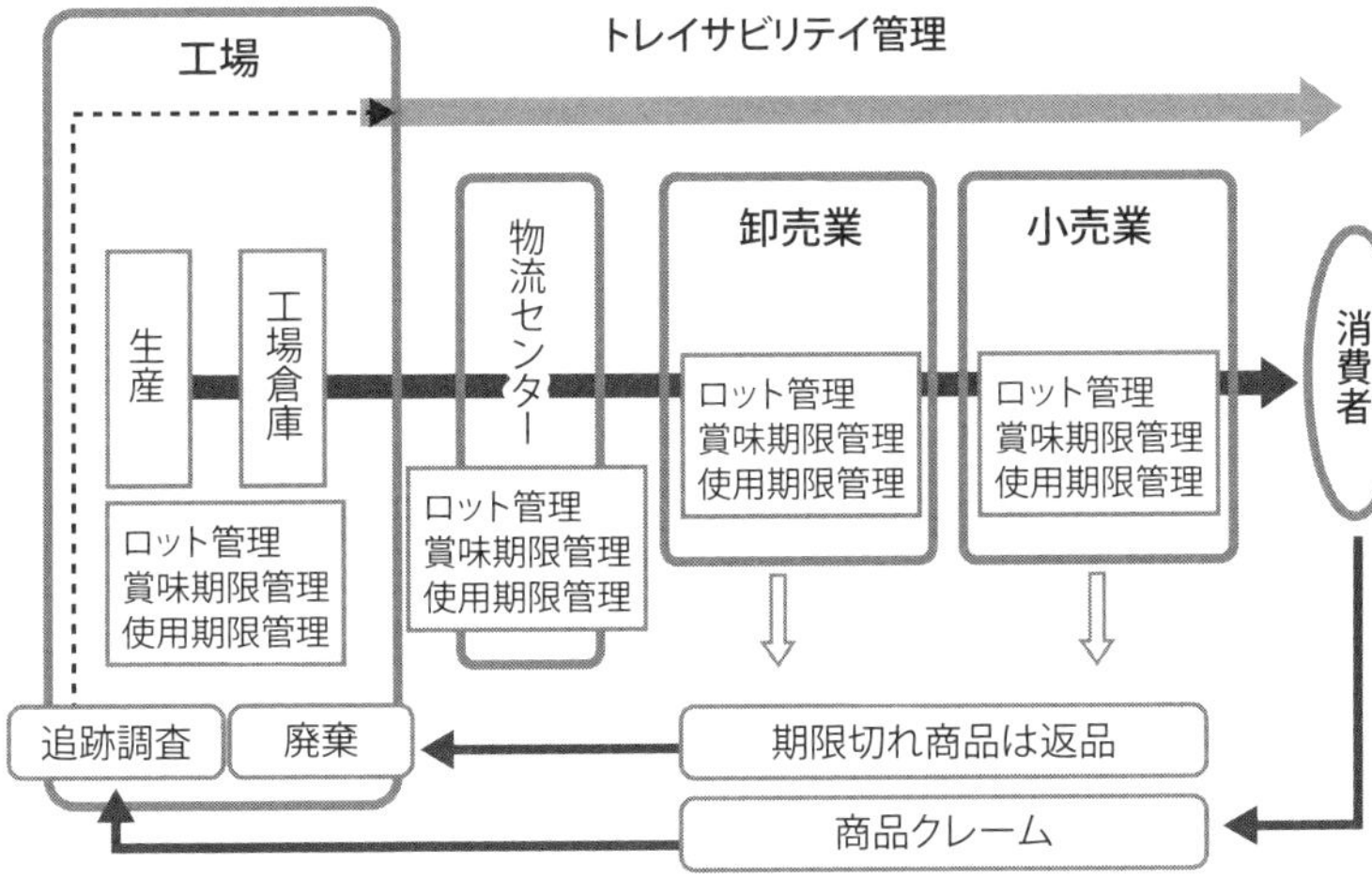

されていなければなりません。

もう一つは古い順に出荷を義務付けて、出荷先と出荷したロットの報告を求めるケースです。

物流センターや店舗に商品を供給する場合も、同様に入荷商品のロット情報は必須です。物流センターなどでは同一商品であってもロットごとに保管・管理されていなければ正確なロット管理ができないことになります。

そして、軽視できないのが輸送業務です。届け先店頭で、指示と異なるロットの商品を荷降しするようなことがあっては一大事です。

したがって、ロット情報はわかりやすいルールのもとで誰でも判読できるような大きさでハッキリ刻印されていなければ対応できないことになります。

昨今は、薬品・食品の業界では、このロット管理と履歴管理をセットで実施する企業も出現しています。

Section 70

保管やピッキングの効率改善に不可欠

ロケーション管理

庫内の作業を多人数で同時に行う場合、格納場所やピッキング場所を迅速・正確に指示できるロケーション管理の技術が必要。

●ロケーション管理の基本

　卸売業や共同物流を営む物流センターでは、非常によく似た類似商品を扱っています。また、卸売業などでは、何千、何万と非常に多くのアイテムを保管しています。このような状況下においては、所定のルールに基づいて保管品が管理されていなければ、どこに何が保管されているのかまったくわからなくなってしまいます。

　そこで欠かせないのが、ロケーション管理の技術です。考え方の基本は、物流センター内の保管場所を碁盤の目のように区画して、一つひとつの区画に番地を付けることです。もちろん、立体的な保管設備を使用する場合は、段にも番地を付けます。一般的には、棟・区画・列・連・段などの順で番地が割り振られます。

　さらに高度になると、保管場所の機能なども付加されます。たとえば、保管専用の「保管ゾーン」、ピッキング専用の「ピッキングゾーン」、いったん保管した場所から順次ピッキングする「保管・ピッキングゾーン」等です。汚・破損品などを区分して保管するような場合には「事故品ゾーン」、所定の保管スペースがあふれた場合の対応として「仮置きゾーン」などを設定する場合もあります。

　設定されたロケーションには、（ピース、ケース、パレットの）保管単位の設定や、保管可能数量などの設定も必要になります。なお、「保管ゾーン」と「ピッキングゾーン」を区分した場合は、庫内作業として補充業務が発生することになりますので、ピッキングゾーンには補充発注点を設定しておきます。扱う商品の特性や物流センターの構造などによって、最適に設計することが重要です。

●簡便なロケーション管理システムも

　在庫管理にはロケーション管理システムが必須であるとの認識が強まって、最近では簡便なロケーション管理システムも市販されています。

　入荷情報を入力すれば、即座に入荷

ロケーション管理の仕組みの考え方例

1. 商品は入出荷量・頻度で層別し、庫内の保管するエリアを定め、保管場所には「ロケーション番号」を設定する
2. 入出荷・補充・棚卸し・庫内整理等の諸作業は、ロケーション番号を表示した帳票等により指示し「誰でも作業できる」環境をつくり出す
3. 入荷日起点の「先入れ先出し管理」を可能とする

〈一般ラック〉

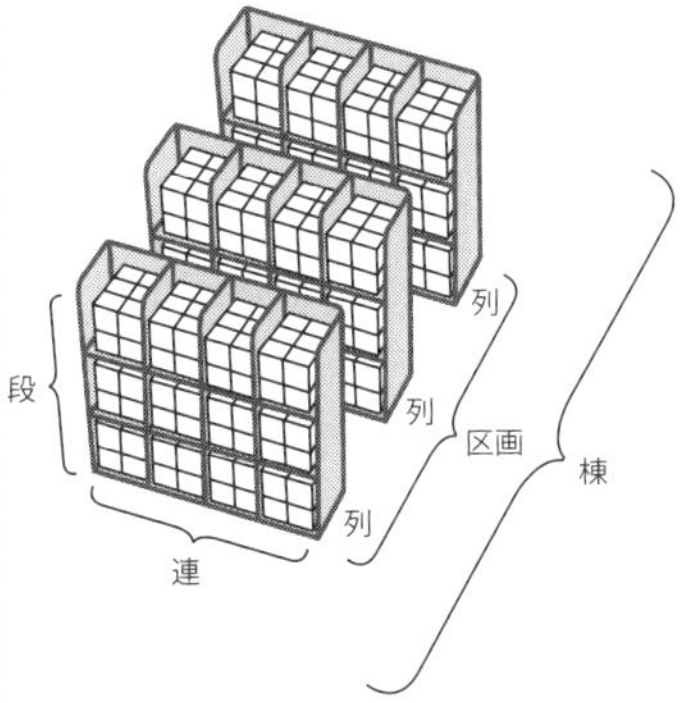

ロケーションの体系

倉庫	棟	区画	列	連	段	ロケーション区分
□□□	□□	□□□	□□	□	□	□

1＝保管ロケーション
2＝ピッキング 〃
3＝保管・ピッキング 〃

品の保管場所が案内され、出荷情報を入力すれば、ピッキング場所が指示されるという優れたものです。自社の用途にしたがってカスタマイズ可能なシステムを選ぶことが必要です。

　また、荷主企業から入荷情報や出荷指示情報が受信できるようになれば、入・出荷情報の入力は不要となります。

　さらに、商品マスター情報の受信が可能になれば、商品のサイズや重量、パレット積付けパターンなども判明するので、庫内作業の生産性は飛躍的に向上すること間違いなしです。

　物流事業者側は、このロケーション管理システムを基軸として、WMS（Warehouse Management System）へと拡充することが可能となります。

　荷主企業側は、「必要情報をタイムリーに物流事業者に提供する」ことが物流改善の第一歩であることを認識すべきです。

Section 71

仕事の繁閑の吸収と出荷との連動が鍵

ピッキング

商品の並べ方やピッキングの方式によって、効率に大きな差が出る。経営的に大切なポイントは、仕事の繁閑の吸収をどうするか。

●ピッキング作業の繁閑の吸収が鍵

物流センターでは、入荷検品、保管・格納、ピッキング、出荷積込み、補充、棚卸し、庫内整理、流通加工など、さまざまな作業が行われます。

このうちで、最も多くの時間を費やすのがピッキング作業を含む出荷作業で、入荷検品、保管・格納などの入荷作業に対して3倍以上の時間を費やしています。ピッキング作業の効率や品質が、物流全体の生産性向上のボトルネックとなりがちです。ここでの最大の悩みは、仕事の繁閑の吸収にあり、多くの企業でこの作業をパート社員に依存しているのはそのためです。

仕事量の山は日にちも時間も限られていることから、事務職員の応援で解消しているのが若松梱包運輸倉庫（石川県白山市）です。

同社は「臨時の傭車やアルバイトで乗り切る」という考えは持っていません。働いている人は全員正社員で、どんな仕事でもできるように日頃から教育・訓練されていて、ピッキング作業のピーク時には、現場作業にも精通している30名前後の事務部門のスタッフが応援に駆けつけています。このやり方で、いかなる事態にも対応が可能であることを誇りにしています。

●出荷と連動したピッキング作業が鍵

ピッキングの手法には「種まき方式」と「摘取り方式」があり、どちらを採用するかはピッキングの単位、荷姿、商品特性や輸送方式などによって決められます。

メーカーの物流センターでは、社員がフォークリフトを使ってケース単位のピッキングを行うのが主流です。一方、卸売業では、パートを主要な労働力として、デジタルピッキング装置や台車ピッキング装置を使ってのピース単位での作業が主流となっています。

いずれにしても、ピッキング手法・保管機器・センター構造などから独自に設計しなければなりませんが、物流環境の変化を考えると自動化装置の導入はリスクが大きいので慎重を要しま

ピッキングの効率向上のポイント

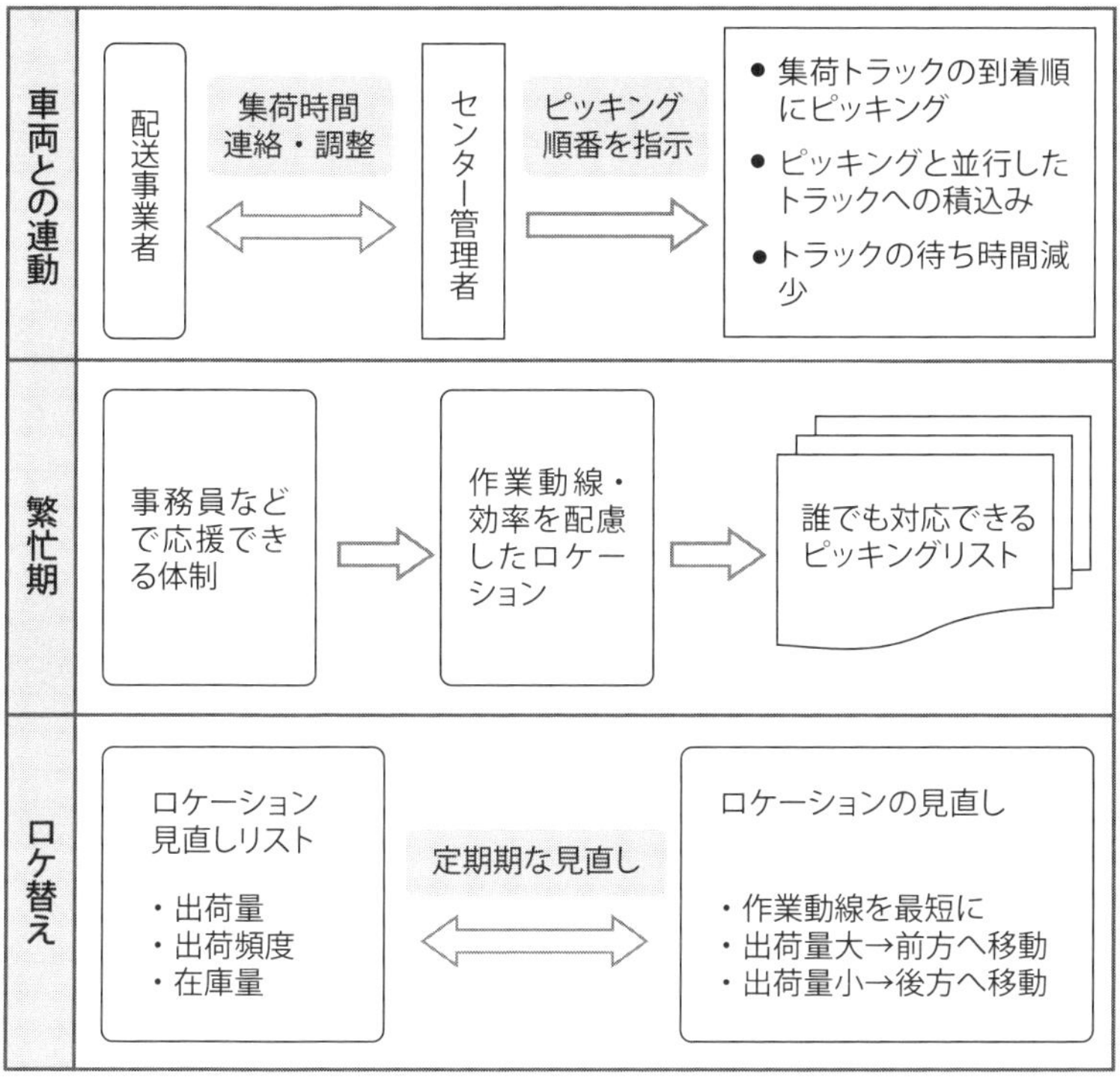

す。最も重要なことは、ロケーション管理システムと保管・ピッキング機器の調和で、効率的な組合せを探ることです。ロケーション管理システムが充実していれば、シンプルな機器でも効率的にピッキング作業をサポートできるはずです。

大規模な物流センターでは、多くの積込み待ちのトラックが周辺路上まであふれている光景をよく見かけます。到着しているトラックのピッキングが終わっていないことが原因です。また、ピッキング済み品の積込みトラックが到着していなければ、出荷ホームにピッキング済み商品が山積みされて邪魔になるばかりです。

毎日のルーチン作業ですから、毎日連絡し合ってピッキング作業とトラックの到着の連動化を図ることです。こうした管理がセンター運営責任者の任務であることは言うまでもありません。

Section 72

ＩＴが物流を大きく変える

情報に関わる技術

IT（情報技術）の発達により、輸送中の荷物を追跡し、広大なセンターで働く作業員に指令を飛ばすなど、これまでできなかったことができるようになった。

●物流の発展・進化を支える情報技術

物流改善を進めようとするなら、「物流はシステムである」ということを理解しなければなりません。

物流がシステムであるということは、輸送・保管・荷役・包装・流通加工という五つの要素活動と、これらをつなぐ情報活動とが、相互に緊密な連携を取り合って共通の目的に取りかかっているということです。

とりわけ近年の目覚しいＩＴの発達・普及は、企業間・部門間・機能間の連携強化に大きな貢献を果たしています。

インターネット、パソコン、携帯電話、バーコード、ＧＰＳ等の普及は、物流のこれまで見えなかった部分を可視化し、情報伝達時間を限りなくゼロにすることで、不可能を可能に変えてきました。

第3章で取り上げてきた「攻めの物流改善」のいずれの実践事例においても、「ＩＴなくして物流改善はない」ということです。

物流が年々進化の歩みを進めるにしたがって、物流における情報の働きも変化しています。

当初は、企業内の「個々の部門での物流最適化」を図るためのクローズな情報システムから出発しました。

そして、物流が企業としての全体最適化をはかるためのロジスティクスへと進化するためには、全社の基幹業務を統合化した情報システムの構築が求められるようになりました。

さらに、ロジスティクスからＳＣＭへと進化するためには、情報に関わる技術がいっそう重要となってきます。

●コード体系の設計が重要

しかし、ＩＴがいくら発達し、物流の全領域で活用できるようになったとしても、われわれ使う側の利用技術がこれに伴わなければ「攻めの物流改善」の武器とはなり得ません。

利用技術の前提となるのが**「各種マスター類の正しい管理」**と物流部門で働く人たちの**情報リテラシー**（情報を

情報に関わる技術の体系

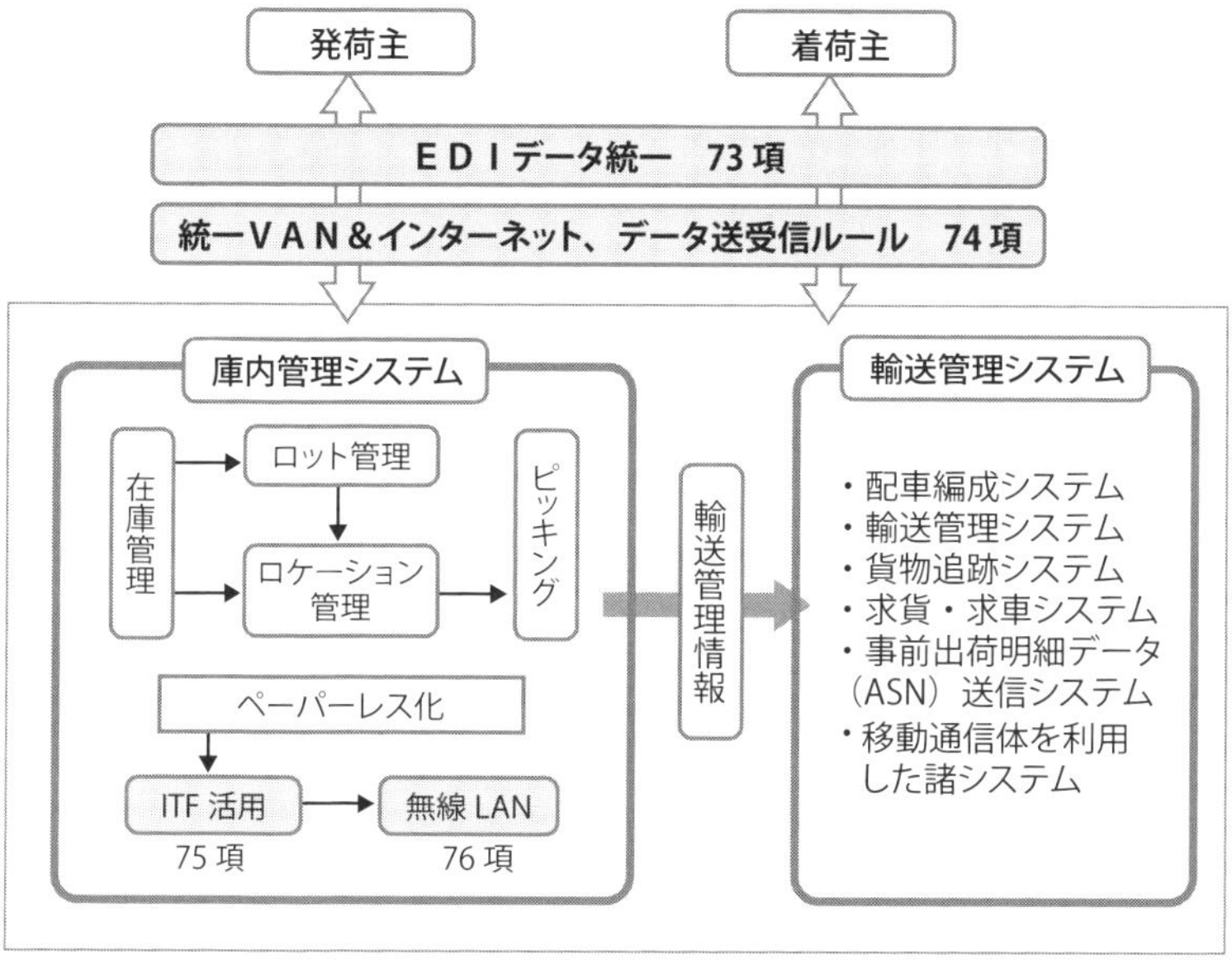

※「○項」は本書でのsection番号

使いこなす能力）です。

行政は、物流業界の情報化促進のために各種の標準化を進めてきました。必要な各種のコードについても体系化が進み、業界ごとに共通のＥＤＩフォーマットが設計されたり商品データベースを構築されるなどで、必要な企業がいつでも利用できるインフラが整ってきました。

自社で使用するコードだからといって勝手に決めるのではなく、将来の社外との情報交換を前提に社外の動きを充分調査したうえで決定する必要があります。また、各種マスター類を随時メンテナンスしていないと、誤りによる混乱や、その修復に時間がかかるという事態を招きかねません。

このように、物流にはＩＴが不可欠ですから、ここで働く人たちが情報リテラシーが問われることは言うまでもありません。

Section 73

届け先コードの統一が鍵に

EDIデータ統一

物流は、異なる企業や組織間での情報の交換なしには成り立たない。EDIでは、フォーマットや送受信手順等の規格化・標準化が不可欠。

●必要な情報をモレなく含めるには

物流事業者は、多数の荷主とデータ交換を行う必要があります。その多くはEDI（電子データ交換）が使われますが、その際、各荷主のデータの内容や形式がまちまちだと対応に大きな負担がかかります。荷主側も、特定の物流事業者としかデータ交換ができないということになれば、とっさの対応に不都合が生じかねません。

どちらの立場であるにせよ、必要とする情報が含まれていない場合の対応が問題となります。

業務遂行のために必要とされる情報はたくさんあります。**商品情報**でいえば、重量・容積などの基本情報のほかに、寄託価格、荷姿、パレットへの積付け面・段、保管上の法規制、ロット管理の有無、等々です。また、**出荷指示情報**では、指定時間、納入車種制限、パレット配送の可否、等々です。

荷主の保持しているシステムは同一でないことから、必要となるのが**EDIデータ統一**の技術です。

受信データは、物流事業者側がイニシアチブを取ってEDIデータ種を設計しないと統一することができません。必要とする情報が含まれていないケースがあり得ますが、その場合には荷主側に改善依頼を出し、当面は受信後に該当データを入力できるように設計しておくことです。**送信データ**は、各荷主が求める内容をすべて含めて設計する必要があります。

●共同物流を営む企業の対応事例

最も対応がむずかしいのは**届け先コード**で、各荷主がそれぞれの都合でコード付けをしているのが一般的です。これでは複数の発荷主の荷物を同じ届け先へ届けるケースが生じても、指示を受けた物流事業者側のシステムで届け先を束ねることができません。せっかく**「束ね効果」を掴むチャンス**であるのに、逃してしまうことになります。

プラネット物流のケースでは、業務開始に先立ってEDIデータ種の設計業務から始めています。参加予定メー

プラネット物流のEDIデータ統一の事例

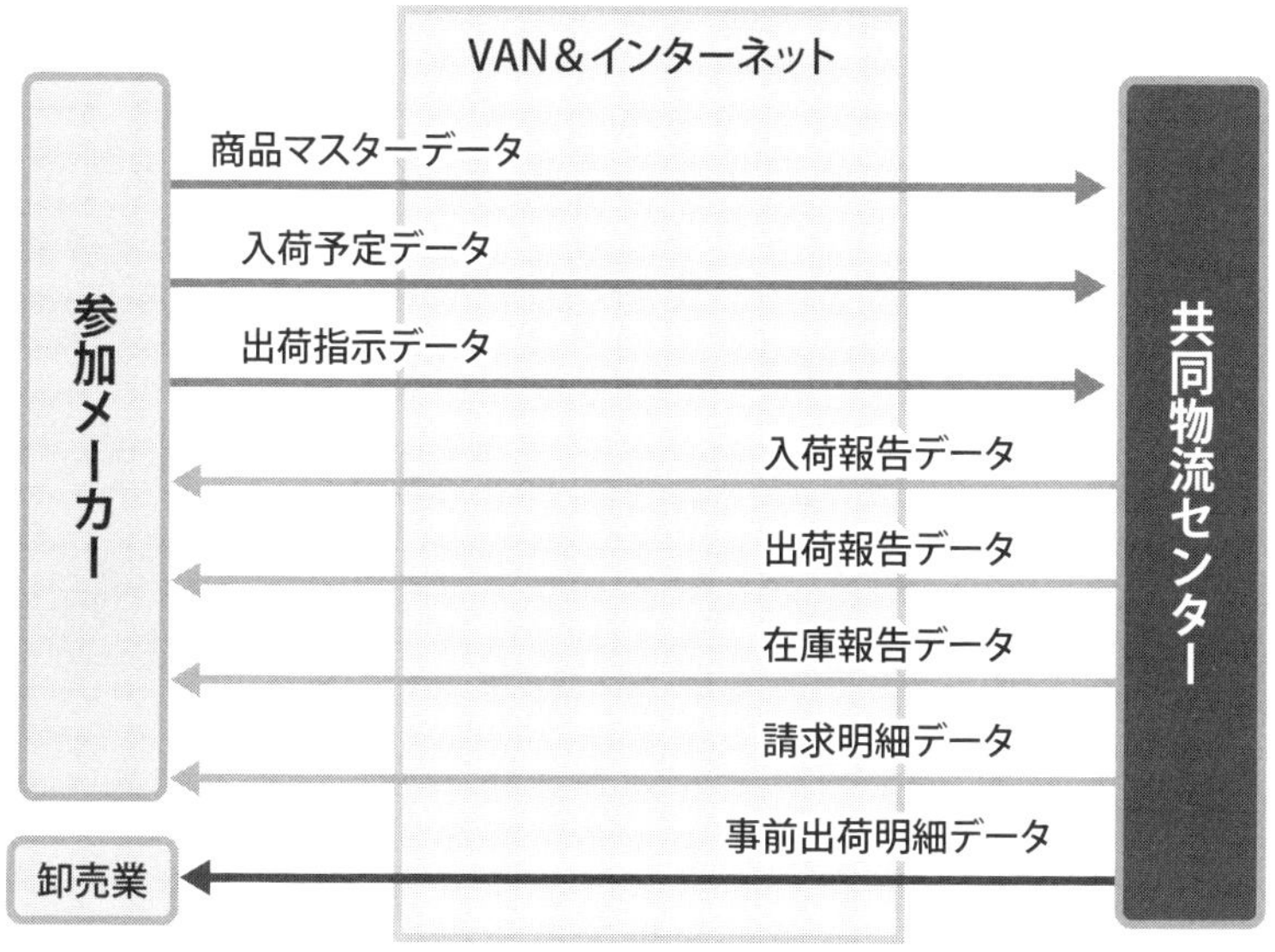

カーのシステム担当者で構成する「システム専門委員会」が半年間に及ぶ検討を行い、ＥＤＩデータの統一フォーマットの設計を完了させました。

統一設計したＥＤＩデータ種は８種で、同社が受信するデータ種は必須、荷主側に送信するデータ種は任意とすることも含めて、通信費は受け手側が負担するというルールも取り決めました。

同社のＥＤＩデータ種では、出荷指示データ内に「標準届け先コード」を取り入れました。

参加メーカーが独自に割り振っている届け先コードと、プラネットが設計した標準届け先コードをセットで必須情報としている点が最大の特徴です。

これによって同社の物流情報システムでは、複数のメーカーから出荷指示データを受信しても、**「同一届け先に束ねる」**ことが可能になりました。

Section 74

「決めたルールは必ず守る」は基本中の基本

データ送受信ルール

出荷指示データの追加受信や特殊対応などを例外的に受理するケースの多発は、後工程の物流業務に甚大な影響を与え、システムの信頼性が薄れていく。

●確立後のルール破りは許されない

多数の荷主の商品を扱っている物流事業者や共同物流の運営会社では、入荷検品や保管・荷役、ピッキング、配送業務などを効率的にサポートできる物流情報システムの開発・保持は欠かせません。前項で記したEDIデータ統一の技術によって、まずは必要なデータ種を設計したうえで、相互にデータの送受信を行える環境を整えます。

その後、必要となるのが**データを送受信する時間帯**を定めておくこと等、**運用ルールの設定とその遵守**がきわめて重要となります。

具体的な例で説明すれば、

①商品マスター情報は、入荷日の3日前までに送ること

②入荷予定データは、入荷日前日の16時までに送ること

③出荷指示データは、13時までに受信した分を翌日出荷（配送サービスレベルの詳細設定は最も重要なルールとなります）。

④荷主が求める報告データも送信時間を決めておく。

等々です。

例外対応の多い物流現場ではありますが、とくに荷主側から送信される出荷指示データの締切時間が遵守されなくなると、以降のピッキングや配送業務などが煩雑となって、最も重要な配送のサービスレベルや物流品質などが維持できなくなります。

共同物流を運営している場合には、特定の荷主のルール破りが、他の荷主にまで影響を及ぼし、最終的には荷主の顧客（納品先）にまで影響が波及するということを、参加荷主がよく理解していることが大切です。

●データ送受信ルール確立の事例

プラネット物流では、現在多くの荷主の参加を得て、メーカー共同物流を実践しています。

設立前に最も苦労したのが情報システムの開発でしたが、その中でとくに調整がむずかしかったのが**出荷指示データの受信締切時間**と着荷日との関連

プラネット物流に見るデータ送受信ルール

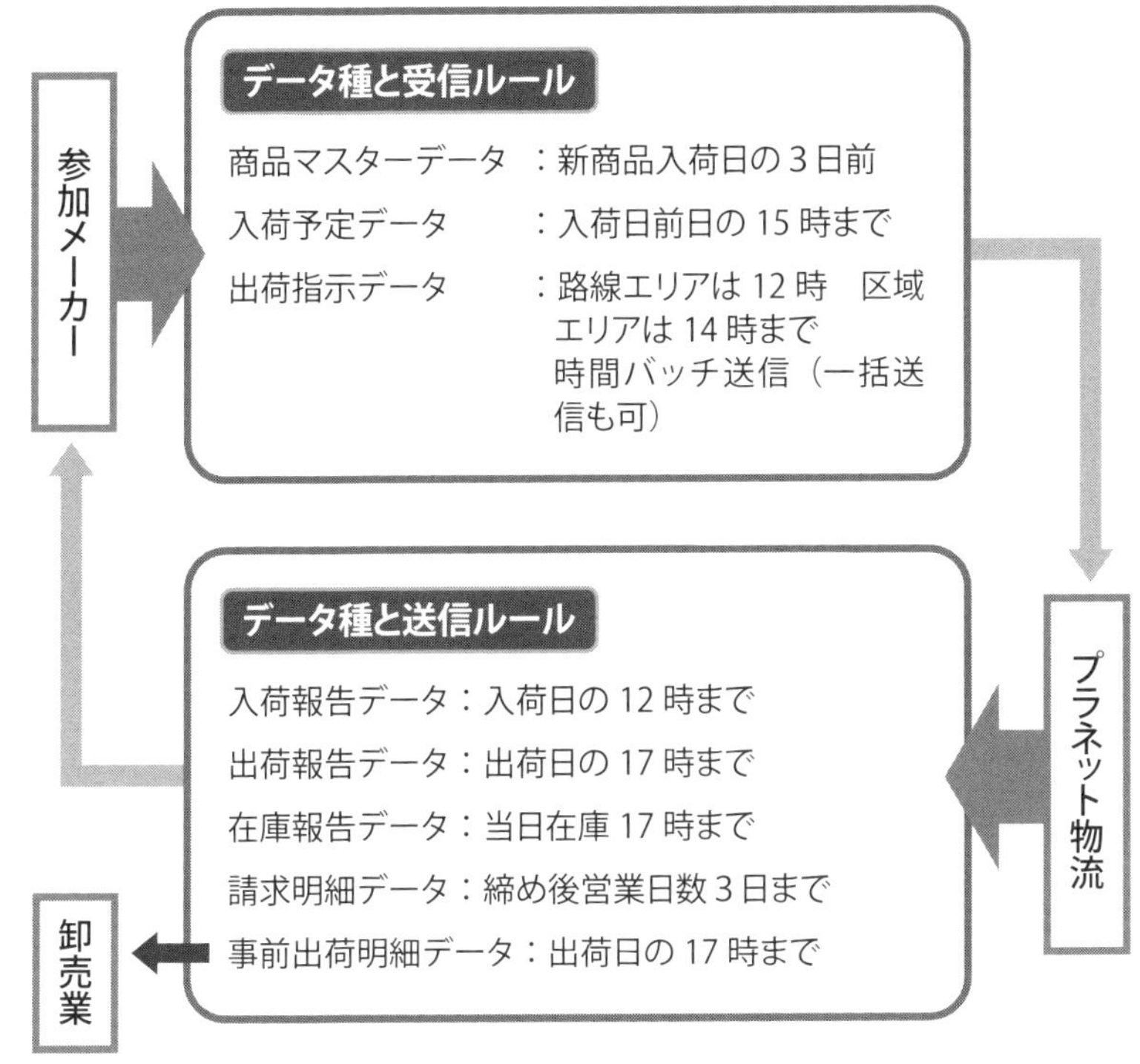

の「配送サービス・レベル」の設定でした。

最終的に合意に達したレベルは、

①配送エリアを路線エリア（物流センター起点１０１キロ以遠）と区域エリア（物流センター起点１００キロ圏内）に区分

②路線エリアのデータ締切時間は12時として当日出荷（主要都市部は翌日着荷、例外的な郡部は翌々日着荷）

③区域エリアのデータ締切時間は14時として翌日着荷（出荷は当日か翌朝）

そして、時間外の緊急出荷に対してはオプション料金（割増し）を課すこと等でした。もちろん同社のすべての物流センターが共通です。

出荷指示データ以外の他のデータの送受信ルールもすべて取り決め、共同物流業務をスタートさせています。

Section 75

これほど自動化に寄与しているコードはない

ITFコード

ITFのソース・マーキングはメーカーの責務。未表示の荷物が入荷してきても、瀬戸際でのITF付与は事故や混乱の原因となるため、絶対に許されない。

●JANコードで単品管理はできない

われわれの最も身近なコードにＪＡＮ（Japanese Article Number）があります。ＪＡＮは、共通商品コード用バーコードシンボルとしてＪＩＳで認定されているものです。

スーパーやコンビニで扱っている商品には1個ごとにバーコードが必ずソースマーキングされていて、日ごろ店頭のキャッシュレジスターで体験しているとおり、バーコードを読み取るとその商品の値段が表示されます。

また、店舗側で売上計算が確定すると同時に、コンピュータ上の店頭陳列棚の在庫を減算します。この在庫の数量は、翌日の仕入量を決めることに使用されます。

このＪＡＮコードは主に、「売上計算に使用することを目的に」導入されたものですから、同じ型で同じ金額の商品でピンクやグリーンの色違いの商品があった場合にも、同じＪＡＮコード表示でよいとされてきました。

これでは、ピンクとグリーンとを区別している**単品単位での在庫管理には向かない**ことになり、物流現場で使用するわけにはいきません。

そこで、物流現場作業用に導入されたのがＩＴＦ（Interleaved Two of Five）です。

●ITFが物流商品用バーコード

ＩＴＦは、物流商品コード用バーコードシンボルとしてＪＩＳで規定されていて、在庫管理に必要な単品ごとにコードを変えなければならないルールになっています。先の例で言えば、ピンクとグリーンには、それぞれ異なったコードを付けることになります。

これまで、14桁と16桁の2種類がＪＩＳ化されていましたが、国際的に14桁に統一されて、**２０１０年４月以降は16桁は使用禁止**となりました。

ＩＴＦコードを商品の外装に表示する位置も定められていますから、自動認識装置を備えたコンベア上に流せば、どのような商品が混在していても自動的に商品名称の確認や通過数量の確認

JAN・ITF両コードの仕様

JANコード：印刷の詳しい規格は、JIS規格書「JISX0501」に従う

国コード2桁、メーカーコード5桁、商品コード5桁、チェックデジット1桁の13桁

ITFコード：印刷の詳しい規格は、JIS規格書「JISX0502」に従う

集合包装用識別コード1桁、イレジケータ2桁、メーカーコード5桁、商品コード5桁、チェックデジット1桁の14桁

ができることになります。

具体的な活用技術として、工場内では、生産される種類の異なる商品を同一のコンベアで搬送させても、それぞれの専用パレタイザーのラインに仕分けてくれたり、あるいは仕上げや倉入数量をカウントすることができます。

また、物流センター内では、荷降しする際にコンベアを活用すれば、商品名称や入荷数量の確認が可能となります。ピッキングや棚卸しなどでも、ＩＴＦコードを使って商品名称の確認が可能です。

もちろん、ＩＴＦを自動認識するための装置の取付けや、物流諸作業を効率的にサポートするための情報システムを保持していなければなりません。

流通システム開発センターのマニュアルに従って、まず、メーカー側がすべての商品の外装にＩＴＦ表示を促進することが絶対条件となります。

Section 76

庫内作業の司令塔

庫内無線LAN

庫内で働いている個々の作業員の生産性が正確に把握でき、庫内作業の進捗が見えてくれば、緊急の応援対応や作業員の割り振りなども合理的になる。

●庫内作業の進捗把握に不可欠な道具

物流センターでは多くの人が、広くて死角の多いところで連携を取り合いながら働いています。それだけに、「いま、誰が何の作業をしていて、その進捗具合はどうか？」といったことを把握するのはむずかしいことです。

ＩＴＦが表示されている商品を扱っている物流の現場では、これを利用した**庫内無線ＬＡＮシステム**を有効に活用して、この問題を解決しています。

そのためには、フォークリフトなどに作業指示や実績を送受信するための車載端末器を設置する必要があります。

庫内無線ＬＡＮによって、すべての作業がホスト・コンピュータから車載端末器を通じて指示されます。また、指示された作業の報告も車載端末器からホストに送信されます。このことによって、誰が何の作業に取りかかっているか、庫内作業の実態や作業の進捗把握が可能となります。

作業の接点となる部分には、独自にバーコード化したバーコードラベルを貼付するなど、各作業の進度などが管理できるような工夫も必要となります。

●ボトルネックの仕事を探せ

作業実績や進度管理をどのレベルまで把握するかによって、作業指示や作業報告のデータ単位などが異なってきます。また、把握すべき作業の内容によっても車載端末器のメニューの細かさなどが決まってきます。

入荷作業であれば検品・搬送・仮置・格納の単位で、出荷であればピッキング・出荷バースへの搬送・検品・積込みなどと、考えられる作業単位を決めることです。

またメイン・メニューには庫内で考えられる作業内容を、たとえば次のようにすべて網羅することが必要です。

①入荷作業
②ピッキング作業
③棚卸作業
④庫内整理作業
⑤パレット修理作業
⑥流通加工作業

倉庫内無線 LAN

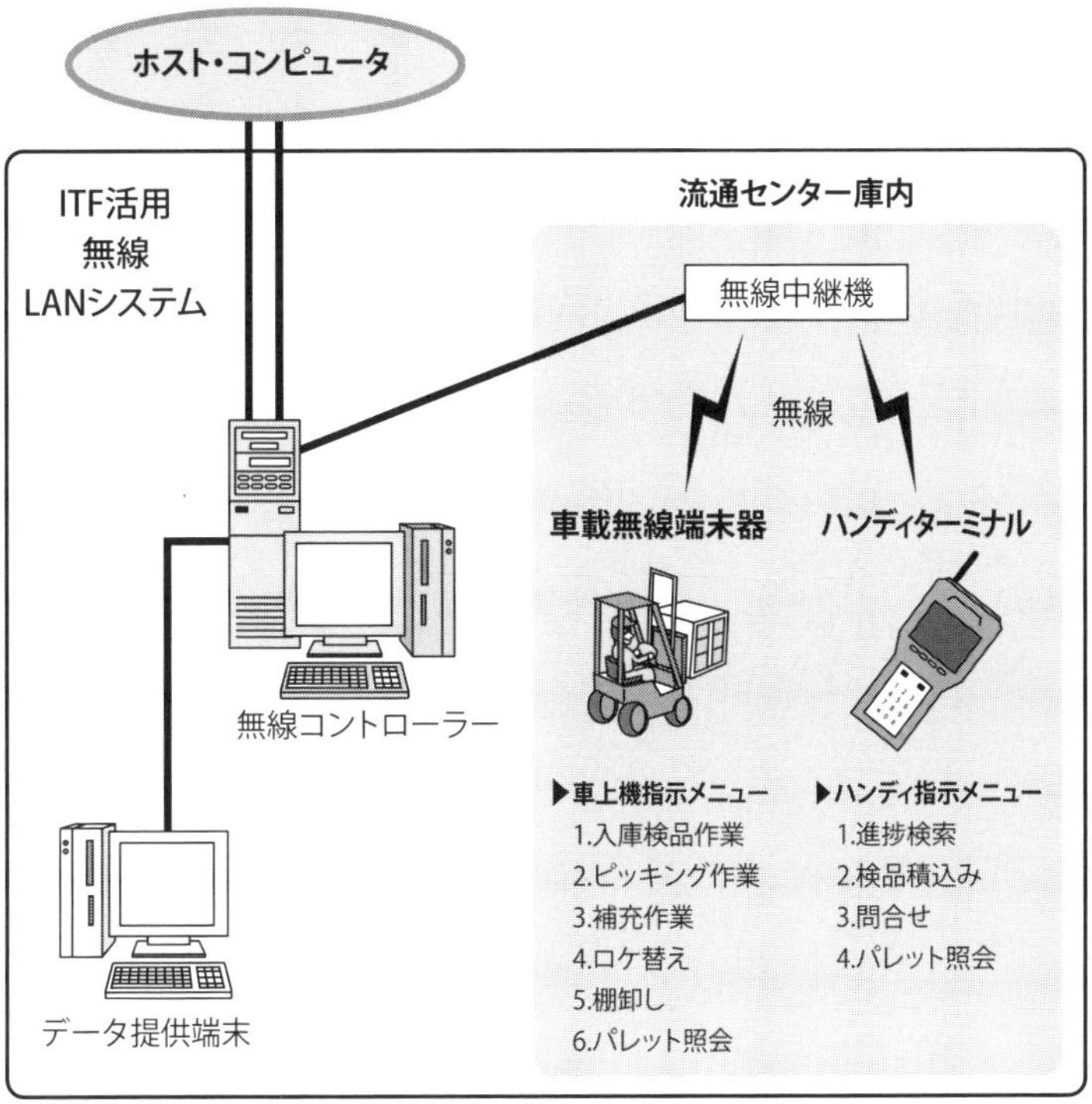

⑦会議出席
⑧休憩

さらに従業員には社員コードを割り振りし、使用する車載端末器に入力することで、事務所内の進捗管理端末器からいつでも「誰が、何の作業を実施しているか？」を瞬時に把握することができます。総作業量から作業報告データを差し引けば進度管理となります。

そして、作業実績をホスト・コンピュータの側で把握し、日単位であれば個人別作業日報に、月単位であれば個人別作業月報にと、即座に加工されます。

その結果、社員一人ひとりの生産性が完璧に把握されることになります。生産性のよくない社員を個別に指導することも可能となります。

何よりも、**各作業のトータル的な生産性の把握**と、**ボトルネックとなっている作業の発見**が可能となります。

Column 4

物流プロパガンダ

新部長は常々、「企業としての“物流ＩＱ”を高めたい」とおっしゃっていました。

具体的には、「物流に対して興味・関心を持つ社員を増やす」ということですが、これはそう簡単なことではありません。

まずは、「物流に関係していると思われる部署」から始めようと考えましたが、部長が考えている「関係部署」というのは、部下の私たちが考えているものよりはるかに広いことがわかりました。

部長は、若い頃はプロダクト・マネジャーをやっておられたこともあって、社内外に豊かな人脈を持っていて、その人脈を生かしてのプロパガンダでした。

たとえば、「製品のコンパクト化は物流面でどのようなメリットがあるか」といったことを、研究開発部門、製品企画部門から営業部門まで、具体的に説いてまわるのでした。

このような行動は、「角砂糖の大きさはパレットの大きさから決められた」という逸話にも通じるところがあって、「物流のことを念頭に入れて製品開発をしなければならない」という思想です。

時には、開発中の新製品サンプルを借りてきて、それを手に熱っぽく説くのですから説得力があります。

このようなプロパガンダが功を奏さないはずはなく、社内の目が徐々に物流に向いてくることが感じとれるようになりました。

このように“広い意味での利害関係者”のことを、最近ではステークホルダーというコトバで表現しています。

物流システムのような「巨大で複雑なシステム」では、ステークホルダー間のコミュニケーションの良し悪しが全体効率を大きく左右することになります。

ですから、ステークホルダー・ダイアログといった「意見交換の場」を正式組織として運営している企業もあるほどです。

これからの物流運営にはステークホルダー・マネジメントが欠かせないということになります。（津久井）

5章

「攻めの物流改善」の進め方

Section 77

時間をかけて制約条件に働きかけていく

「守りの物流改善」から「攻めの物流改善」へ

問題を解くために、どうしてもはずさなければならない制約条件。「攻めの物流改善」の最も大切な鍵は、その制約条件をどうはずすか。

●「攻めの物流改善」の第一の関門は

これまで使ってきた「攻めの物流改善」というコトバを、ここでは別の角度から整理します。まず最初に、「われわれは何に対して攻めるのか」という「攻めの対象」についてです。ここまで読み進んでお気付きの方も多いはずですが、「攻めの対象」は「リスクを恐れて臆病になりがちな私たち自身の心」である場合が多いのです。

あなたは物流の仕事に就いて以来、自分の仕事には「改善すべき問題」がいくつもあることに気付いていたはずです。そして、それらのいくつかの問題については、実際に改善にも取り組んだことでしょう。

しかし結果は、その問題を取り巻く思いもかけぬ「制約条件」に阻まれて、思ったほどの成果は得られなかったはずです。「制約条件」を取り除くためには関連している部署との厄介な調整が不可欠であり、多くの場合ここらあたりで立ち往生することになります。

この厄介な「制約条件」の解除に積極果敢に取り組んでいくのが「攻めの物流改善」であり、「制約条件」の範囲内に留まってできる範囲で行う「守りの物流改善」と一線を画しています。

●面白くて日の当たる仕事に変える

物流に携わっている人たちに共通していることは、**真面目さと忍耐強さ**です。そうでないと物流システムはまわっていかず、その結果生じる混乱はすべて自分に跳ね返ってくることを知っているからです。

しかし、真面目さと忍耐力だけではあなたの前に立ちはだかっている問題を解決することはできません。「攻めの物流改善」は、リスクを恐れて臆病になっている自分、うつむいている自分の心を奮い立たせることから始まります。

われわれは1章で、「攻めの物流改善」に転じなければならない背景を学びました。2章で、「攻めの物流改善」には40年を超える歴史があることを、3章では「攻めの物流改善」で成功し

パラダイム・シフトしよう！

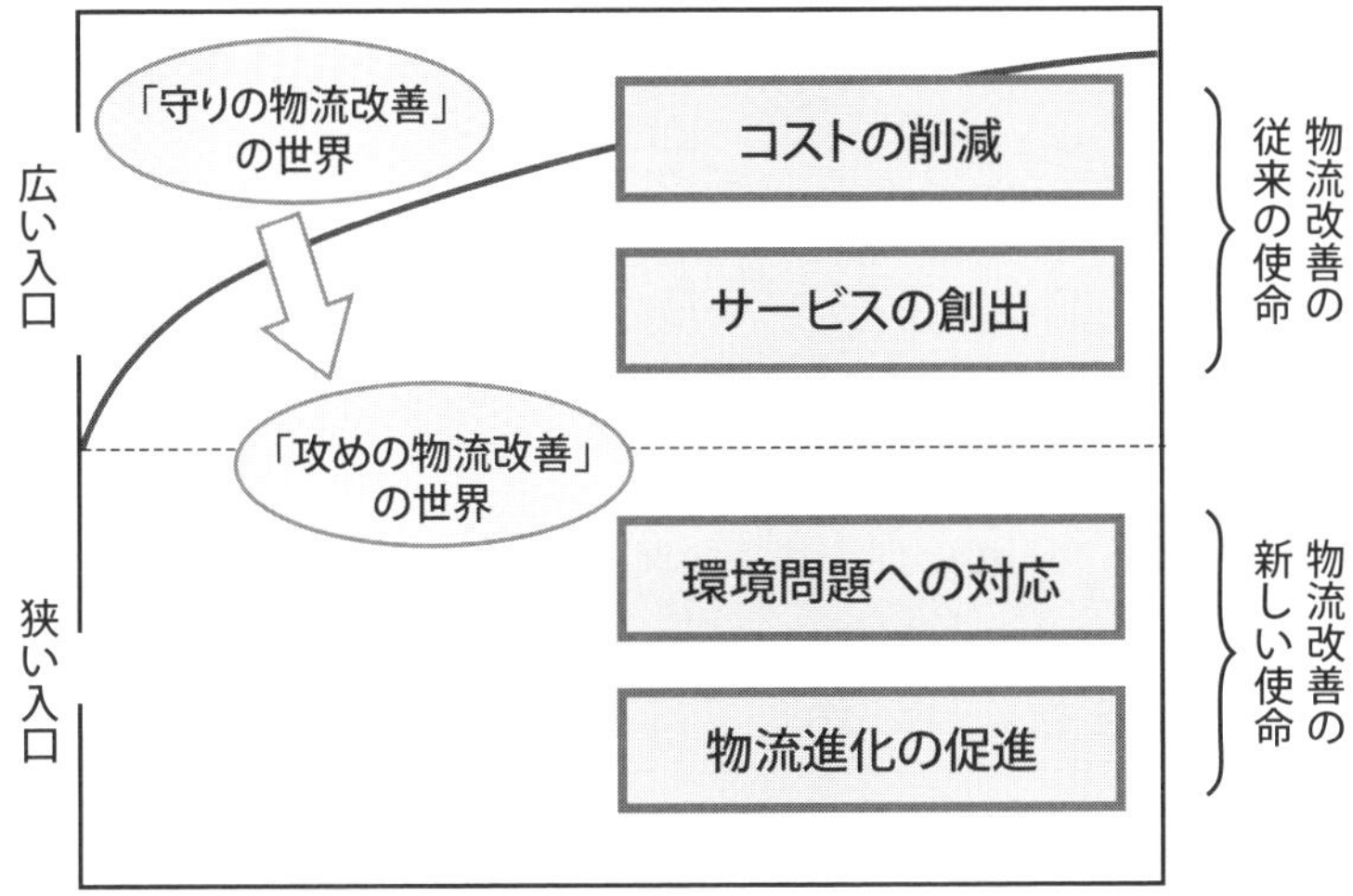

ている10社の具体的な事例について学びました。さらに4章では、「攻めの物流改善」を支える技術についても学んできました。

この四つの章に共通していることは、長い時間をかけてパートナーをつくり、目的を共有化して取り組むこと、すなわち**物流コラボレーション**の大切さです。3章の10の事例は、いずれも1社では解決できない問題をコラボレーションによって知恵を創出して、活路を見出し、リスクを回避しています。

事例には、「なぜ俺ばかりが、こんなつまらない日の当たらない仕事ばかりをやらされているのだ！」と腹を立てている人は見当たりませんでした。

「攻めの物流改善」とは、つまらないと思われてきた仕事でさえもエキサイティングな仕事に変えることであり、陽の当たらなかった仕事を陽の当たる場所に引きずり出すことなのです。

Section 78

時には外圧も利用して

小さな一歩からの出発

「攻めの物流改善」は簡単ではない。改善についての合意形成を必要とし、厄介な調整を伴い、多くの場合、利害関係者の協力が必要であるから。

●「攻めに転じる」きっかけを掴む

これまでに取り上げた事例は、いずれも長い年月をかけて取り組んできた成果でした。なかには30年、40年もかけてきたものもあって、いまなお進化を続けています。

あなたは、「そんな気の遠くなるような長い話には付き合えない」と思うかもしれませんが、われわれが関わっているビジネスだって、かつて誰かが起業したものを皆で営々と引き継いできたものです。そんなビジネスの一翼を担ってきた物流がそうだからといって、とくに驚くことでもないはずです。

本書で紹介してきた「攻めの物流改善」の事例についても、そのきっかけはいろいろですが、誰かが最初に「小さな一歩」を踏み出すことで始まったものばかりです。

取組みのきっかけで第一に挙げられるのが、**「行政やそれに準ずる機関からの強い働きかけ」**でした。最近では、「省エネ法」の改正に伴って物流も環境問題への対応が求められるようになったことがあります。地域社会からの強い要請も、これに含まれるでしょう。

第二は、メーカーにとっての卸売業・小売業組合のような**「取引先の団体からの要請」**があります。

●最初の一歩を踏み出すことが大切

そして、第三のきっかけは、**「従来のアプローチの限界」**に自ら気付くことです。外圧でないだけに、尋常なことではなかなか火がつかないという欠点はあります。

物流現場の仕事には、「待った！」がきかない忙しさがあります。1か所の仕事が滞ると、そこがボトルネックとなって全体の仕事に遅延の影響が及びます。そのうえ、絶えず外部から緊急の要請や連絡が入り、いっときも気が休まるときがありません。投入できる人材にも乏しく、予算も取れません。

物流改善のためといえども、いま動いているシステムを一時的にせよ止めるなどできない相談で、大きな現場改善は「走っている車を修理する」よう

「攻め」に転じるキッカケ

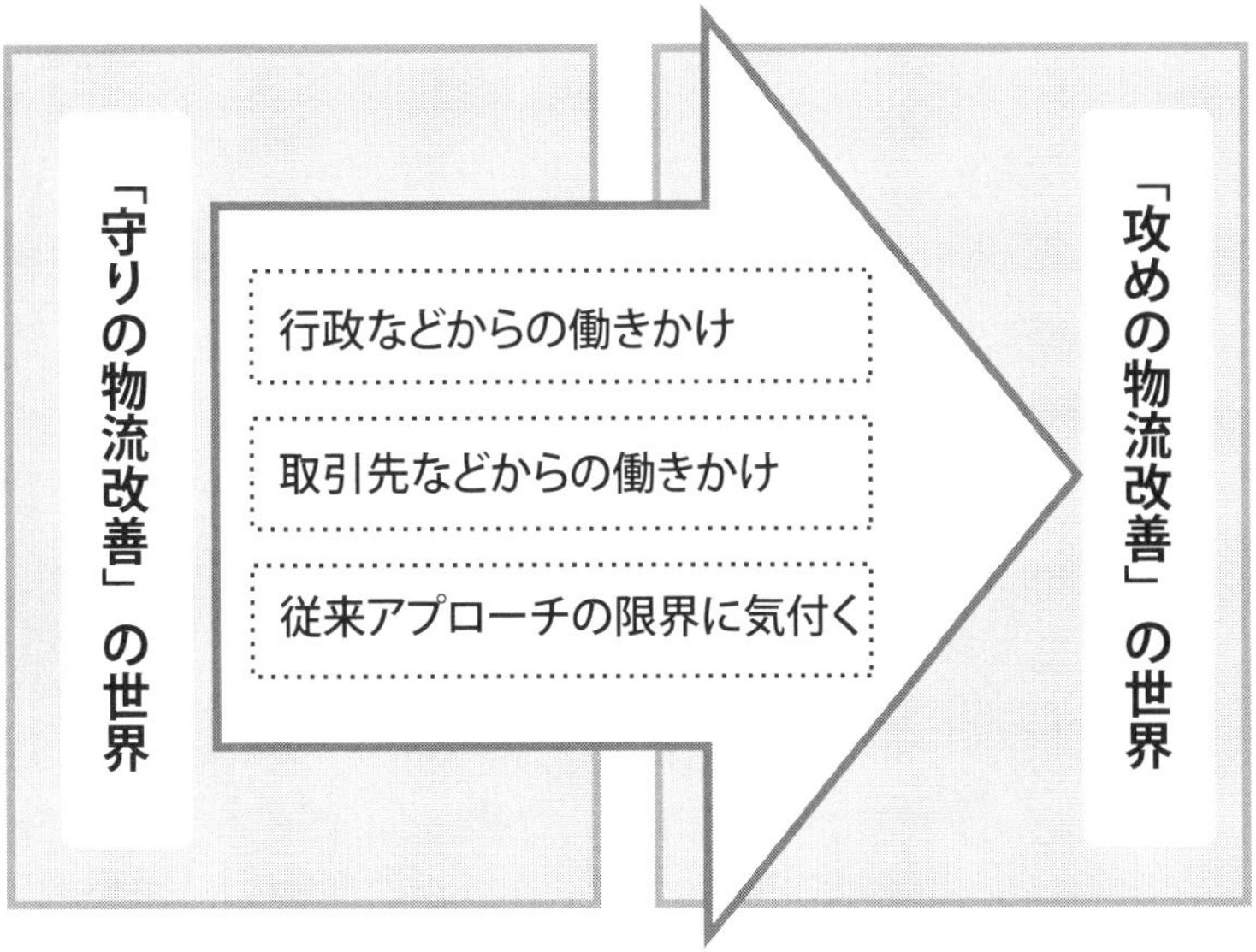

なリスクを伴うものです。その点では、新機能をシステムに追加するほうが、システムの部分改修よりもはるかにリスクが小さいということになります。

　こんな具合に、やれない言い訳ならいくらでもあります。しかしいま、あなたが「小さな一歩」を踏み出せるかどうかが、あなたの会社のこれからの「物流のあり方」を決めてしまうことになるのです。

　小さな一歩でも踏み出すためには、あなたは勇気をもってスタートラインに立たなければなりません。

　一歩を踏み出すことで、つまらないと思ったこともあったルーチンワークの中にさえ、「へえーっ、こんなことになっていたのか！」といった「大きな驚き」を発見することになるからです。

　それから先は、あなた流のやり方で歩み続けていけばよいのです。

Section 79

まずは「パイプづくり」から

委員会方式の形態

物流ほど、多くの組織と関係している仕事はない。その関係は社内だけに留まらないため、「パイプづくり」は決して容易ではない。

●委員会方式のいろいろ

物流ほど利害の異なる多くの組織と関係している仕事はなく、その関係は社外にも広がっていることから、委員会の設立もその運営も容易なことではありません。委員会の設立を余儀なくさせるような外部圧力やトップの指示があったような場合は別ですが、そうでない場合は、目的の明確化さえ容易ではありません。

状況によって委員会の目的はそれぞれ異なって当然なのですから、それぞれがそれぞれのやり方で運営していく中で「徐々に進化させていったらよい」と考えることです。

企業間にまたがる委員会方式を採用して、「攻めの物流改善」に取り組んでいるケースをいくつかご紹介します。

○ハリマ共和物産（卸売業）のケース

兵庫県姫路市に本社を置く日用品の卸売業（年商が約３００億円、従業員数が約１５０人）で、仕入先にあたる主要メーカーに参加を呼びかけて、「物流研究会」を設けています。

卸店からの情報提供、各メーカーへの協力要請が主要テーマですが、すでに20年以上の運営実績を持っていて、テーマは多彩です。**参加者にとっても有益な情報収集の機会**となっているので、わざわざ東京から参加しているメーカーもあります。

○制度品化粧品メーカーのケース

名称を「コスメ物流フォーラム21」といい、１９９７年、アルビオン・花王・カネボウ・コーセー・資生堂・マックスファクターの６社が、全国化粧品小売協同組合連合（全粧連）からの要請を受けて結成したものです。

制度品化粧品は併売小売店が多いことから、「小売店の発注事務の一本化」「小売店への配送の共同化」が求められたもので、**委員会設置の目的が明確**であり、実効を上げています。

○旧財閥系グループ企業のケース

同じグループに属しているという結束の強みを発揮して、商社・メーカー・物流事業者が定期的に集まる研究

「委員会」組織のいろいろ

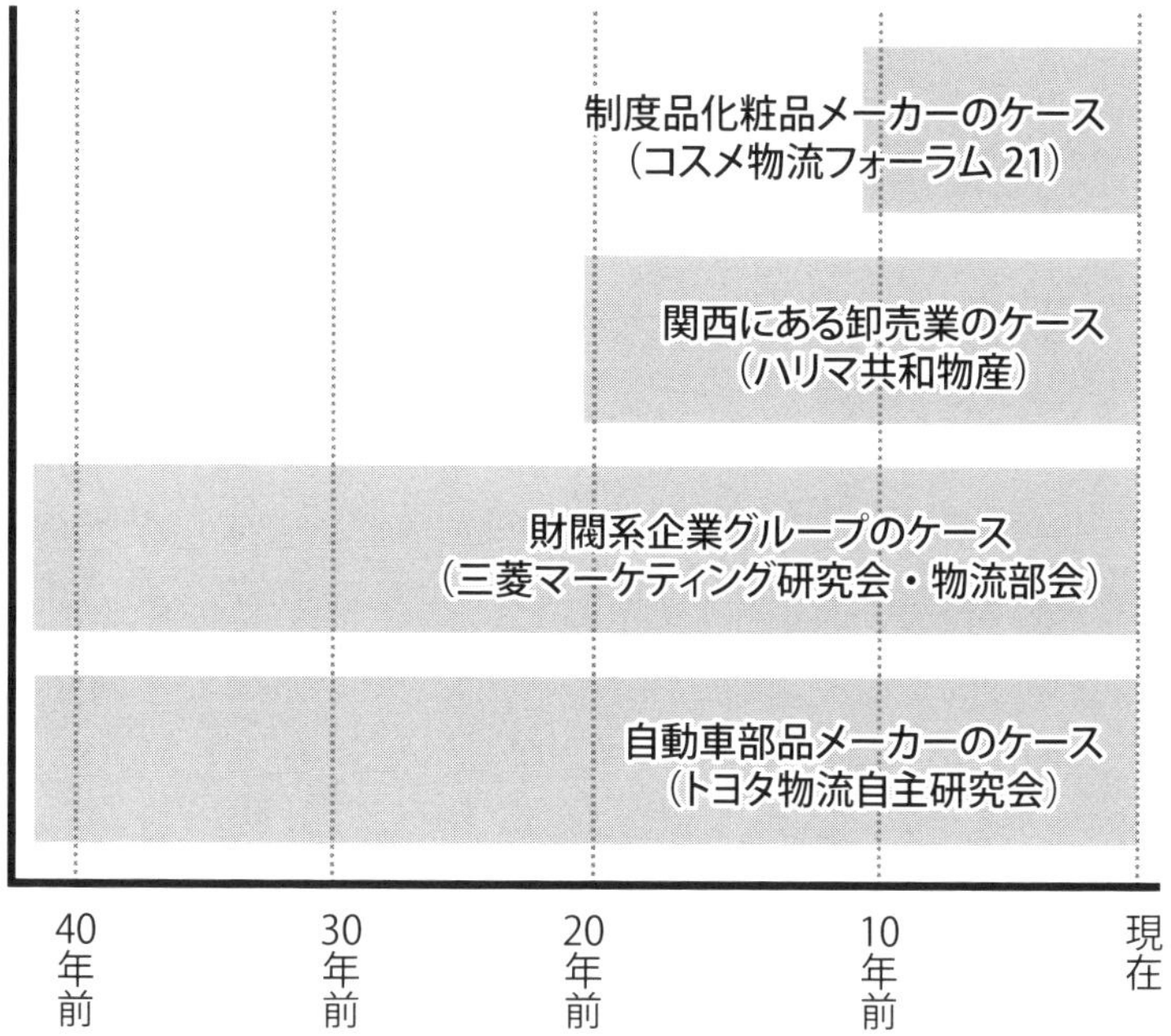

会を開催しているケースに、40年以上の歴史を持つ「三菱マーケティング研究会」があります。同研究会には物流部会があり、多彩な参加企業を擁しているだけに物流技術の交換や物流共同化の推進などで実績を上げています。

○自動車部品メーカーのケース

トヨタ自動車にブレーキを納入している曙ブレーキ工業（埼玉県羽生市）は、トヨタが主催する「トヨタ物流自主研究会」に参加することで物流改善技術を習得し、自社の改善に活かしてきました。10年間参加してきた元課長によると、研究会はトヨタの関連部署の管理職と登録メンバー（自動車専門部品メーカー）30人ほどで構成され、10時から始まって6時間ほどの研究会が、多いときには月8回、現地現物主義で泊り込みの指導もあるそうです。

会社に持ち帰ってすぐに使える技術が学べるというメリットがあります。

Section 80

委員会方式の進め方

物流は多くの組織と関係する複雑なシステム。それだけに、「システムの全体像」を捉えて、たえず環境とのズレに注意を払っていることが重要となる。

●システムの評価は時間経過で退化

システムの評価は、これを取り巻いている外部環境との関係で決まってきます。外部環境は絶えず変化しているので、時間が経過すればシステムは当初の評価を維持できなくなります。

さりとて、環境変化にいちいち対応するには、システム自体に頻繁に手を加えなければなりません。そんな非現実的なことはできないので、ズレによって生じた現象に対しては例外対応として「運用でカバー」していくことになります。どこまで融通のきいた運用ができるかが「現場の力」として問われることになります。

本来のシステム自体がどんなに機能的に優れたものに設計されていたとしても、例外対応が増えていけば全体としての「運用効率」は落ちざるを得ません。時には思わぬ混乱を発生させないとも限らないため、このようなリスクを放置しておくことは決して得策ではありません。

ですから、誰かが絶えず環境とのズレを観察し、「どのタイミングで、どの程度、システム自体に手を加えるか」を判断する必要が生じます。この判断を誤ると「後手の対応」となって、大きなリスクを被ることになります。

●「委員会」が持つ二つの役割

そうは言っても、物流システムは広い範囲を守備していて、多くの構成要素から成り立っています。物流を取り巻いているステークホルダー（広い意味での「利害関係者」）の数も非常に多く、システムの全体像は容易には掴めないほど大きなものとなっています。

ですから、誰かが「環境とのズレ」を絶えず観察していて改善のゴーサインを出すと決めたとしても、それはとても無理なことなのです。

そこで浮上してくるのが、社内の利害関係者で構成される「委員会」組織です。できるだけ多くの利害関係者を参加させて、自由闊達に意見交換ができるような場をつくることです。いままでは限定された部分しか見ていないか

研究会／委員会は進化する

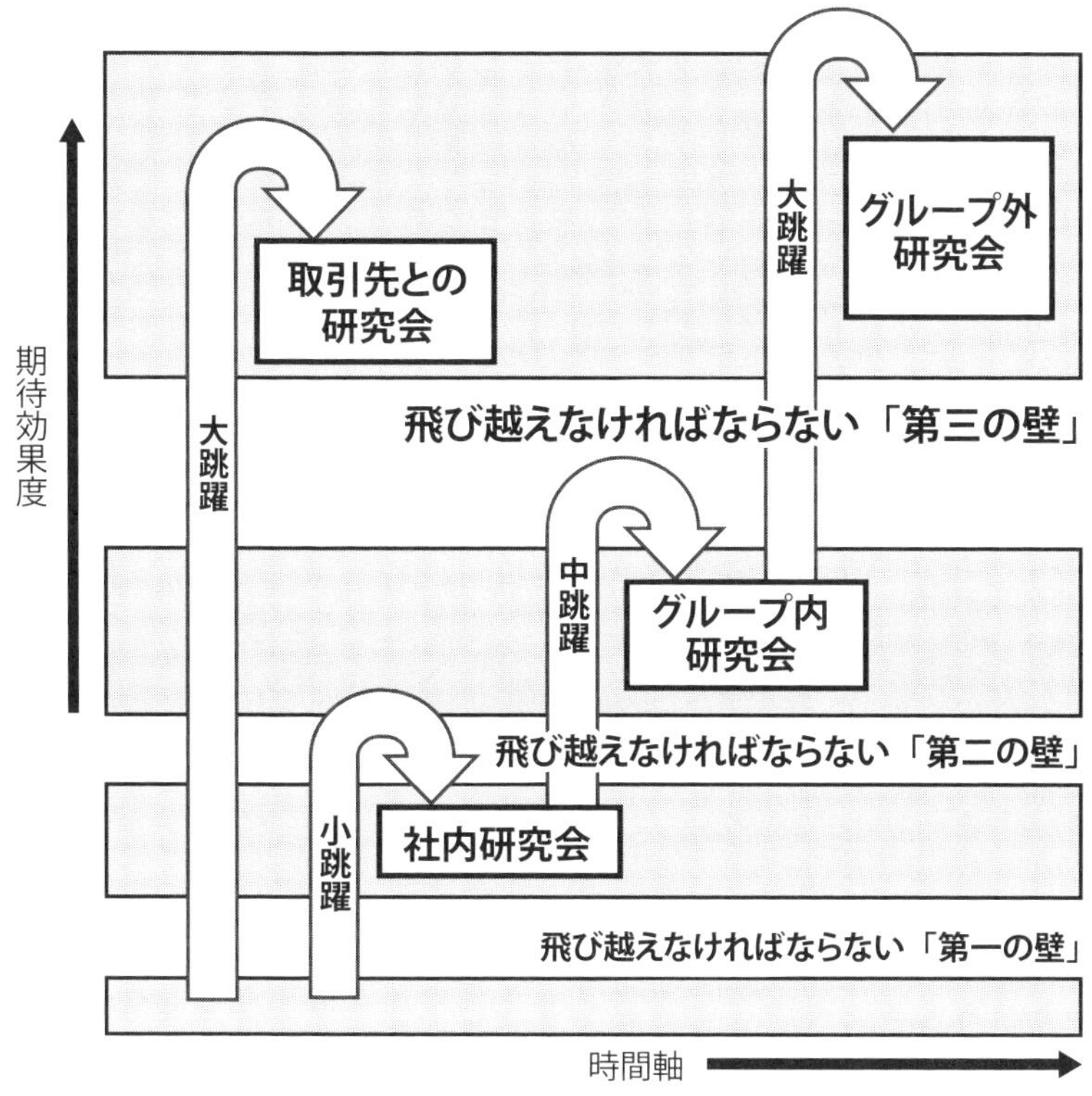

ったものが、「委員会」によって、**システムの全体像が把握できる**ようになって、その役目を果たさせるのです。

「委員会」組織が持つ二つ目の役割が、**生きた教育の場をつくる**ことです。

荷主企業であれば、時には得意先、取引先、物流事業者、同業他社などから専門家を招いて、「一緒に話を聞く」のも大切なことです。ある消費財メーカーの例ですが、年に1度、委員会メンバーがこぞって卸店を訪問する機会をもっていて、得意先の物流システムを学んだり、メーカーに対する要望などを聞いたりしているそうです。

前項では四つの事例を紹介しています。それぞれの進め方は大きく異なりますが、根底にはここに挙げた二つの役割を担って運営されています。古いものでは40年以上の実績を持っているのですから、「委員会」組織の働きが充分に評価されているということです。

Section 81

「背水の陣」を敷く

運営会社方式の形態

入脱会が自由な委員会方式に対して、運営会社方式では安易な入脱会が許されない。運営会社方式には「背水の陣を敷いて取り組む」という気迫がある。

●運営会社方式のいろいろ

運営会社方式がどういうものであるかは、以下の四つの事例をご覧いただけば容易に理解できるはずです。

物流事業者が、特定の目的を達成するために、子会社ないし関連会社を設立するケースがないわけではありませんが、ここでは荷主企業が主体となって「攻めの物流改善」のために運営会社を設けているケースを紹介します。

○地方の卸協同組合のケース

青森県八戸市にある**八戸総合卸センター**は、行政指導に基づいて分散していた中小卸売業を1か所に誘致して合理化を図る目的で１９６９年に設立されました。

しかし、「〝協同組合〟組織に依存するだけでは厳しい市場環境を乗り切れない」と判断して、３年後に一部の組合員で〝株式会社〟組織の共同物流事業を目的とした運営会社・共同物流サービスを設立しています。

〝株式会社〟組織の運営会社を設立することによって協同組合の制約から解放されて、組合員以外の企業を相手とする商売が可能となり、設立40年を経た現在、売上の９割を組合員以外との取引によって得ています。

○日用雑貨メーカーのケース

次にご紹介するのは日用雑貨品の共同物流運営会社の**プラネット物流**で、１９８９年の設立で、すでに20年の実績を持ちます。

出資会社は、ライオン、エステー、サンスター、ユニ・チャーム、牛乳石鹸共進社、貝印、小林製薬、ニッサン石鹸、ユニリーバ・ジャパン、マンダム、クラシエホームプロダクツ、ホーユーのメーカー12社と、ＶＡＮ運営会社・プラネットです。

同社は、**ノンアセット型３ＰＬ事業（82頁参照）**で、**物流事業者との連携や標準化・システム化によって全体システムの効率化**を図っています。

○業務用酒販店（卸売業）のケース

東京と横浜にある**業務用酒販店**（**榎本、オリカサ、樋口本店、三河屋本店、**

運営会社のいろいろ

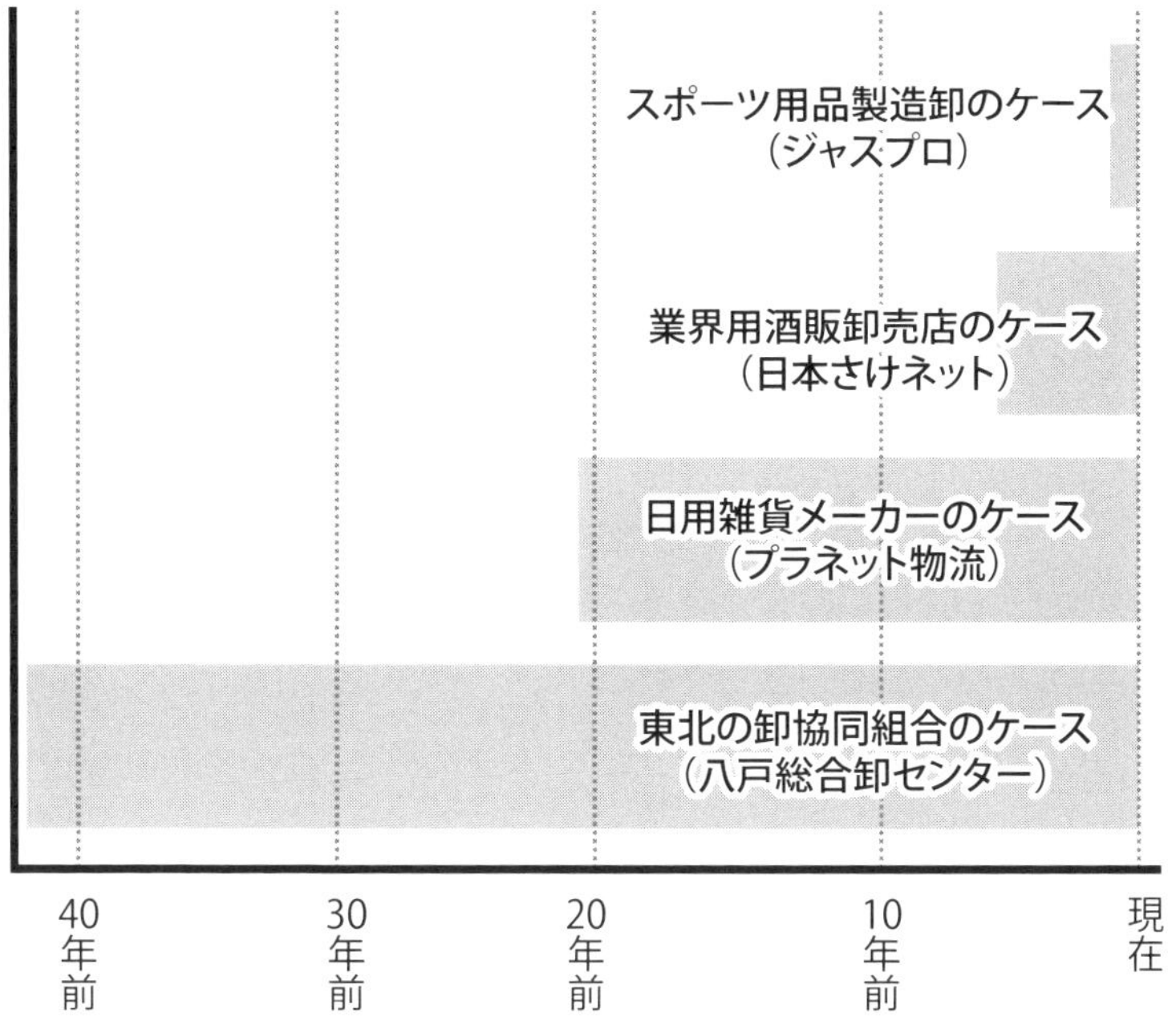

ヤマロク）５社は、２００１年に**商流の独立性を残しながら仕入れと物流を共同化する**目的で運営会社・日本さけネットを設立しました。

04年に台場配送センター（東京都江東区）を設置し、2社で業務を開始し、現在は5社の共同仕入れ・共同配送を実施しています。

○スポーツ用品製造卸のケース

ごく最近では、スポーツ用品製造卸の**ゼット**（大阪市）が、日立物流、佐川急便、イー・ロジットとの共同出資で、共同物流運営会社・ジャスプロ（東京都台東区）を設立しています（２００９年）。

少子高齢化、若者のスポーツ離れなどにより市場が縮小している中で、**コスト上昇の解決を急ぐために物流事業者と手を組んで**ＳＣＭの構築に取り組んでいます。

Section 82

充分な事前の検証が不可欠

運営会社方式の進め方

最初から運営会社方式に踏み切るのはリスクを伴うことから、「委員会」組織でのフィージビリティー・スタディーを経て判断することが多い。

●決して急がず準備には充分な時間を

６章で紹介するように、「攻めの物流改善」を支援する公的支援は各種ありますが、支援を受けたいばかりに、拙速なフィージビリティー・スタディー（費用対効果調査）を行い、これにしばられて失敗した例は少なくありません。

運営会社を設立する進め方は百社百様に違いないのですが、守るべきは充分な時間をかけて準備をすることです。

ここでは、本書で取り上げているプラネット物流の例を具体的に紹介して、参考に供することにします。

○「委員会」設立までの助走に約4年

プラネット物流の設立に至る最初の小さな動きは、１９８６年にライオンが本州製紙（当時）、キリンビール等と実施した結合輸送（帰り便の相互活用）に始まります。

次いで、87年秋からエステー化学（当時）他３社と愛知・三重・岐阜３県の卸店を対象とする共同保管方式による共同配送を、翌88年には九州の一部卸店に対して16社で集荷方式による共同配送を開始しました。

これら一連の共同物流の試みが業界で話題となり、ＶＡＮ運営会社・プラネットの取締役会で、同社の出資会社メンバーで「委員会」をつくって検討することになります。

○「委員会」での検討に1年をかける

88年８月、プラネットの出資会社８社16名（このうち６名が専任）で構成された「共同物流研究会」が1年間の予定でスタートしました。

ここでは、これまでライオンが行ってきた共同物流の結果がすべて公開され、メンバー８社の愛知・三重・岐阜３県での日別・届け先別「配送実績データ」（数量ベースで一定期間分）を使って配送を共同化した場合のシミュレーションを行っています。

これらの結果を用いて、事業化計画の立案・検討を行い、各社に対してプレゼンテーションを行いました。その結果、８社のうちの６社がこの事業に

共同物流運営会社が軌道に乗るまで

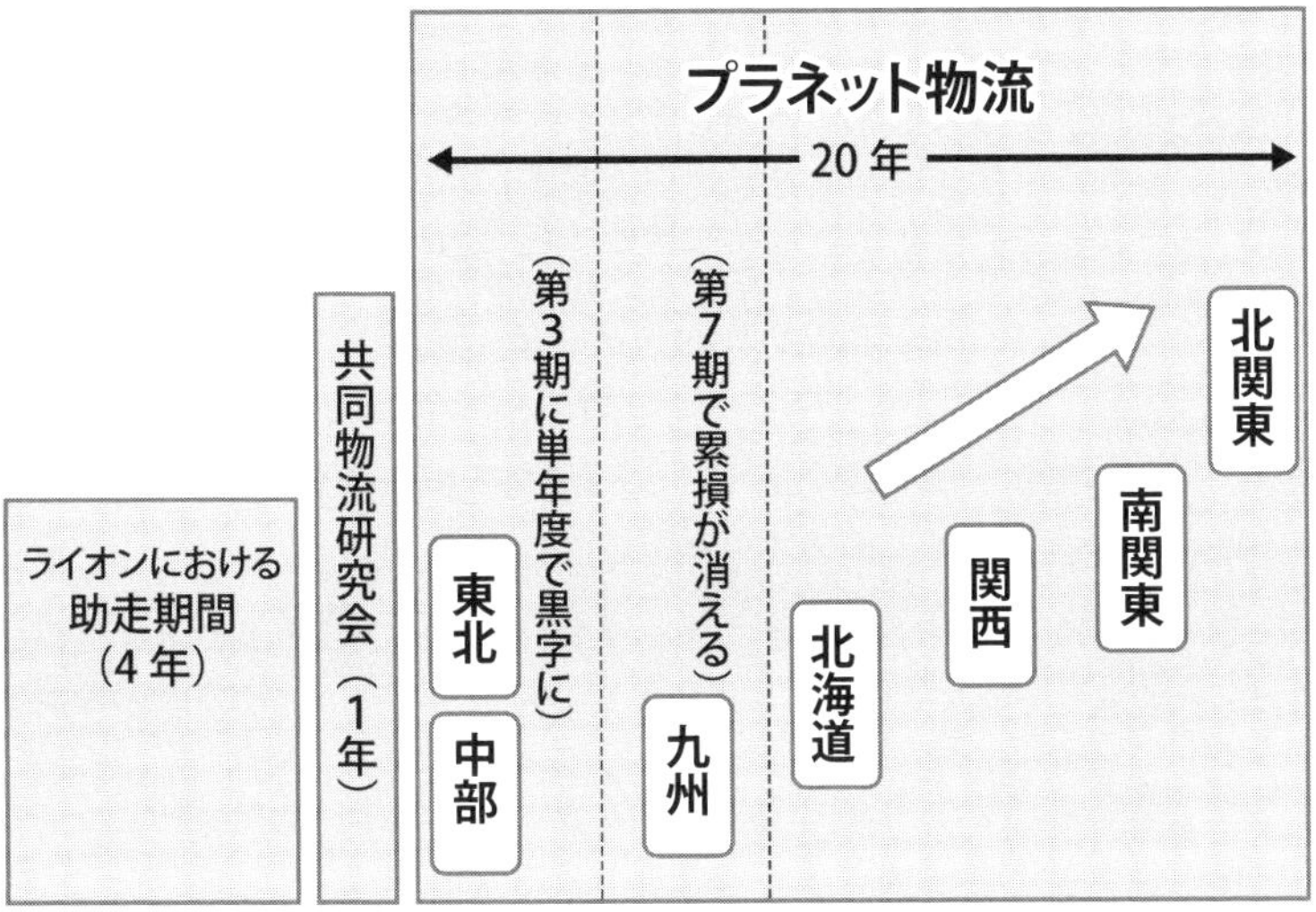

参加することを決め、研究会に参加していなかった5社を加えて新会社の設立に向けての準備に入りました。

○会社を設立し、全国カバーするまで

89年8月に2億４０００万円の資本金でプラネット物流が誕生しましたが、単年度で利益を出すのに3年、累積赤字が消えて経営の基礎が固まるまでに7年を要しています。

95年にはロジスティクス大賞（日本ロジスティクスシステム協会）を、また98年には流通システム大賞（日刊工業新聞社）を受賞し、社会的にも認知されるに至りました。

89年に中部・東北から始まった共同物流は、２００８年に１００万梱の保管能力を持つ北関東流通センター（埼玉県北葛飾郡杉戸町）を開設して、日本全国をカバーするに至りました。

最初の小さな動きから、実に四半世紀を要したことになります。

Column 5

物流報告書

いささかゲリラ的な物流プロパガンダの活動がひと渡りした頃に、「物流が毎期どのような成果を上げているのかがわかる報告書がほしい」ということになりました。

言うなれば、「営業報告書」の物流版で、われわれはこれを「物流白書」と名づけました。

半期の「物量の動き」「物流費の動き」をまとめた第一部と、物流改善や物流界のトピックスを紹介した第二部とで成る、わずか 10 頁足らずのものでした。

これを年に 2 回作成して、社長をはじめ全役員に個別に時間を割いていただき、説明に伺うことになりました。

黙って 1 時間も付き合わされる役員の方も、正直なところさぞかし苦痛だったことでしょう。

無理をしてでもあれこれと質問をしてくださり、ご自身のご体験やご意見を披露してくださったりしました。

このようなコミュニケーションを通じて、それまではあまり社内に伝わっていなかった物流関連情報がしだいに流通していくようになりました。

しかし、その真の効果は、「物流報告書」の作成を通じて、われわれが大いに勉強させられたことにあったのです。

いまほど、物流書も豊富にはなかった四半世紀も昔のことでしたが、手に入れた本は繰り返し読んで、どんなことを聞かれても答えられるように勉強しました。

物流セミナーにもよく出席させてもらいましたし、他社の物流施設も伝手を頼って見学させてもらいました。

物流費の捉え方などについては、ここぞと思う企業を何社も訪ねては、先達の教えを乞うたのもその頃のことでした。

決して自慢にもならないことですが、どうでもよいような瑣末なことまで知っていて、機会があると開陳したがる悪癖が私にあるのは、そのときの後遺症に違いありません。 （津久井）

6章

「攻めの物流改善」を支える公的支援

Section 83

「攻めの物流改善」が求められている

「総合物流施策大綱」と「攻めの物流改善」

総合的な物流施策の指針を示す「総合物流施策大綱」でも、「環境負荷の少ない物流」の実現が要望され、荷主と物流事業者の協働が求められている。

●物流を取り巻く環境の変化に対応

国家としての総合的な物流施策の指針を示した**「総合物流施策大綱」**は、1997年に閣議決定されました。それまで所管官庁別に展開されていた物流施策を見直して、物流に係るエネルギー問題や環境問題への対応も視野に入れ、トラック輸送の効率化や内航海運・鉄道の利用促進等を通じて、経済構造の変革と創造を盛り込んだものです。

2001年には、新たに**「新総合物流施策大綱」**（「2001年大綱」）を閣議決定し、国際的にも競争力のある、そして環境負荷を低減させる物流体系の構築などを目指して、総合的な施策が推進されてきました。

さらに、その後のわが国の物流をめぐる情勢変化に対し、迅速かつ適確な物流施策の推進が必要であると判断され、05年に新大綱**「総合物流施策大綱（2005年―2009年）」**が閣議決定されました。

その後、経済構造のいっそうのグローバル化、京都議定書第一約束期間の開始を契機とした地球温暖化対策の必要性の増大等、物流をめぐる環境にはさまざまな変化が生じています。

09年7月に次の3点を柱とする新しい施策大綱**「総合物流施策大綱（2009―2013）」**（以下「新大綱」）が閣議決定されました。

①グローバル・サプライチェーンを支える効率的な物流の実現
②環境負荷の少ない物流の実現
③安全・確実な物流の確保

●低炭素型物流の実現を提唱

「新大綱」は、京都議定書第一約束期間が開始し、現在交渉中の13年以降の次期枠組みを見据えた地球温暖化対策の必要性がいっそう増大した現在、**低炭素型物流の実現**は避けては通れない課題であるとしています。

低炭素型物流の実現に向けては、新技術の開発を含め、陸海空の輸送モードごとに総合的な対策を図るとともに、モーダルシフトを含めた輸送の効率化、

「攻めの物流改善」を後押しする「総合物流施策大綱」

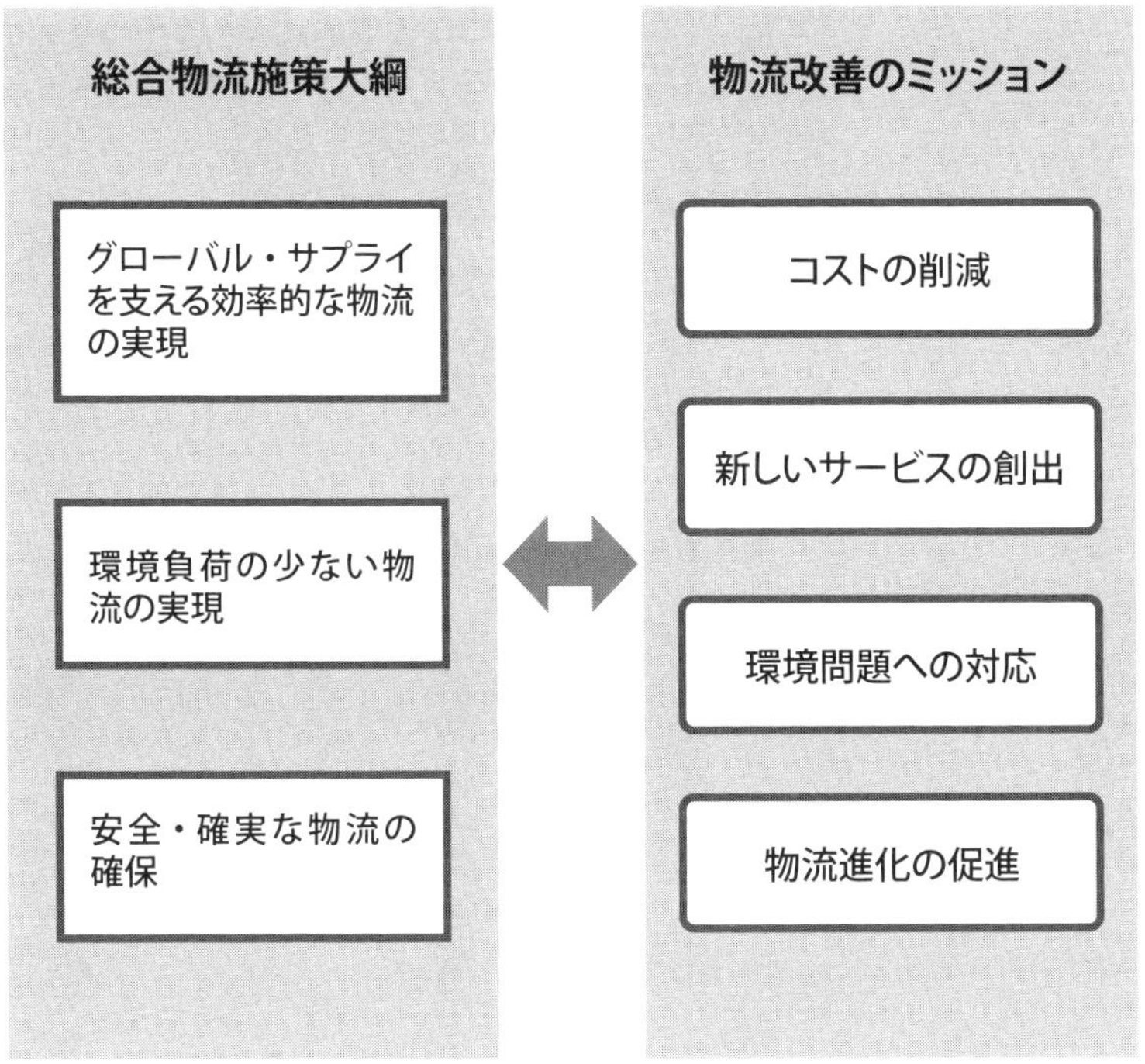

低環境負荷の港湾・物流システムの構築、輸送機器の低炭素化、情報化や標準化の推進を図る必要があるとしています。

　さらに、幹線物流全般にわたる物流結節点の集約・再配置、巡回集荷（ミルクラン）等、物流結節点と末端結節点との間の**集配の効率化**、複数荷主による**共同輸配送や往路と復路を組み合わせた輸送効率の向上**にあたって、関係者による幅広い**連携・協働**が求められているとしています。

　加えて、①ユーザーである荷主や消費者が、低炭素型の物流サービスを提供する物流事業者を積極的に選択すること、②地方公共団体、荷主、物流事業者等の地域の多様な関係者が連携して取り組むこと等が期待されています。

　物流共同化が有効な手段であることは、言うまでもありません。

Section 84

行政主催のセミナーも最大限に活用

物流効率化セミナー等の開催事業

行政の設けているさまざまな物流効率化のための支援策。物流効率化を目指す企業は、これらの公的支援をどしどし利用すべき。

●行政が準備している多彩な支援策

本項以降では、行政が、主に中小物流事業者の物流効率化に対して、どのような支援を行っているかについて、順次紹介していきます。

行政が準備してくれているステップは次のとおりです。

［第一ステップ］**物流効率化セミナー等の開催**（中小企業庁・各地区経済産業局）

［第二ステップ］**物流効率化アドバイザー派遣事業**（中小企業基盤整備機構）

［第三ステップ］**物流効率化推進事業（補助金）**（中小企業庁・各地区経済産業局）

［第四ステップ］**高度化融資制度**（中小企業基盤整備機構）もしくは**「流通業務の総合化及び効率化の促進に関する法律」**（以下、「流通業務総合効率化法」という）

●物流効率化セミナー等の開催

まず［第一ステップ］の物流効率化セミナー等の開催について説明します。

例年11月頃から翌年2月頃にかけて、各地区経済産業局主催・各地区運輸局後援の形で、《物流効率化セミナー》《講習会》が開催されています。

《セミナー》は中小企業を対象とし、中小企業の物流効率化を図り、競争力の強化、環境負荷の低減等の社会的課題への対応を目的に、物流効率化の先進事例や流通・物流事業者の業務の効率化に資するノウハウ等についての内容で開催するものです。

テーマは地区によっても年度によっても異なりますが、以下にその例を紹介します。

北海道――「荷主企業と物流事業者の連携・協働によるグリーン物流の推進」

東北――「グリーン物流の推進～経営戦略としての物流の省エネルギー・CO_2排出量削減～」

関東――「荷主と物流事業者の共同化からCO_2削減に向けて」

中部――「商慣行の改善、トヨタ式

行政が準備している公的支援策

［第一ステップ］
物流効率化セミナー等の開催

↓

［第二ステップ］
物流効率化アドバイザー派遣事業

↓

［第三ステップ］
物流効率化推進事業（補助金）

↓

［第四ステップ］
高度化融資制度、「流通業務の総合化及び効率化の促進に関する法律」

カイゼンによる物流効率化の推進」

近畿――「グリーン物流の推進〜経営戦略としての物流の省エネルギー・CO_2排出量削減〜」

中国――「３ＰＬビジネス〜荷主と物流事業者の協力関係構築への課題〜」

四国――「地球にやさしい物流を！」

九州――「静脈物流・グリーン物流を踏まえた物流効率化を目指して」

また、中小企業庁では、意欲ある企業に活用してもらおうと、「物流ＡＢＣ準拠による物流コスト算定・効率化マニュアル」を作成しています。セミナーと同様に、全国各地で年度下期に開催される《講習会》で、物流ＡＢＣ計算のメカニズムを教えています。

経営資源の乏しい中小企業であればこそ、物流改善には積極的に取り組まねばなりません。双方とも会費は無料で、申込みは各地区経済産業局です。

Section 85

費用の一部を補助してもらえる制度

物流効率化アドバイザーの活用

物流効率化についてのさまざまな疑問に答えてくれる、「物流効率化アドバイザー」。経費のほとんどを行政が支援してくれるので積極的に活用したい。

●物流効率化アドバイザー派遣事業

中小企業基盤整備機構は、中小企業者が行う高度化事業の円滑な推進、商店街の活性化、物流効率化によるコスト削減などを図るため、次のようなアドバイザーを現地に派遣する事業を行っています。

- **企業連携支援アドバイザー**（高度化事業等を計画している組合等の基本構想固め、実施計画作成等の支援）
- **商業活性化アドバイザー**（商店街活性化推進のため、商店街組合等の要請に応じてアドバイス）
- **物流効率化アドバイザー**（物流効率化推進についてのアドバイス）

なかでも物流効率化アドバイザーは、「物流をもっと効率化する方法はないだろうか？」「物流のサービスを上げたいし、コストは下げたい」「物流共同化を実施するポイントは何だろう？」「共同物流センターの建設資金がかかるが、低利の融資制度は使えないだろうか？」といった、いま中小企業が持っている物流に関するさまざまな疑問に答えてくれるものです。

中小企業者などが行う物流効率化の取組みを支援するため、物流効率化アドバイザーを派遣し、物流効率化を図るうえでの諸課題に関するアドバイスをしてくれます。

全国から登録された物流の専門家（平成20年度登録数26名）が、相談の内容に応じて適切にアドバイスします。

本事業では、アドバイザー派遣に関わる謝金の3分の2、旅費等の費用の全額を補助します。

これを活用できるのは、中小企業者を中心とした事業協同組合、公益法人、物流効率化や共同物流を目的とした任意組合・グループ、中小企業です。

●物流アドバイス・支援の具体的内容

専門指導員は、次の六つの分野についてアドバイスができます。

- **物流改善関係**

物流効率化アドバイザーの活用

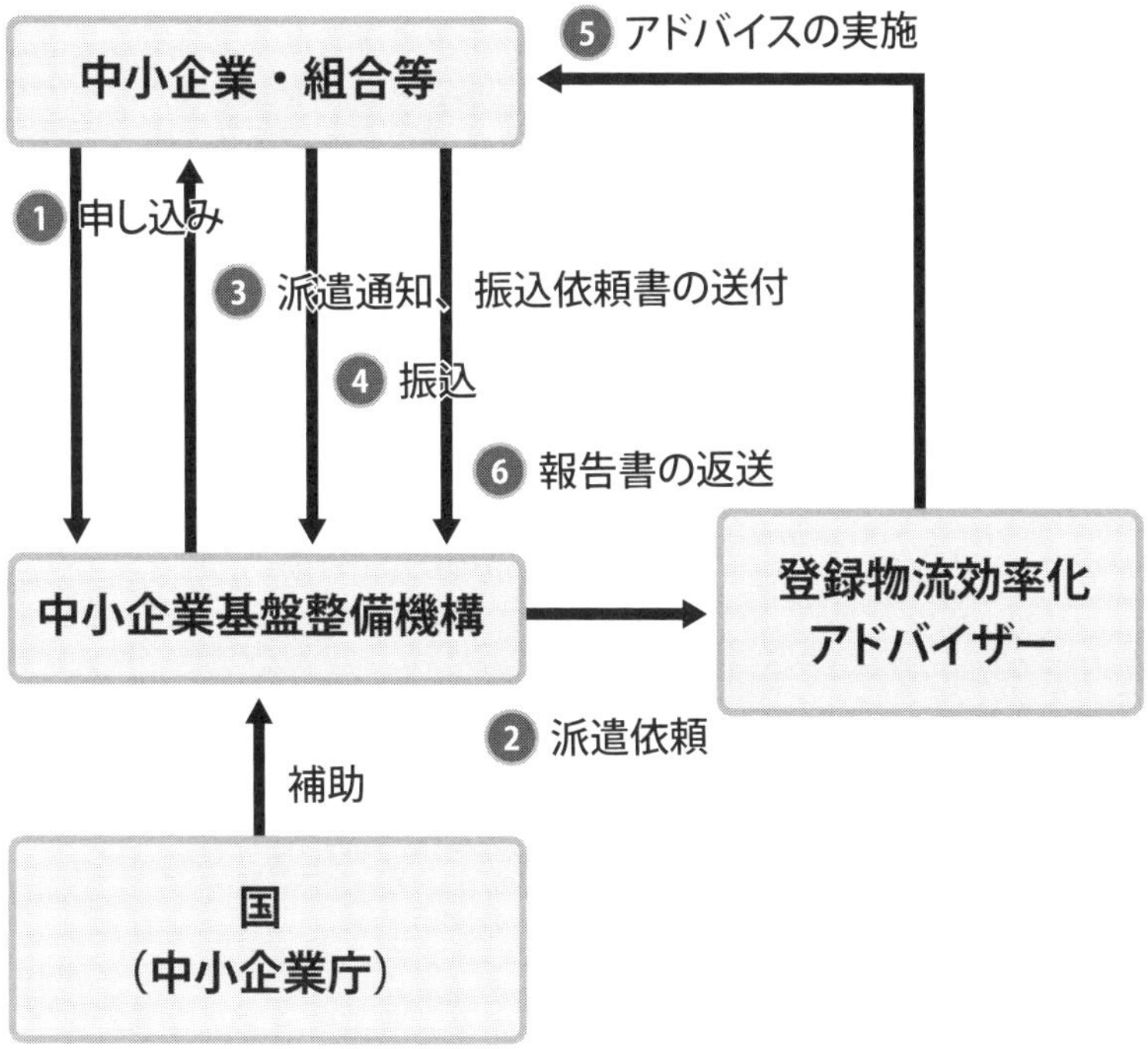

関東経済産業局（共同物流の取り組みステップ＆行政支援策活用マニュアル）

物流センターの構築・改善、物流コスト管理、ＡＢＣの導入、物流作業改善

- **物流センター建設計画関係**
  立地計画、物流システム構想、収支計画の検討
- **物流の共同化関係**
  共同物流の知識、事例の紹介、実現可能性の検討、進め方
- **「流通業務総合効率化法」の活用方法**
  法律の知識、融資制度の知識、メンバーの組織化、認定計画の作成、運営
- **補助事業の実施方法関係**
  物流効率化推進事業（補助金）等の申請、活用方法等
- **物流関係労務、総務事項関係**
  パートタイマーの処遇、労務管理、物流担当者の教育、育成等

Section 86

共同化の研究・計画・実験には行政が支援

補助金の活用

中小企業等で構成される組合や任意団体等が、物流機能強化や物流共同化などを検討するための調査研究等には補助金が準備されている。

●物流効率化推進事業の概要

経済産業省・中小企業庁が各経済産業局を通して毎年募集する補助金です。

物流改善意欲のある中小企業者等によって構成された組合および任意団体等が、物流機能の強化を図っていくために行う事業に対し補助を行うもので、

- **調査研究・基本計画策定事業**
- **事業計画・システム設計事業**
- **実験的事業運営事業**

に分けて、補助金が組まれています。

いずれも、中小企業分と大企業分の二つの枠があるため、組合や団体等を構成する企業規模にかかわらず、活用することができます。

それぞれの内容について見てみましょう。

○調査研究・基本計画策定事業

①事業概要

中小企業等によって構成される組合および任意団体等が、物流機能強化や物流共同化などを検討するために実施する調査研究や基本計画策定について、経費の補助を受けることができます(補助内容は左表を参照)。

②具体的な物流効率化の検討内容

受発注・輸配送情報ネットワークの構築、共同物流加工事業の実施、共同配送事業の実施、物流センターの設置、共同物流システムの構築に関して、物流の現状、物流機能強化のための調査・分析等具体的な方向性を決めるための調査研究および基本計画策定を行う事業に活用できます。

○事業計画・システム設計事業

①事業概要

中小企業等によって構成される組合および任意団体等が、物流機能強化や物流共同化などを検討するために実施する事業計画やシステム設計事業について、経費の補助を受けることができます(補助内容は左表を参照)。

②具体的な物流効率化の検討内容

受発注・輸配送情報ネットワークの構築、共同物流加工事業の実施、共同配送事業の実施、物流センターの設置、共同物流システムの構築などの分野に

物流効率化推進事業の補助について

1 調査研究・基本計画策定事業

① 中小企業と大企業の二つの枠
② 物流の現状、物流機能強化のための調査・分析等具体的な方向性を決めるための調査研究・基本計画策定
③ 補助率：補助対象経費の 10 分の 6 以内、1 件当り 100 万円以上 644 万円以下

2 事業計画・システム設計事業

① 中小企業と大企業の二つの枠
② 物流効率化の実現を図るために必要な事業づくりやシステム設計
③ 補助率：補助対象経費の 10 分の 6 以内、1 件当り 100 万円以上 1,065 万円以下

3 実験的事業運営事業

① 中小企業と大企業の二つの枠
② 物流機能強化や物流共同化などの先進モデルとなるシミュレーションを行う実験事業
③ 補助率：補助対象経費の 10 分の 6 以内、1 件当り 100 万円以上 1,620 万円以下

ついて、その実現を図るために必要となる事業計画づくりやシステム設計を行う場合に活用できます。

○実験的事業運営事業

①事業概要

中小企業等によって構成される組合および任意団体等が、物流機能強化や物流共同化などの先進モデルのシミュレーションを行い、広く示すことにより他に物流の重要性を認識させるためのモデル事業について、経費の補助を受けることができます（補助内容は上表を参照）。

②具体的な物流効率化の検討内容

受発注・輸配送情報ネットワークの構築、共同物流加工事業の実施、共同配送事業の実施、物流センターの設置、共同物流システムの構築などの分野について、先進モデルとなるシミュレーションを行う実験事業に活用できます。

Section 87

共同化事業には低利資金活用の道

高度化融資制度の活用

貸付金利1・10%の固定金利、または特別な法律に基づく事業などは無利子、償還期限20年以内と長期低利の有利な設備投資資金の融資制度がある。

●高度化融資制度とはどんな制度か

高度化事業とは、中小企業者が組合等を設立し、連携して経営基盤の強化や環境改善を図るために、工場団地・卸団地・ショッピングセンターなどを建設する事業や、第三セクターまたは商工会等が地域の中小企業者を支援する事業に対して、貸付やアドバイスで支援する制度です。

代表的な高度化事業としては、中小企業者が市街地に散在する工場や店舗などを集団で移転し、公害問題などのない適地に工場団地や卸団地を建設する事業、商店街を街ぐるみで改造して街全体の活性化を図る事業などがあります。

中小企業者が共同で利用する共同物流センター、加工場や倉庫などの施設を建設し、事業の効率化、取引先の拡大を図る場合などもこれに該当します。

都道府県が窓口となって、独立行政法人・中小企業基盤整備機構と協調して貸付を行っています。

都道府県（または中小企業基盤整備機構）から、中小企業者が高度化事業に取り組む場合に必要となる設備資金を、事業計画に対するアドバイスを受けたうえで、長期・低利（または無利子）で貸付を受けることができます。

○融資制度の概要

①貸付対象施設――貸付対象事業を実施（リニューアルする場合も含む）するのに必要な土地、建物、構築物、設備。ただし、設備については、貸付対象とならない場合があります

②貸付割合――原則として80％以内（中小企業の振興に係る関係法律の認定等を受けて実施する事業等においては90％以内の場合もあります）

③貸付期間――20年以内（うち据置期間は3年以内）で都道府県が認めた期間となっています。

④貸付金利――１・１０％（平成22年度貸付決定分に適用）償還期限まで固定です（中小企業の振興に係る関係法律の認定等を受けて実施する事業等については無利子。ただし金利

共同化事業にも使える高度化融資制度とは

1. 貸付対象施設：対象事業実施に必要な土地、建物、構築物、設備

2. 貸付割合：原則として 80%以内（中小企業の振興に係る関係法律の認定を受けて実施する事業等においては 90%以内の場合もある）

3. 貸付期間：20 年以内（うち据置期間は 3 年以内）で都道府県が認めた期間

4. 貸付金利：1.10%（平成 22 年度貸付分）償還期限まで固定（中小企業の振興に係る関係法律の認定等を受けて実施する事業等については無利子）

高度化融資を受けた「熊谷流通センター」（埼玉県）

は、固定金利、機構の事業運営コスト等と市場金利を勘案して毎年度設定されることになっています）

○具体的な物流効率化の検討内容

高度化事業の対象となる物流業務は、共同配送センターや共同倉庫の建設の他、一体となった自動化設備や情報システムも対象となります。

とくに、流通業務総合効率化法による融資では、その計画認定に際して、物流業務をコンピュータで処理する情報処理施設を備え、

- 流通加工設備（オーダーピッキング用装置、自動梱包機等）
- 流通効率化設備（立体自動倉庫、電動式移動ラック、パレタイザー等）

のいずれかを備えた高度な機能を有している必要があります。

Section 88

多様な効率化を支援する新法

「流通業務の総合化及び効率化に関する法律」

京都議定書の発効を受け、環境に配慮した物流体系構築の重要性が高まり、「物流効率化法」を廃止して「流通業務総合効率化法」が制定された。

●「物流効率化法」の狙いと問題点

中小企業者によって構成される組合等が、共同して実施する物流業務の効率化を図るための事業に、補助金や融資・税制、その他の多様な支援を行う制度として、１９９８年に施行された**「中小企業流通業務効率化促進法」**があります。

当時の中小企業は、①物流量の増大、②多頻度小口配送など物流内容の高度化、③運転手など物流作業要員の確保難などによる物流コストの急上昇という問題を抱えていて、中小企業単独ではとうてい対応できないという状況にありました。

この事態打開のために行政は、中小企業の**共同化による流通業務の効率化**への取組みに対して、立法措置を柱とする積極的かつ抜本的な支援を行うことを決めたのでした。

そして、２００５年の同法廃止までに17件の計画が認定されました。

しかし、対象を中小企業に限定していては効果に限界があると判断した行政は、もっと広範囲に物流効率化を促進すべく同法を廃止し、新たに**「流通業務の総合化及び効率化の促進に関する法律」**（以下、「流通業務総合効率化法」）を成立させました。

●「流通業務総合効率化法」の概要

トラックターミナル・卸売市場・倉庫または上屋等の流通業務施設であって、高速道路のＩＣ等、鉄道の貨物駅、港湾、漁港、空港、その他物資の流通を結節する機能を持つ社会資本の近傍に立地していて、物資の仕分け、搬送の自動化等荷捌きの合理化を図るための設備、物資の受発注の円滑化を図る情報処理システムおよび流通加工の設備を有するものを、とくに**特定流通業務施設**と言います。

この特定流通業務施設を拠点とする輸送網の集約化等を通じ、効率的で環境負荷の小さい物流体系を構築することを目的に施行されたのが新法であり、物流事業者等が作成する「総合効率化計画」の認定や、認定を受けた計画に

流通業務の総合化及び効率化に関する法律とは

背景

産業の空洞化に歯止めをかけ、わが国の国際競争力を強化するため、総合的・効率的物流システムの構築が急務

京都議定書が発効し、運輸部門における温暖化ガスの排出量の削減が急務

土地の機能的活用等による地域経済の活性化の観点から物流拠点整備へのニーズの高まり

法律の概要

〈基本方針〉

- 輸配送・保管・流通加工を総合的に実施すること
- 物流拠点を集約化し、高速道路・港湾等の近傍への立地を促進すること
- 共同輸配送等による配送ネットワークを合理化すること

支援措置

- 事業許可等の一括取得

- 物流拠点施設に関する税制特例
- 立地規制に関する配慮

- 資金面等の支援
- 政策金融
- 人材育成

基づく事業の実施に対する税制上の特例や事業認可の一括取得等の支援を講じることを内容としています。

従来の、中小企業信用保険法の特例、中小企業基盤整備機構の高度化融資等の中小企業向け支援に加えて、物流関係規制の緩和措置（具体的には、倉庫業の登録やトラック業の許可が一括で取得できます）、立地規制の合理化措置（具体的には、立地規制が大変厳しい市街化調整区域において物流施設の建設に関する開発許可の配慮がなされます）など、支援措置を拡充しています。

「中小企業流通業務効率化促進法」の場合は、荷主が2業種以上でなければならなかったのですが、新法においては、大企業か中小企業、単独か共同化を問いません。

Section 89

都市機能の維持・増進に寄与する「流市法」

「流通業務市街地の整備に関する法律」

流通業務施設が過度に集中し、流通機能の低下および自動車交通の渋滞をきたしている大都市の整備により、流通機能の向上、道路交通の円滑化を目指す。

●物流を取り巻く大きな環境変化に対応

1950年代半ばより始まった経済高度成長により、物流量が大幅に増大した結果、65年頃には、大都市の中心にトラックターミナルや倉庫などの物流施設が集中してしまいました。

その結果、①都心における大規模な交通混雑の発生、②立地場所の関係上、貨物流通量の増大に見合う施設規模の拡大および近代化が困難になった、③都心の機能が低下、といった問題が発生しました。

そこで行政が、都心に立地している流通業務施設を市街地の外周部で鉄道や道路などの交通機関の利用が容易な場所に集約的に立地させることを立案。策定されたのが、「流通業務市街地の整備に関する法律」（以下、流市法）で、制定は66年でした。

具体的には、都心の区域にある流通業務施設が過度に集中しているために流通機能の低下および自動車交通の渋滞をきたしている都市に着目。都市における流通業務市街地の整備に関し必要な事項を定めることにより、流通機能の向上および道路交通の円滑化を図り、都市の機能の維持および増進に寄与することを目的としました。

●厳しい土地利用制限

都道府県知事が流通業務市街地整備の基本方針を定めることになっており、施行者は施行計画および処分計画を定めたうえ土地を買収し造成をします。

その後、公募により造成後の敷地を流通業務施設を経営する譲渡人に分譲します。

流通業務団地は、流通業務地区内の都市計画施設として都市計画で別途定められ、地方公共団体および独立行政法人都市再生機構が事業主体となります。

この事業は、「流市法」に基づき施行される都市計画事業であり、流通業務団地造成事業と呼ばれています。

都市計画法で流通業務地区が定められると、その地区内では厳しい土地利用制限がなされ、次の施設以外は立地

「流通業務地区」に立地可能な施設の一覧表

1. トラックターミナル
2. 卸売市場
3. 倉庫、貯蔵槽等
4. 荷捌き場等
5. 運送業、卸売業等用の事務所、店舗
6. 5以外の事業の流通業務に供する事務所
7. 流通加工工場
8. 自動車駐車場等
9. 自動車修理工場
10. 政令で定める施設

できません。

○トラックターミナル、鉄道の貨物駅その他貨物の積降しのための施設

○卸売市場

○倉庫、野積場もしくは貯蔵槽（政令で危険物の保管の用に供するもので、政令で定めるものを除く）または貯木場

○上屋または荷捌き場

○道路貨物運送業、貨物運送取扱業、信書送達業、倉庫業または卸売業の用に供する事務所または店舗

○前号に掲げる事業以外の事業を営む者が流通業務の用に供する事務所

○金属板、金属線または紙の切断、木材引割りその他物資の流通の過程における簡易な加工の事業で政令に定めるものの用に供する工場

○製氷または冷凍の事業の用に供する工場

Section 90

経産省と国交省が連携して効率化支援

グリーン物流パートナーシップ推進事業に関する支援

わが国のCO_2排出量削減のためには、物流部門の削減努力が不可欠。荷主と物流事業者がお互いに知恵を出し合い、連携・協同して努力することが肝要。

●グリーン物流パートナーシップ会議

2004年に、運輸部門におけるCO_2削減を推進するために、経済産業省、国土交通省、日本ロジスティクスシステム協会（JILS）、日本物流団体連合会（物流連）、日本経済団体連合会（経団連、オブザーバー）が協力して、グリーン物流パートナーシップ会議を発足させました。

本会議は、物流分野のCO_2排出削減に向けた自主的な取組みの拡大に向けて、業種業態の域を超えて互いに協働していこうとする高い目的意識のもと、荷主企業（発荷主・着荷主）と物流事業者が広く連携するのを支援していくものです。

●グリーン物流パートナーシップ推進事業

この事業は、荷主と物流事業者とが連携したCO_2削減への取組みを募集し、CO_2削減取組みに必要な追加的投資（施設・設備の調達費用、システム設計費等）に対し一部補助を行います。

○対象となる事業の種類

本会議発足以来、モデル事業、普及事業、ソフト支援事業といくつかの補助金支給事業が開始されましたが、2010年現在、普及事業一本に絞られています。

普及事業

荷主企業と物流事業者のパートナーシップにより実施される物流の改善方策を通じて、排出されるCO_2削減効果（省エネ効果）が明確に見込まれるプロジェクトの実施にあたり、必要となる設備の導入費用に対し支援（補助金の交付）がなされます。

たとえば、トラックの大型化・積載率向上、帰り便活用等によるトラック輸送の効率化、鉄道・海運へのモーダルシフト、拠点集約化・輸送共同化による物流効率化。

○支援される補助金について

普及事業

荷主と物流事業者のパートナーシップによるCO_2排出量削減（省エネル

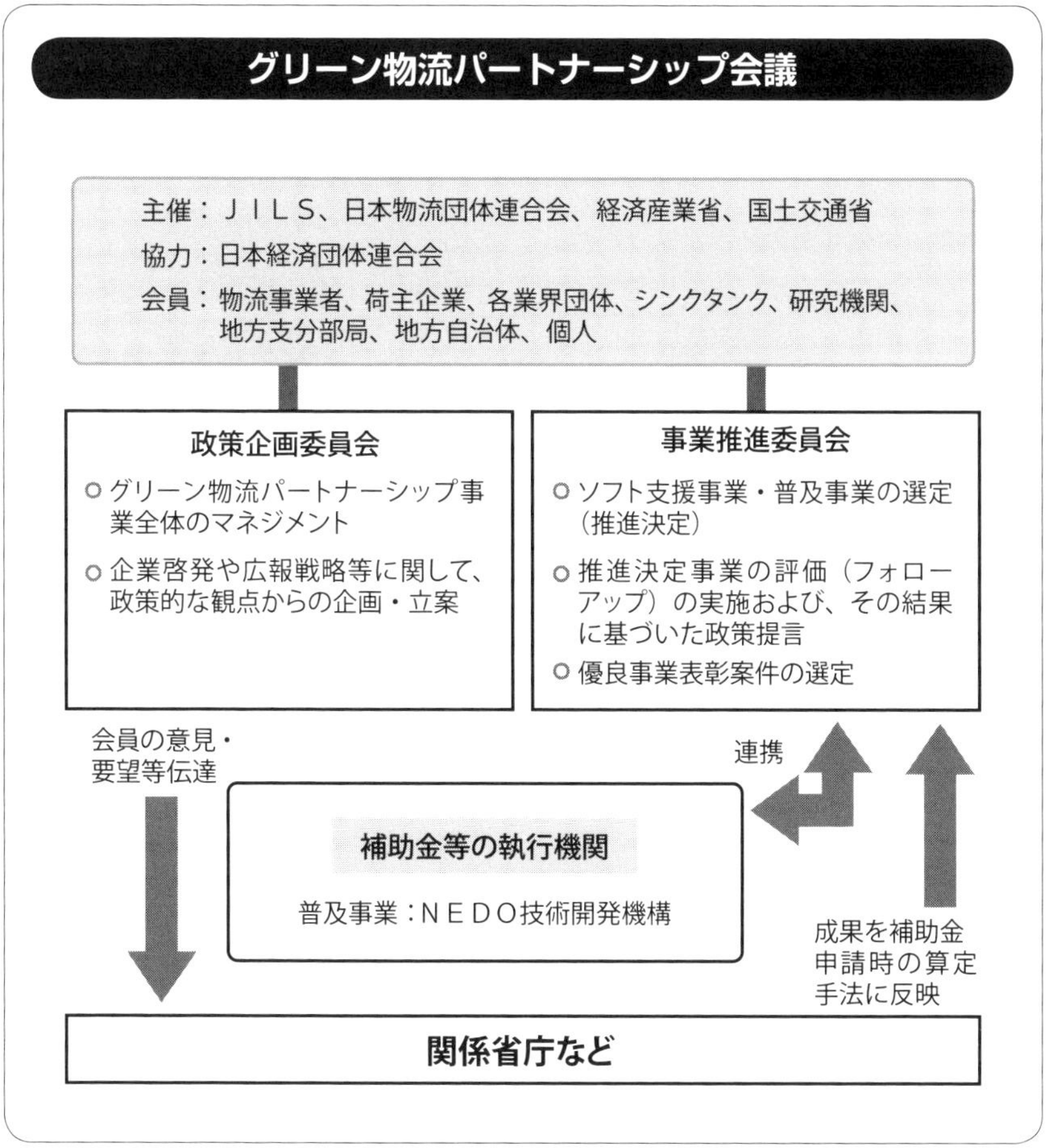

ギー）事業の計画について、本会議において「普及事業」に推進決定されると、参加している企業等は経済産業省および国土交通省の認定を受け、ＮＥＤＯ技術開発機構の審査を経て、補助制度（「エネルギー使用合理化事業者支援制度」）を利用することができます。金額は補助対象経費の3分の1とし、1事業当りの上限は原則で5億円です。補助対象経費とは、省エネルギーに必要な機器・設備の購入費用のことです。

　物流共同化は、「取引情報が漏れないか」「公平な運営ができるか」等、実施に際し解決しなければならない課題がありますが、輸送手段の大型化、積載率向上、台数の削減が大いに期待できる物流効率化策です。

　ここに記した行政の公的支援をよく理解し、物流共同化の推進に取り組んでほしいと思います。

Column 6

物流懇話会

これまでに述べてきた物流プロパガンダは、部長以下全員が、場所や時間に関係なく、思いのままゲリラ的に行っていたものでしたが、部内でも「あそこで、こんな面白いことをやっていた」「あの部には、こんなことを考えている人がいる」といった話で盛り上がることがしばしばありました。

そんな「いい話」を独り占めにしておいてはいけない！

社内の物流ステークホルダーたちが共有化できたらさぞかし愉快だろう、という話になりました。

それならば、社内のステークホルダーたちが横断的に自由に交流できる「物流懇話会」を設けよう、ということになりました。

会議でも委員会でもない、誰もが自由に参加できる交流会で、月に1回就業時間後に行うことにして、会費500円のパーティーを始めました。

毎回、社外から招いたゲスト・スピーカーの話を1時間ほど聞いて、その後は、食堂にサンドイッチと缶ビールを用意してもらって、勝手に交流してもらうだけのものでした。

ゲスト・スピーカーも、取引先の方や、外部セミナーで一緒になっただけの人に厚かましくもお願いし、終った後に部長と何人かの部員で接待をして、自社製品のお土産を差し上げた他には、とくにお礼を差し上げた記憶がありません。

直接的であれ間接的であれ、物流に何らかの関わりを持つ部門は多かったから、毎回30名ほど集まっていました。

時々は役員も面白そうだからと参加してくれたりして、なかなかの評判でした。

（津久井）

執筆者略歴

近藤　武（こんどう　たけし）

1942年茨城県生まれ。1960年、ライオン油脂㈱（現在のライオン㈱）に入社し、一貫して物流・ロジスティクスの実務に従事。1989年、プラネット物流㈱設立に参加し、設立とともに同社に出向。事業部長・技術部長などを歴任して2006年に退職。この間、日本物流学会・正会員、学会発表・論文執筆などで活躍。2007～2008年、日本物流学会の「物流共同化実態調査研究プロジェクト」に参加。

藤原　廣三（ふじわら　ひろぞう）

1946年兵庫県生まれ。1971年、東京大学経済学部を卒業。三井石油化学工業㈱（現在の三井化学㈱）に入社し、以降、一貫して物流・ロジスティクスの実務に従事。2006年に退職。2007～2008年、日本物流学会の「物流共同化実態調査研究プロジェクト」に参加。現在、日本物流学会・正会員、同・物流共同化研究会（西日本班）世話人。「物流共同化ネットワーク」を主宰し、代表。

2008～2010年、「月刊 流通ネットワーク」誌に「共同物流の世界を歩く」を連載。

編著者略歴

津久井　英喜（つくい　ひでき）

1938年東京都生まれ。㈱日立製作所、ライオン㈱（この間、プラネット物流㈱の設立に関わり、第7期まで常務取締役として出向）、東京理科大学・諏訪短期大学（教授）、諏訪東京理科大学（教授）を経て、現在、阿保栄司先生主宰のロジスティクス・マネジメント研究所に所属（循環型ロジスティクスに関する研究に従事）。この間、日本物流学会（理事）、日本ロジスティクスシステム協会（政策委員、ロジスティクス環境会議・企画運営委員会副委員長、同・共通基盤整備委員会委員長など）、日本物流団体連合会（物流環境管理士養成委員会委員長）、中央職業能力開発協会（出題委員）などの委員を歴任。日本物流学会、日本オペレーションズ・リサーチ学会、日本管理会計学会の正会員。

著書として、河西健次氏との共同監修『物流共同化実践マニュアル』（日本能率協会マネジメントセンター）、河西氏との共編著『よくわかるこれからの物流』（同文舘出版）、共著に『ロジスティクスの基礎』（税務経理協会）、『企業における環境マネジメント』（日科技連出版）、『ＯＲ事典2000』（日本オペレーションズ・リサーチ学会）、『物流効率化大事典』、『新物流実務事典』（ともに産業調査会）などの他、論文多数。

図解　よくわかるこれからの物流改善

平成22年11月12日　初版発行

編著者 ―― 津久井英喜

発行者 ―― 中島治久

発行所 ―― 同文舘出版株式会社

東京都千代田区神田神保町1-41　〒101-0051
電話　営業03（3294）1801　編集03（3294）1803
振替00100-8-42935

ISBN978-4-495-59101-4
印刷／製本：シナノ　Printed in Japan 2010